国家重点研发计划"互联网教育应用的行为感知与风险监测关键技术研究"（2022YFC3303500）项目成果

中国互联网
教育应用测评：
方法、实践与展望

童莉莉　刘德建　陈光巨　等　著

TEST OF
EDUCATION APPLICATION
IN CHINA：

METHOD，PRACTICE
AND ENVISION

教育科学出版社
·北京·

本研究项目组

项目牵头人　童莉莉、刘德建、陈光巨

项目组成员

马玉慧（渤海大学）、田阳（扬州大学）、张钰、陈虹宇、周伟、祝雅茹（渤海大学）、张文慧（渤海大学）、孙心茹（渤海大学）、于燕娟（扬州大学）、张梦静（扬州大学）、王静漪、焦艳丽、李菊、尤新新

注：未注明单位的成员，均为北京师范大学的教师或职工。

前 言

　　智能时代，技术融入社会经济发展的各个领域，深刻改变着人们的生产、生活方式。技术与教育的双向融合重塑着教育的新生态，不断推动在线教育向前发展，极大地加强和提升了我国教育资源供给与适应性。2015 年，习近平主席在致国际教育信息化大会的贺信中提出，我国需要"因应信息技术的发展，推动教育变革和创新，构建网络化、数字化、个性化、终身化的教育体系，建设'人人皆学、处处能学、时时可学'的学习型社会，培养大批创新人才"。国家相继出台了《教育信息化十年发展规划（2011—2020 年）》《国务院关于积极推进"互联网 +"行动的指导意见》《国家教育事业发展第十三个五年规划》等相关文件，支持在线教育的发展。"互联网 +"作为教育信息化的新动力，为信息技术与教育的深度融合提供了条件保障，对人才培养目标提出了新要求，为新型学习方式的实现提供了手段支撑，为现代学习环境的构建提供了技术支持。

　　新冠疫情的出现促使教与学的主阵地从实体课堂向线上转移。互联网教育应用作为线上学习的载体，通过读取来自师生的信号并生成反馈来实现与学习主体的动态交互。当前，互联网教育应用已成为教育领域教与学、家校互动、校外学习等场景中的重要工具，在"教、学、管、评、测"等多个方面发挥着重要作用，得到了教师、学生、家长等多个群体的广泛认可，具有较强的用户黏性。互联网教育应用在促进教育教学改革、推动教育优质均衡发展的同时，也出现了违规收集个人信息、传播有害信息等现象，给学生成长带来了隐患，给教师、家长带来了困扰。对此，国家和地方政府出台相关政策文件，以引导规范互联网教育应用行业的健康有序发展。2019 年 8 月，教育部等八部门印发《关于引导规范教育移动互联网应用有序健康发展的意见》，指出要"围绕落实立德树人根本任务，积极发展'互联网＋教育'、办好网络教育，全面深化'放管服'改革，实施包容审慎监管，引导教育移动应用健康有序发展，为广大师生营造健康、有序、安全的网络空间和学习环境"。同年，教育部办公厅印发《教育移动互联网应用程序备案管理办法》，要求各单位"完成对现有教育移动应用的备案工作"。2021年实施"双减"政策后，互联网教育应用进入新的发展阶段，不良、不健康现象得到了有效遏制，但仍有进一步规范的空间。

人工智能为教育的发展按下了"快捷键"，促使互联网教育应用在教育中的应用场景愈发广泛，衍生出APP、小程序、云平台、资源库等多种形态，为教育变革和转型提供契机。然而，在科技竞争加剧、教育数字化转型、算法迭代加速的三重背景下，互联网教育应用面临两大关键挑战：（1）如何提升多模态在线资源智能审查水平并加固网间攻防，保障互联网教育环境健康有序；（2）如何突破商业裹挟并紧扣认知发展规律，推动应用算法契合育人需要。为破解上述两个挑战，了解互联网教育应用质量，规范行业发展，促进互联网教育应用健康有序发展，北京师范大学互联网教育智能技术及应用国家工程研究中心（原互联网教育智能技术及应用国家工程实验室）于2016年启动"中国互联网教育产品发展指数研究"。该研究以"互联网＋教育"的本质问题为出发点，开展互联网教育产品（包含电脑端和移动端）的调研分析，通过计算互联网教育产品贡献度和互联网教育产品发展指数来反映某一产品在行业所处的水平以及行业整体动态。研究项目组自2016年起实施教育移动互联网应用程序用户体验测评，积累数百款主流教育移动互联网应用程序的功能地图数据超10万条，分别于2016年、2018年、2020年撰写了中国互联网教育产品发展指数系列报告。此外，研究项目组在国家发展和改革委员会、中共中央网络安全和信息化委员会办公室、国家重点研发计划、国家自然科学基金等资助的80余项研究中，积累了覆盖国内数十个区域、100万以上的师生的超过10PB的数据。2022年，在已有研究和大量数据的基础上，研究项目组聚焦典型移动互联网应用程序以及自媒体平台的视频，通过人工测评、机器测评、舆情分析相结合的方式，针对互联网教育产品进行调研，从功能与产品成熟度、平台支持度、个人隐私与数据安全、内容适配度、教育类视频规范度、互联网学习认知、用户体验、社会评价八个维度开展测评分析，并给出测评结论和发展建议。

　　本书基于前期研究积累，以目标和问题为导向，坚持理论先进性和技术可行性并重，从历史和发展的角度阐释了互联网教育应用的演变革新过程、不同国家和地区的测评方法和实践，以及互联网教育应用的未来展望三大方面，具体分为六章。第一章介绍互联网教育应用的发展脉络，包括源起与发展、界定与分类和现状分析等；第二章介绍互联网教育应用的测评体系，包括测评体系、测评方法、发展指数和测评平台等；第三章介绍互联网教育应用性能测试测评结果，包括功能与产品成熟度、平台支持度、个人隐私与数据安全等；第四章介绍互联网教育应用内容审查测评结果，包括互联网教育应用的内容适配度和教育类视频规范度；第五章介绍互联网教育应用使用价值测评结果，包括互联网学习认知、用户体验、社会评价等；第六章介绍互联网教育应用测评结论与展望，期望未来能从监管方的监管力度、提供方的行业自律、使用方的数字素养与技能三个方面促进互联网教育应用的发展。

　　本书通过系统梳理互联网教育应用测评的维度、体系、标准等，旨在更加精准科学地监测互联网教育应用的产品质量，研判互联网教育应用对学生的学习支持度，厘清互联网教育应用对学生认知发展的影响路径，帮助研究学习者、内容提供者、技术开发者、监管方等多元主体明确职责和权利，以形成合力共治的治理格局，为促进在线教育生态良性循环提供支撑。

目　录

第一章

互联网教育应用的发展脉络

第一节　互联网教育应用的源起与发展

互联网教育应用是科技与教育系统性融合的产物，是以应用为基础，将互联网技术与教育理念碰撞、融合的结果。当前正处于科技革命与教育变革两个重大领域的历史交汇点，科技进步与教育发展的融合态势已初见端倪。科技与教育正逐渐形成全领域、全要素、全链条、全业务的系统性深度融合的新格局，以共同构建未来教育生态①。科技推动互联网技术的发展，互联网应用随之而生，在即时通信、远程办公、网络购物、线上游戏、在线音乐、网约车等领域逐步发展。在科技深入教育领域，推动互联网与教育双向融合的过程中，诞生了大量的互联网教育应用，为教育的发展与变革提供了有力的工具支撑。教育信息化、"互联网＋教育"应运而生，在各级各类学校教育教学过程中发挥着不可替代的重要作用。

现如今，互联网广泛分布在各个国家，被称为信息基础设施的原型②。互联网发展经历了三个阶段③：第一个阶段始于蒂姆·伯纳斯－李（Tim Berners-

---

① 黄荣怀. 论科技与教育的系统性融合 [J]. 中国远程教育，2022（7）：4-12，78.
② LEINER B M, CERF V G, CLARK D D, et al. The past and future history of the Internet[J]. Communications of the ACM, 1997, 40（2）：102-108.
③ 高欣峰，陈丽，徐亚倩，等. 基于互联网发展逻辑的网络教育演变 [J]. 远程教育杂志，2018，36（6）：84-91.

Lee）等人发明了万维网（World Wide Web，WWW）技术，即通过超链接实现文本、图片等元素间的内容连接与跳转；第二个阶段以博客（Blog）、维基（WiKi）等社交性软件应用为主，强调用户之间的互联；第三个阶段，互联网更加"智能"，超越了 Web 端，出现了移动终端 APP，实现了人与物的连接。

教育信息化源于 20 世纪 20 年代的电化教育（包括幻灯教育、电影教育、广播教育等）。改革开放以来，我国教育信息化经历了前教育信息化阶段（1978—2000 年）、教育信息化 1.0 阶段（2001—2017 年）、教育信息化 2.0 阶段（2018 年至今）三个发展阶段①。**互联网教育**经历了萌芽期（1998—2005年）、徘徊期（2006—2011 年）、浪潮期（2012 年至今）三个阶段。**现代远程教育**萌芽于 1996 年，根据面向群体和服务领域划分，先后经历了面向中小学生的 K-12 在线教育（1996 年）、服务企业的企业 e-Learning 和面向成人的高校网络教育试点（1999 年）、服务于个体职业提升的在线职业培训（2000 年），以及发展迅速的慕课（2013 年）等四个阶段②。

教育信息化和互联网教育发展的过程中，涌现了大量教育类的互联网应用，即互联网教育应用。**互联网教育应用**可以理解为在互联网技术的支持下，运行于各类终端的，能够有效实现教育功能的应用程序，是实现交互式和个性化学习的关键。它既包括直接实现教育功能的应用，如 Edmodo、Moodle、雨课堂、超星学习通等基于电脑端和移动端的学习管理系统；也包括能够很好地满足人们特定教育与学习需求的各种工具，如钉钉、Welink、ZOOM 等远程办公和会议软件，MindManager、Inspiration 等促进学生认知发展的思维导图 / 概念图工具，有道云笔记、印象笔记等做笔记的应用，以及方便师生存储和下载资源的各类网盘工具等③。

结合教育信息化和互联网教育发展过程中的关键性事件，我国互联网教育应用的源起和发展可以分为计算机教学及应用阶段（1978—2000 年）、信

① 王运武，黄荣怀，杨萍，等.改革开放 40 年：教育信息化从 1.0 到 2.0 的嬗变与超越 [J]. 中国医学教育技术，2019，33（1）：1-7.
② 黄荣怀. 2017 互联网教育服务产业研究报告 [EB/OL].[2022-12-10]. https://cit.bnu.edu.cn/docs/2018-06/20180601141140600240.pdf.
③ 黄荣怀，张慕华，沈阳，等.超大规模互联网教育组织的核心要素研究：在线教育有效支撑"停课不停学"案例分析 [J]. 电化教育研究，2020，41（3）：10-19.

息化环境建设阶段（2000—2018 年）、引发教育系统变革阶段（2018 年至今）
三个阶段。

一、计算机教学及应用阶段（1978—2000 年）

计算机是计算机教学及应用的基础。历史上第一台计算机诞生于 1946 年
的美国。计算机的发展主要经历了第一代电子管计算机（1946—1956 年）、第
二代晶体管计算机（1956—1964 年）、第三代集成电路计算机（1964—1971
年）、第四代大规模集成电路计算机（1971 年至今）四个阶段。20 世纪 40 年
代末，计算机主要被应用于军事部门。随着计算机制造成本的降低，20 世
纪 80 年代后它开始被应用于政府部门、大型科研机构和一些比较有实力的企
业[①]。1981 年，首台个人计算机诞生，计算机逐步被推广应用于学校、企业、
家庭等场合。

计算机在教育领域的应用始于 20 世纪 50 年代，美国 IBM 公司在 1958
年研制出了第一套计算机辅助教学系统，该系统能够根据学生的要求产生练
习题。1972 年，伊利诺伊大学的专业人员设计了"PLATO"，即世界上第一
台多终端的计算机辅助教学系统。我国在教育领域使用计算机开始于 20 世纪
70 年代。改革开放以后，我国社会经济加速发展，对科技、教育的需求增大。
1983 年 10 月 1 日，邓小平为北京景山学校题词——"教育要面向现代化，面
向世界，面向未来"，为我国教育与科技的结合奠定了思想基础。1984 年 2 月
16 日，邓小平在上海观看中国福利会儿童计算机活动中心两位少先队员的电
子计算机表演时，提出"计算机的普及要从娃娃做起"，极大地肯定了在教育
领域开展计算机教育的必要性。

国家政策为教育的现代化发展提供了指引。1985 年，中共中央发布《关
于科技体制改革的决定》《关于教育体制改革的决定》等文件，开启了科技发
展、教育发展的新时代，推动了教育的现代化进程。1993 年，中共中央、国

---

① 蔡芝蔚 . 计算机技术发展研究 [J]. 电脑与电信，2008（2）：54—55.

务院印发的《中国教育改革和发展纲要》提出"积极发展广播电视教育和学校电化教学"，"要抓好教育卫星电视接收和播放网点的建设，到本世纪末，基本建成全国电教网络，覆盖大多数乡镇和边远地区"，推动现代化技术在教育教学中的应用。

总体来看，计算机教学及应用阶段主要分为计算机教学起步和计算机教育发展两个阶段。

（一）计算机教学起步（1978—1990 年）[①]

计算机教学以试点形式开始，逐步推广，在此过程中，有关部门先后组织会议、发布教学大纲、成立机构、开发应用软件。

改革开放初期，我国开始在有条件的地区开展计算机教学的试点并推广。1982 年，教育部决定在清华大学、北京大学、北京师范大学、复旦大学和华东师范大学等 5 所大学的附属中学试点开设 BASIC 语言选修课，成为我国中小学计算机教学的开端。1983 年，教育部制定了计算机选修课的教学大纲，规定了教学内容，即简单的计算机工作原理和 BASIC 程序设计语言。同年，成立了"全国中学计算机教育试验中心"。1983 年起，在教育部的领导下，北京、上海、广州、天津、武汉、杭州 6 个城市的 7 所学校正式开展中学计算机选修课试验。第一批重点试验学校在摸索经验的过程中，带动了周围学校开展试验，计算机教学开始从重点试验进入全面展开的新阶段。1984 年，教育部增加 12 所重点试验单位（其中包括 11 所中学和上海少年科技站），其他各省市也分别增加了试点校。同时，有条件的城市也开始在小学进行一些计算机教学的试点工作。

在计算机教学试点和推广的过程中，计算机教学相关会议提供了发展的指导建议，并发布了中学计算机教学大纲。1978 年 5 月，教育部召开的全国教育工作会议下发了《关于电化教育工作的初步规划（讨论稿）》，为中国电化教育事业的重新起步和发展奠定了基调。1984 年 8 月，第二次中学计算机教学试验工作会议在北京召开，会议确立了中学开展计算机教育的工作方针：

---

① 黄荣怀，王运武，等.教育信息化 [M].北京：科学出版社，2018：32-34.

在搞好试点工作的基础上，有重点、有计划地逐步扩大试验面，从实际出发，区别不同情况，分别提出要求，不要搞"一刀切"。1986 年，第三次"全国中学计算机教育工作会议"在福州召开，会议制定了发展我国中学计算机教育的指导方针：积极、稳妥，从实际出发，区别不同情况，注重实效，在试点的基础上逐步扩大。会议决定在 1984 年发布的《中学电子计算机选修课教学纲要（试行）》中增加部分计算机应用软件教育内容，如文字处理、数据库及电子表格等，并在有条件的地区和学校逐步开展计算机辅助教学，组织力量开发教育软件。1987 年《普通中学电子计算机选修课教学大纲（试行）》正式颁布，为中学计算机教学提供了明确指导。

计算机教学的推广离不开教育软件。国家"七五"计划对**教育软件及工具软件**的开发设立了专项拨款，并将其列为重点攻关项目，提倡由懂得教与学规律的教师、教学研究人员和懂得计算机程序设计的专家共同设计和研制教育软件。在五部委协调小组的领导下，1986 年冬召开了教育软件研制规划会，制定了《研制开发"中华学习计算机"系列教育软件规划（征求意见稿）》和《"中华学习计算机"系列教育软件管理办法（征求意见稿）》，建立了全国教学软件登录和管理机构及中华学习机教育软件评审委员会。1987—1990 年，中华学习机教育软件评审委员会面向全国征集优秀教育软件，评审通过了 150 多个合格教育软件，对我国计算机教育软件的研制与开发产生了很大的促进和指导作用。当时的教育软件涉及中小学大部分学科，70% 以上的软件属于个别指导和操练型，13% 为课堂演示型，其余的类型有益智游戏、计算机辅助教学（Computer-aided Instruction，CAI）工具（包括题库系统、试卷生成系统）和教学管理软件[①]。

（二）计算机教育发展（1991—2000 年）[②]

计算机教育的发展一方面体现在政策的逐渐完善，另一方面体现在计算机辅助教育（Computer-Based Education，CBE）的逐渐成熟。国家从**电化教**

---

① 全国中学计算机教研中心，电子工业出版社 . 全国中小学计算机教育资料汇编 [M]. 北京：电子工业出版社，1991：89-96.
② 黄荣怀，王运武，等 . 教育信息化 [M]. 北京：科学出版社，2018：32-34.

育、计算机教育、计算机教育软件三个方面发布了相关政策。

第一，**电化教育发展规划相关文件发布，从民族视角考虑了电化教育的均衡化**。1993 年 3 月 9 日，国家教委、国家民委联合印发《少数民族和民族地区电化教育发展纲要（1992—2000）》，这是我国第一个关于少数民族和民族地区的电化教育发展规划。1997 年 4 月 24 日，国家教委印发《全国电化教育"九五"计划》，提出电化教育发展目标和任务。1997 年 7 月 14 日，国家教委正式发布《中小学校电化教育规程》和《教育电视台站管理规程》，进一步规范了电化教育在不同领域的发展。

第二，**计算机教育整体发展明确，发布了课程、教师、实验学校等方面的政策**。1996 年 12 月 30 日，国家教委印发《中小学计算机教育五年发展纲要（1996 年—2000 年）》，详细规定了到 2000 年我国中小学计算机教育发展的目标、任务和方针，并对师资队伍建设、教育软件的研发管理、经费投入等重要问题做了规划。1994 年 10 月，国家教委基础教育司正式下发《中小学计算机课程指导纲要》，并于 1997 年修订。1994 年 10 月，《中小学教育工作者计算机培训指导纲要》为计算机教育的实践提供了推进方案。1997 年 12 月，《国家教委办公厅关于确认首批全国中小学现代教育技术实验学校的通知》确认北京景山学校等 433 所学校为首批全国中小学现代教育技术实验学校。

第三，**国家开始对计算机教育软件的发展进行规划，制定了审核标准和办法**。1996 年 9 月 6 日，国家教委基础教育司印发《中小学计算机教育软件规划（1996—2000 年）》。1997 年，国家教委办公厅印发《中小学教学软件审查标准》《教育软件使用文档编写指南》《中小学教学软件审查办法》。

计算机辅助教育起源于 1958 年的美国，我国于 20 世纪 60 年代有研究者涉足，于 20 世纪 80 年代开始快速发展，并成立多个学会，如 1987 年成立的全国计算机辅助教育学会、1989 年成立的北京计算机辅助教学学会等。20 世纪 90 年代以来，计算机辅助教育得到了国家各有关部门的特别重视，在我国大中小学校教育和成人教育的改革和建设中发挥了越来越大的作用。计算机辅助教育主要研究计算机在教学领域中的应用，即所有以计算机为主要媒介的教育活动，包括计算机辅助教学和计算机管理教学两个重要分支。

计算机辅助教学是指用计算机帮助或代替教师执行部分教学任务，向学生传授知识和提供技能训练。1995 年，国家教委人事司批准设立"中央电化教育馆计算机辅助教学研究中心"，开展计算机辅助教学的相关研究。1996 年，国家教委电教办发布《关于成立中央电化教育馆计算机辅助教学研究中心的通知》，将计算机辅助教学作为电化教育和深化教育改革的重要内容。其中，**软件研究与开发是计算机辅助教学的重要方面**。为此，全国教育科学规划领导小组批准中央电化教育馆申报的"百年树人中学教学辅导软件研究与开发"项目（1994 年），国家科委批准"计算机辅助教学软件研制开发和利用"（1996 年）为"九五"国家科技攻关项目之一。

计算机管理教学是指学校借助计算机对教学过程中的教学目标的控制和评价、学习科目的选定和安排、学习进度的掌握和设计、学习状态的记录和积累、考试成绩的登记和分析等方面进行管理，包括教学管理、学校行政管理和图书资料管理等。初期的计算机管理教学系统主要利用计算机管理系统来支撑教师的教学工作和教务人员的管理工作，如通过对教学过程中收集的数据进行分析来辅助教师监测、控制、管理、评价和指导学生学习过程。随着技术的发展以及人们对个性化教育的关注，20 世纪 90 年代开始出现在计算机管理教学研究中利用数据进行个性化追踪及提供个性化学习服务的倾向，如计算机管理教学系统大多带有矫正功能，从而让每个学生都能参与练习，并对不合格者施以个别矫正[1]。

二、信息化环境建设阶段（2000—2018 年）

（一）政策环境建设（2000—2005 年）

随着互联网技术的发展和计算机教育的逐步推进，教育信息化也开始深入发展。一是深化计算机教育，面向中小学开展信息技术教育，培养师生的信息技术素养；二是通过"校校通"工程推动教育教学资源的共建共享；三是开展以高等院校为主的现代远程教育。

---

[1] 顾小清，林仕丽，袁海军. 教育数据 30 年：从 CMI 到 DDDM[J]. 电化教育研究，2010（9）：55-63.

1. 中小学信息技术教育

中小学信息技术教育是计算机教育的延伸与发展。中小学信息技术教育在实施过程中，既包括面向学生的信息技术课程建设，也包括面向教师的教育信息化建设。

我国中小学信息技术课程的开设始于 2001 年 9 月。在此之前，国家通过一系列政策对课程建设做出了相关规定。2000 年，教育部发布《关于在中小学普及信息技术教育的通知》，提出加快推进中小学信息技术课程建设。同年，《教育部关于印发〈中小学信息技术课程指导纲要（试行）〉的通知》对课程任务和教学目标、教学内容和课时安排、教学评价等方面提出了要求。2001 年 6 月，《教育部关于印发〈基础教育课程改革纲要（试行）〉的通知》提出"大力推进信息技术在教学过程中的普遍应用，促进信息技术与学科课程的整合，逐步实现教学内容的呈现方式、学生的学习方式、教师的教学方式和师生互动方式的变革，充分发挥信息技术的优势，为学生的学习和发展提供丰富多彩的教育环境和有力的学习工具"。

教师的教育信息化建设与学生的信息技术课程建设保持同步，前者主要体现在两个方面：一是信息技术教师队伍的建设，二是教师的信息技术能力建设。**信息技术教师队伍的建设**源于 2000 年《关于在中小学普及信息技术教育的通知》中提出的进一步加强中小学信息技术教育师资队伍建设。**教师的信息技术能力建设**是推动教育现代化进程的关键，也是学生信息技术课程开展的基础。国家出台了一系列政策，以推动教师的信息技术能力建设。2002 年，《教育部关于推进教师教育信息化建设的意见》提出"十五"期间教师教育信息化建设的原则、发展目标、措施以及注意事项。2003 年，《教育部关于实施全国教师教育网络联盟计划的指导意见》提到，实施教师网联计划是教育信息化带动教育现代化的迫切需要。2004 年，《教育部关于印发〈中小学教师教育技术能力标准（试行）〉的通知》对中小学教学人员、管理人员、技术支持人员等群体的教育技术能力的培训和考核制定了相应标准。2005 年，《教育部关于启动实施全国中小学教师教育技术能力建设计划的通知》提出对全国中小学教师进行培训，增强其教育技术能力。

2. "校校通" 工程

2000 年，教育部发布《关于在中小学普及信息技术教育的通知》，提出全面启动中小学 "校校通" 工程，为中小学普及信息技术教育、推动教育信息化建设奠定基础。同年，《教育部关于在中小学实施 "校校通" 工程的通知》规定了 "校校通" 工程的目标和任务，并对其具体实施提出了相应的意见。

"校校通" 工程的核心在于通过多种形式实现学校与互联网的联通，建设共享的教育教学资源库，实现信息技术与课程的整合以及相应的师资培训，等等，从而实现教师 "教" 与学生 "学" 的变革[①]。其发展目标是将中小学的绝大部分教育资源数字化，同时鼓励有条件的城镇地区把辖区内若干中小学校作为一个整体，建设三网（计算机网、闭路电视网、广播网）合一的 "教育城域网"。"校校通" 大致分为三个层次：有条件的学校通过计算机直接上网；山区、偏远地区的学校可通过教育卫星宽带网接收和下载信息；上述两种方式均无法实现的学校，可以通过各种多媒体光盘获得丰富的教学资源。

3. 高校现代远程教育

以美国为代表的国家在互联网的推动下，率先启动了互联网在教育领域的应用。1996 年，美国提出了 "教育技术行动"（Educational Technology Initiative）。同年，美国加利福尼亚、得克萨斯等十个州共同创建了各州认可、各高等院校承认课程学分的 "虚拟大学"，正式拉开了网络教育的序幕，学生在电子课堂中上课、考试并获得学位证书[②]。1998 年，美国大学建立校园网的比例已达 94%，教室联网率为 44%，校园网的平均上网速度为 15Mbps[③]。据统计，1998 年美国约有 80 所大学允许通过网络修得学位。1999—2000 年，美国有 34% 的大学提供网络学位，通过教育网站进行学习的人数以 300% 的速度增长，7000 余万人通过在线学习方式获得了知识和工作技能，60% 以上的企业通过在线学习方式进行员工的培训和继续教育。2001 年，美国有 2000 余所高校开设了各类远程教育课程，占高校总数的 50%，注册学生达 180 多

---

① 祝智庭. 中国基础教育信息化进展报告 [J]. 中国电化教育，2003（9）：6–12.

② 尚元东，张宝歌. 从美国网络教育看我国高师院校网络教育发展 [J]. 黑龙江高教研究，2008（4）：54–56.

③ 杨清珍. 美国远程教育模式及其启示 [J]. 现代远距离教育，2006（3）：63–65.

万人，占全日制在校学生总数的 36%，近 100 所著名大学利用互联网开展远程教育①。

我国也在同时期开始了基于互联网技术的现代远程教育工作，并以高等教育为起点。**一方面，国家通过政策引导远程教育的发展方向。**1997 年开始，国家发布了一系列远程教育的发展政策和高等教育的专项政策。例如，1999年，教育部发布了《关于发展我国现代远程教育的意见》《关于启动现代远程教育第一批普通高校试点工作的几点意见》；2000 年，教育部发布《关于支持若干所高等学校建设网络教育学院开展现代远程教育试点工作的几点意见》；2002 年，教育部发布《关于加强高校网络教育学院管理提高教学质量的若干意见》；等等。**另一方面，高校通过试点推动远程教育的实践。**1996年，清华大学等 10 所高校在国家教委的支持下共同建设"中国教育与计算机示范工程"。1998 年教育部推行网上研究生进修课程，并批准清华大学等 4 所学校为试点校，2000 年试点校增加至 31 所②。1999 年，教育部批准清华大学等 4 所试点校开展网络教育，之后共建立了 68 所网络教育学院。2003 年 4 月，教育部在全国高等学校中启动了教学质量与教学改革工程精品课程建设工作（简称国家精品课程建设）。2003—2010 年，我国建设了 3790 门国家精品课程，包括 2525 门本科国家精品课程、1056 门职业院校国家精品课程和 209 门网络教育国家精品课程③。

（二）基础设施建设（2006—2010 年）

2006 年，中共中央办公厅、国务院办公厅印发《2006—2020 年国家信息化发展战略》，提出"提高国民信息技术应用能力，造就信息化人才队伍"等九项信息化发展战略重点和"国民信息技能教育培训计划"等六项信息化发展战略行动计划，为我国教育营造了良好的信息化发展环境。具体表现为数字化教育资源在课堂教学、教育管理等方面的应用和中小学现代远程教育的

---

① 尚元东，张宝歌 . 从美国网络教育看我国高师院校网络教育发展 [J]. 黑龙江高教研究，2008（4）：54-56.

② 刘东梅 . 在线教育二十年：从"教育 + 互联网"到"互联网 + 教育"[J]. 互联网经济，2015（7）：90-97.

③ 余亮，黄荣怀，杨俊锋 . 开放课程发展路径研究 [J]. 开放教育研究，2013，19（6）：28-35.

发展。

1. 数字化教育资源在课堂教学、教育管理等方面的应用

数字化教育资源建设是开展信息化、网络化教育的基础，也是互联网教育应用的重要载体或重要组成部分。数字化教育资源由两个要素构成：数字化硬件教育资源和数字化软件教育资源。其中，数字化硬件教育资源是指教育中所使用的计算机、投影仪、视频展台、数码照相机、数码摄像机等数字化设备。数字化软件教育资源是指教育中所使用的课件、视频、音频、网络课程、软件标准、数字化期刊数据库等[①]。

数字化教育资源应用于学校课堂教学，一方面体现在教室中的计算机、投影仪、电子白板等数字化硬件教育资源的建设上，另一方面体现在提前制作好的视频、演示文稿等电子资源以及各类教学系统等的完善上。表 1-1 为这一阶段学校中的各种多媒体系统类型及其用途、优势和局限。

表 1-1　学校中的多媒体系统

类型	设备 / 软件	用途	优势	局限
多媒体教室	计算机、投影仪、DVD 机、录音机等	集体授课、教学演示、演讲与汇报	功能相对简单，便于教师操作与使用	缺少直接技术支持，学生无法使用
多媒体网络教室	计算机网络、投影仪、多媒体专用网络、多媒体教学系统等	集体授课、小组学习、自主学习	教师与学生都可以使用，系统教学功能全面，有专人负责维护与技术支持	同一时间内只能用于一个班级，系统功能复杂
微格教室	摄像机、监视器、录像机等	特殊学生行为观察、教学研讨、教师专业发展	保密性好、有录像可重复观看、便于教学分析与诊断	应用范围小，使用人数有限，利用率相对低
电子备课室	计算机、数码相机、扫描仪、打印机、多媒体处理工具、多媒体作品制作工具等	教师利用网络资源与多媒体工具进行教学准备	对教师开放；设备齐全、资源丰富，便于查找与利用；有专人管理	设备使用对技术要求高，技术支持人员工作量大
多媒体语音教室	语音教学中控系统、录音机、计算机等	外语类教学专用	听、说、读、写等均能得到很好的支持，师生可以互动	必须离开原来的教室，资源相对独立

① 王运武 . 我国数字化教育资源现状及发展策略 [J]. 中国教育信息化·高职高教，2008（1）：9-11.

类型	设备/软件	用途	优势	局限
校园广播电视系统	非线性编辑系统、调音台、采播工作站等	全校范围的信息通告，播放电视节目	覆盖范围广，管理方便，可点播与集中收看教学内容，有专人管理与操作	师生不能直接操作设备，灵活性差
网络教学系统	服务器、互联网（校园网）学生用计算机或教师用计算机、专用网络教学系统软件	全面支持教学过程，可实现基于网络的协作学习、探究学习、同步/异步教学等各种教学模式	不受时间与地点的限制，师生交互的"时空分离"，可实现对教学 7 天 × 24 小时的支持	管理技术要求高，设备要求相对高，要求人手一机

数字化教育资源应用于教育管理，主要体现在日常办公软件、教育管理系统等方面的建设上。**日常办公软件**主要用于帮助人们在平时的工作中快速方便地制作和处理文字、文档、数据、报表、演示文稿等，如微软公司的Office、金山办公软件有限公司的金山文档（WPS Office）等。**教育管理系统**可以分为区域性教育管理系统和学校教育管理系统。区域性教育管理系统以关于区域教育数据和行政管理信息的管理系统居多，如电子政务系统、区域教育信息发布与管理平台、资源库管理系统等；学校教育管理系统更加侧重于服务教师教育教学和校园日常管理，如排课系统、图书馆管理、教职工信息管理、教务管理、考试管理、学籍管理等。

2. 中小学现代远程教育的发展

基础教育的远程教育始于 1996 年 101 网校的成立[①]。2002 年底，全国中小学建成的校园网已达到 26000 多个，比 2001 年翻了一番还多。2004 年底，农村中小学现代远程教育工程试点工作基本结束[②]。总体来看，中小学现代远程教育建设主要包括基础教育信息化网络平台建设和农村中小学现代远程教育工程两个方面。

我国基础教育信息化网络平台主要用于中小学的网络教学与沟通，既包括"空中课堂""虚拟课堂"等单向度的课堂教学，也包括以提供教育教学资

---

① 刘东梅. 在线教育二十年：从"教育＋互联网"到"互联网＋教育"[J]. 互联网经济，2015（7）：90−97.

② 南国农. 发展现代远程教育：中国之路 [J]. 中国远程教育，2005（2）：5−8.

源为主的"国家基础教育资源网"等，还包括以"中小学虚拟学习社区平台PRIME"（由北京师范大学知识科学与工程研究中心开发）为代表的服务社会、家庭、学校，融教学、沟通为一体的一系列平台。

农村中小学现代远程教育取得了长足的进展。2005 年 7 月，全国农村中小学现代远程教育工程全面启动。国家计划用 5 年时间投资 100 亿元，将现代远程教育教学覆盖到全国 53 万余所农村中小学，落实学校的电视机、卫星信号接收系统、计算机教室、光盘等教学设备的配备。截至 2007 年底，该工程累计获得投资 111 亿元，其中中央专项资金 50 亿元，地方投资 61 亿元；工程覆盖全国农村中小学，1 亿多农村中小学师生可以共享优质教育资源。[①]

（三）信息化能力建设（2011—2018 年）

2012 年 3 月，教育部印发《教育信息化十年发展规划（2011—2020 年）》，对教育信息化的总体战略、发展任务、行动计划等做出明确规定。2016 年，教育部印发《教育信息化"十三五"规划》，进一步明确了完成"三通工程"建设等八项任务。政策推动下，我国在基础设施建设（如"三通两平台"），教育共享资源开发（如慕课），以及新型学习方式构建（如移动学习）等方面，均取得了丰硕的成果。

1. "三通两平台"工程

2012 年 5 月，在北京召开的教育信息化试点工作座谈会提到，教育信息化在"十二五"时期的核心目标是三大任务和两个平台，简称"三通工程"。同年 9 月，全国教育信息化工作电视电话会议提到，要以建设好"三通两平台"为抓手建设教育资源公共服务平台和教育管理公共服务平台。以这次会议为起点，以"三通两平台"为核心的教育信息化建设工程在全国范围实施。

"三通两平台"具体内涵为："宽带网络校校通"指为学校提供宽带接入条件和在学校内部建成网络条件下的基础教学环境；"优质资源班班通"指形成丰富的各级各类优质教学资源，实现每个班级共享教学资源，推进信息技术在教学、教研和学习活动中的普遍应用；"网络学习空间人人通"指建设实

---

① 黄荣怀，王运武，等 . 教育信息化 [M]. 北京：科学出版社，2018.

名制的网络学习空间，为教师在网络上开展教学和教研活动，为教师和学生、学生家长的网络互动提供支撑；"教育资源公共服务平台"是教育信息化实现的硬件基础和保证，主要为各类教育资源的汇聚与共享提供支撑，为教育资源建设与应用的衔接提供机制与服务，要为课堂教学、学生自学等提供交流与协作服务；"教育管理公共服务平台"是教育云管理服务平台，主要为各级各类学校提供校务管理服务，为地方各级教育行政部门提供教育基础信息管理和决策支持，为社会公众提供教育公共信息服务。①"三通两平台"建设的目的是促进信息技术与教育教学的深度融合，其中"两平台"是建设的基础，"三通"则主要通过"两平台"为教育信息化提供服务。

2. 慕课

在教育移动应用发展的同时，互联网技术也在迅速发展，慕课（Massive Open Online Courses，MOOCs，大规模在线开放课程）等形式深入教育，并嵌入不同终端。

早在1997年，美国加利福尼亚州立大学开发了梅洛（MERLOT），一个为用户提供有关网上教学及学习资源的"一站式购物"中心②。2006年，萨尔曼·可汗（Salman Khan）创建可汗学院（Khan Academy），向公众免费提供超过4500门在线微课程，涉及数学、历史、计算机科学等领域。2007年5月，苹果公司专门开辟教育频道，提供来自各大精英高校的音频、视频和文档材料。布赖恩·亚历山大（Bryan Alexander）和戴夫·科米尔（Dave Cormier）首次提出MOOCs这一术语。2012年，慕课开始兴起，在全世界范围内掀起了一波教育信息化的新浪潮，Coursera、Udacity、edX等在线平台得到了空前发展③。

我国慕课的发展与国外基本保持同步。2006年，超星学术视频网站开始运行，平台与主讲教师签署协议取得版权，用户可以免费浏览部分课程。2008年，教育部、财政部发布《关于批准"网络教育数字化学习资源中心建

---

① 蒋东兴，吴海燕，袁芳."三通两平台"建设内容与实施模式分析 [J]. 中国教育信息化，2014（2）：7-10.

② 黄荣怀. 2017互联网教育服务产业研究报告 [EB/OL]. [2022-12-10]. https://cit.bnu.edu.cn/docs/2018-06/20180601141140600240.pdf.

③ 余亮，黄荣怀，杨俊锋. 开放课程发展路径研究 [J]. 开放教育研究，2013，19（6）：28-35.

设"项目的通知》，批准中央广播电视大学牵头承担该项目，推进优质网络教育资源网上开放和共享。2012 年，网易公司推出"网易云课堂"项目。2013年，台湾大学、北京大学和香港大学相继加入 edX 平台，上海交通大学、复旦大学加入 Coursera 平台。清华大学基于 edX 开放源代码研发了"学堂在线"这一平台，于 2013 年 10 月上线①。此后，中国大学 MOOC、慕课网、爱课程、好大学在线等慕课平台也相继上线。

3. 移动学习

移动学习是在非固定的、非预先规划的时间和地点的非正式场所，利用移动设备与虚拟的和物理的世界交互发生的个人的、协作的或者混合方式的任何学习，也包括在正规场景中利用移动设备促进个体探究和协作。便捷性的学习工具、灵活性的学习环境、随时随地的学习空间是移动学习的典型特征之一。②

移动学习的研究始于 1994 年美国卡耐基 - 梅隆大学的 Wireless Andrew无线基础设施建设研究项目③。此后，面向社会各层面不同人群的移动学习国际研究随之展开，如针对中小学教育领域的美国加利福尼亚大学伯克利分校人机交互研究室的移动学习研究项目、新加坡 Mobiskoolz 项目、欧洲Learning2GO 项目，针对高等教育领域的英国谢菲尔德哈勒姆大学移动学习有效性研究、德国 Campus-Mobile 项目，针对社会教育领域的欧洲 m-Learning项目、英国伯明翰大学移动学习研究和"HandLeR 移动学习研究项目"，针对远程教育领域的非洲农村移动学习项目，针对职业培训领域的挪威奥斯陆大学 KNOWMOBIE 研究项目④。

我国移动学习的研究始于 2000 年。教育部高等教育司 2001 年 12 月批准立项的北京大学现代教育中心教育实验室移动教育理论与实践研究项目，历时近 4 年，开发出基于全球移动通信系统（Global System for Mobile Communications，GSM）网络和移动设备的移动教育平台、基于 GPRS 的移

① 余亮，黄荣怀，杨俊锋 . 开放课程发展路径研究 [J]. 开放教育研究，2013，19（6）：28-35.
② 黄荣怀，王晓晨，李玉顺 . 面向移动学习的学习活动设计框架 [J]. 远程教育杂志，2009，17（1）：3-7.
③ 傅健，杨雪 . 国内移动学习理论研究与实践十年瞰览 [J]. 中国电化教育，2009（7）：36-41.
④ 郭绍青，黄建军，袁庆飞 . 国外移动学习应用发展综述 [J]. 电化教育研究，2011（5）：105-109.

动教育平台、基于本体的教育资源制作发布与浏览平台，以及教育语义网络平台。2006 年 9 月，中国第一家移动学习专业网站——移动学习资讯网开通，其目的是促进行业交流、推动产业发展。2006 年 11 月 15 日，在上海举办的 2006 年联合国教科文组织远程教育教席系列国际研修班开幕式上，上海电视大学宣布该校的 8 万多学生已成为国内首批手机远程教育的受益者。2006 年 3 月 23 日，北京师范大学教育技术学院承担的"手持式网络学习系统在学科教学中的应用研究"获得批准立项。①2008 年，黄荣怀教授出版《移动学习：理论·现状·趋势》一书，这是我国第一部移动学习专著。

移动学习的发展离不开移动终端的发展，移动终端即智能手机、平板电脑、电子词典、学习机等。全球首部中英电子词典——快译通，由香港权智集团于 1989 年推出，是最早批量生产的移动学习设备。2003 年好记星数码学习机项目启动后，诺亚舟、名人等多家企业生产了电子词典、学习机等设备。②

三、引发教育系统变革阶段（2018 年至今）

（一）教育信息化 2.0 赋能教育系统变革

2017 年，国务院发布《新一代人工智能发展规划》，提出发展"智能教育"，对新时代的教育信息化提出了新任务。2018 年，教育部印发《教育信息化 2.0 行动计划》，提出了数字资源服务普及行动等八项行动，以前瞻性强、战略目标定位精准、战略措施针对性强、保障措施有力等特点迎合了教育发展的迫切需求。一系列政策推动教育向深度融合人工智能（AI）方向发展，并促进了教育机器人的应用与发展。

1. 人工智能

人工智能的迅速发展将深刻改变人类社会生活、改变世界，深刻影响社会经济和生产力。我国发布了一系列人工智能相关政策，既有整体引导人工

① 刘建设，李青，刘金梅.移动学习研究现状综述 [J].电化教育研究，2007（7）：21-25，36.
② 傅健，杨雪.国内移动学习理论研究与实践十年瞭览 [J].中国电化教育，2009（7）：36-41.

智能的规范与发展的政策，如《新一代人工智能发展规划》《促进新一代人工智能产业发展三年行动计划（2018—2020 年）》，也有针对教育领域的专项政策，如《高等学校人工智能创新行动计划》《教育部办公厅关于开展第二批人工智能助推教师队伍建设试点推荐遴选工作的通知》等。

人工智能在教育中的应用具有巨大的潜能，包括通过智能辅助系统和教育机器人实现技术融合效应的潜能、释放教师生产力的潜能、激发学生学习的潜能等[①]。刘德建等深入剖析了人工智能融入学校教育的五项潜能，即支持个性化学习、提供教学过程适切服务、提升学业测评精准性、助力教师角色转变、促进交叉学科发展[②]。未来可以从强化教育人工智能的政策引导和规范作用，加速促进人工智能融入学校教育，鼓励政府、企业、学校、研究机构协同推进教育人工智能的发展等三个方面，推动人工智能在教育领域的广泛应用[③]。

2. 教育机器人

机器人技术是 20 世纪最具创造性和最伟大的发明之一，在工业生产和公众服务等方面发挥着越来越重要的作用，已成为一个国家科学技术和工业技术发展水平的重要标志之一。教育机器人是机器人应用于教育领域的代表，是人工智能、语音识别和仿生技术在教育中应用的典型，以培养学生的分析能力、创造能力和实践能力为目标。《教育信息化 2.0 行动计划》强调，"智慧教育创新发展行动"要加强智能教学助手、教育机器人、智能学伴、语言文字信息化等关键技术的研究与应用，推动教育机器人向前发展。

教育机器人作为一种数字化益智产物，适用于各类人群，可以通过多样化的功能达到寓教于乐的目的。目前，教育机器人的研究领域涉及机器人教学、人机互动和自闭症儿童教育等，应用情境包括 STEAM（科学、技术、工程、艺术、数学）教育、儿童娱乐教育、同伴和远程控制机器人等。教育机器人在应用中表现出以下特点。第一，教育机器人通过承担教师的某些任务，

---

① 黄荣怀. 人工智能在教育有多少潜能可挖 [N]. 中国教育报，2018-01-13（3）.
② 刘德建，杜静，姜男，等. 人工智能融入学校教育的发展趋势 [J]. 开放教育研究，2018，24（4）：33-42.
③ 黄荣怀，王运武. 教育信息化 [M]. 北京：科学出版社，2018：205-206.

帮助教师从日常烦琐耗时的重复性工作中解放出来，把更多的精力投入创新性和启发性的教学活动中。第二，教育机器人使移动学习、实景学习成为可能。第三，在人们不断拓展知识领域和知识类型的过程中，教育机器人的应用有助于创新学习方式，使协作学习、游戏化式学习等新的学习模式成为可能①。

美国《地平线报告：2016 高等教育版》讲到，随着机器人研究和科学技术的快速发展，机器人会逐渐融入我们的生活，尤其是针对基础教育环境②。目前已被广泛应用的教育机器人包括：瑞士洛桑联邦理工学院研发的 Thymio Ⅱ，能够对 6 岁以上儿童进行教学；英国郝特福德大学制造的能与孤独症儿童互动的机器人；美国佐治亚理工学院 SIM 实验室研制的 Simon，能够与用户进行灵活互动。

（二）教育数字化转型

教育数字化转型是使用数字技术和数字战略重构教育领域的组织业务和运营流程，从而促成新的组织运行能力和治理能力，提高教育领域的运营绩效的过程。

2021 年，《中华人民共和国国民经济和社会发展第十四个五年规划和2035 年远景目标纲要》提出，"迎接数字时代，激活数据要素潜能，推进网络强国建设，加快建设数字经济、数字社会、数字政府，以数字化转型整体驱动生产方式、生活方式和治理方式变革"。2022 年 2 月，教育部在 2022 年工作要点中提出"实施教育数字化战略行动。强化需求牵引，深化融合、创新赋能、应用驱动，积极发展'互联网＋教育'，加快推进教育数字转型和智能升级"，着力缩小"数字鸿沟"，赋能教育改革，促进教育公平和质量提升，助推教育高质量发展，支撑教育强国建设。

1. 重视教育数字化转型

全面推进教育数字化转型，对落实数字中国战略、支撑建设教育强国、

---

① 黄荣怀，王运武．教育信息化 [M]．北京：科学出版社，2018：202.
② JOHSON L，BECKER S A，CUMMINS M，et al. NMC horizon report：2016 higher education edition[R]. Austin，Texas：The New Media Consortium，2016：46.

助推中国教育现代化具有重大战略意义，是适应新时代人才培养要求的必由之路，是顺应国际教育发展趋势的必然选择，是助力实现共同富裕的内在要求，是推进实现教育现代化的有效途径。实施教育数字化战略行动，也是当前我国教育改革发展的历史性和世界性战略机遇，是构建教育发展新优势的迫切要求。教育部多次强调教育数字化战略行动的重要意义和实施方略，高屋建瓴地引领教育改革创新和数字化转型。

2022年1月16日至17日，全国教育工作会议在北京召开，会议提出实施教育数字化战略行动。2月17日，教育部举行党组理论学习中心组集体学习暨教育信息化首场辅导报告会，会议提到，要深入学习领会数字化、网络化、智能化在中国特色社会主义现代化建设中的重要意义，把教育信息化作为发展的战略制高点，以教育信息化推动教育高质量发展，以教育信息化引领教育现代化。2月18日，教育部召开"十四五"国家基础教育重大项目计划实施部署工作会议，会议强调，实施基础教育数字化战略行动，打造中国优质教育资源网络学习空间，促进优质教育资源开放共享。3月14日，教育部党组扩大会召开，会议要求，要围绕激发教育创新活力和潜能，进一步深化改革扩大开放，持续深化教育评价改革，实施国家教育数字化战略行动，扩大教育对外开放。

教育部关于教育数字化转型的指导意见主要有五个特点：一是强调机制创新，"方法重于技术、组织制度创新重于技术创新"；二是强调新技术的应用，"应用为王"，物联网、大数据、人工智能、5G等技术在教育中的应用可以加快推动教育数字化转型；三是强调数据的重要性，"用数据说话、用数据决策、用数据管理、用数据生活"是数字化的基本思维方式，有用的数据是教育数字化转型的关键要素；四是强调生产、生活和学习方式的层级跃迁，数字化不仅是一种思维方式、技术手段，更是一种基于高科技的生产、生活和学习方式；五是强调服务国家发展战略，教育数字化要服务国家信息化、数字经济、数字中国等重大战略，推动国家教育数字化战略行动是实现教育现代化的关键举措。

2.教育数字化转型试点

教育数字化转型的全面开展建立在试点先行的基础上。北京、上海、浙江、湖南等地在推动教育信息化的过程中开展教育数字化转型试点。教育数字化转型中，逐步形成了教育移动互联网应用程序、教育资源库、小程序、教学云平台四类教育形态。

北京市通过"北京市教育大数据平台"和"京学通"推进数字教育工作。"北京市教育大数据平台"是按照全市大数据建设部署构建的一套汇聚市、区、学校三级数据的教育全息数据库，包含了学生体质健康、教师队伍分析、学位预测、学校加工能力评价、大数据驾驶舱等专题应用，实现了教育数据多源汇聚、动态更新、深度融合、智能分析和场景式应用。"**京学通**"是北京智慧城市建设的重要组成部分，面向学校、教师、学生及家长提供全量教育信息服务，用户可以通过电脑端和手机端，及时便捷地查询教育政策、招生入学、学习成绩、社会实践、体质健康、个人成长等多种信息。

上海市通过试点区建设推进教育数字化转型。2021年1月，上海市提出全面推进城市数字化转型，城市建设由此进入一个新的发展阶段。2021年8月，教育部批准上海成为教育数字化转型试点区。同年9月，上海市教育委员会发布《上海市教育数字化转型实施方案（2021—2023）》，为上海整体性推进教育数字化转型、全方位赋能教育综合改革、革命性重塑高质量教育体系、服务国家战略和上海城市发展擘画了新的蓝图。上海教育数字化转型坚持"育人为本""整体推进""全面赋能""多元协同""安全稳妥"五项基本原则，明确了创新教育场景示范应用等八项主要任务。目前，长宁区、宝山区、徐汇区向市教委主动申请成为市级推进教育数字化转型实验区的试点，为上海市推进教育数字化转型发展先行探路、创新示范。长宁的"1234N"蓝图、宝山的"未来宝"与其支撑的"未来学校"、徐汇的"5汇工程"将成为推动上海教育未来数字化变革区级先行先试的鲜活方案。

浙江省通过实施"教育魔方"工程推动教育数字化转型。浙江省以全域性数字化改革为总牵引，启动实施"教育魔方"工程建设，按照"综合集成、整体智治"原则和"教育大脑＋智慧学校"思路，统筹推进数字技术与教育管理、教学实践的深度融合，推动数字教育新基建、新模式、新格局和新生态建设，不断提升教育现代化水平。"教育魔方"工程建设路径按照分析、综合、迭代的逻辑思维，构建1个主体单元，完善3大支撑体系，提升6项关键能力，创新 X 个场景应用。

湖南省探索教育数字化转型新路径。湖南省委、省政府将"国家教育信息化 2.0 试点省建设"和教育数字化转型摆在突出位置，出台《湖南省"互联网＋教育"行动计划（2019—2022 年）》，建立"互联网＋教育"工作领导小组和联席会议等制度，明确将教育数字化转型作为省、市、县三级"教育厅局长突破项目"。在政策的指引下，湖南省制定教育数字化转型实施方案，设立教育信息化战略研究基地等专门机构，组建专业团队，打造教育数字化转型新基座，务求教育数字化转型新突破。目前当地已开展一系列活动，如实施"学校联网攻坚行动"和"多媒体教室攻坚行动"，创立"我是接班人"网络大课堂，全省一盘棋、共上一堂课，每月一堂思政大课、每周一堂主题活动课，联合医疗资源创新"互联网＋医教协同"学生健康体系，创立学生、教师、企业三方互动的"大国长技"数字化学习社区，依托"人人通"空间对学生发展和教育质量进行伴随式评价。

第二节　互联网教育应用的界定与分类

一、互联网教育应用相关术语界定

随着互联网的发展，在线学习（e-Learning）从个别化参与走向全员全程，线上线下融合的全新教育秩序正在逐渐形成[①]。何克抗认为"e-Learning"指通过因特网或者其他数字化内容进行的学习与教学的活动[②]；黄荣怀团队通过梳理不同学者对 e-Learning 的内涵界定，指出虽然不同学者对于其的内涵解释不同，但核心基本一致，即在线学习是依托互联网技术而开展的一种远

---

① 黄荣怀，虎莹，刘梦彧，等 . 在线学习的七个事实：基于超大规模在线教育的启示 [J]. 现代远程教育研究，2021，33（3）：3-11.
② 何克抗 . e-Learning 的本质：信息技术与学科课程的整合 [J]. 电化教育研究，2002（1）：3-6.

程学习形式，学习者在此过程中建构并创造知识[1]。依托技术对任何学习活动的支持都属于技术促进学习的范畴[2]，技术促进学习是"应用电子通信和基于计算机的教育技术进行的任何学习，包括有限开展技术促进学习增强面对面教学以及在'混合式教学'和纯'在线'教学中开展技术促进学习"。因此，在线学习本质上是一种技术促进的学习，是互联网应用程序支持的学习[3]。

　　支持在线学习的互联网教育应用是随着互联网技术的发展出现的新概念，是服务和支持在线学习的主要产品，更加注重技术在教育的应用场景和效果。2019 年 8 月发布的《教育部等八部门关于引导规范教育移动互联网应用有序健康发展的意见》明确了教育移动互联网应用程序（教育 APP，简称教育移动应用）是指以教职工、学生、家长为主要用户，以教育、学习为主要应用场景，服务于学校教学与管理、学生学习与生活以及家校互动等方面的互联网移动应用。

　　本书的研究项目组从 2016 年开始两年一个周期对互联网教育应用进行测评工作，测评对象主要包含教育移动互联网应用程序和教育网站。随着互联网教育应用的产品形式和应用场景的多样化，项目组认为互联网教育应用是指依托互联网技术而开展的，符合技术促进教育和学习行为的各类互联网平台、工具的集合，目前多以平台、网站、移动应用、小程序等形式呈现，应用场景为教育和学习。

二、互联网教育应用的分类

　　目前，互联网教育应用有多种分类方式，根据产品形态，可分为教育 APP、教育平台、教育小程序、资源库等；根据提供的服务，可分为语言学习类应用、艺术学习类应用、学科学习类应用、职业技能学习类应用等；根据提供的工具类型，可分为思维管理类应用、笔记记录类应用、资源管理类

---

① 黄荣怀，虎莹，刘梦彧，等 . 在线学习的七个事实：基于超大规模在线教育的启示 [J]. 现代远程教育研究，2021，33（3）：3-11.
② 黄荣怀，陈庚，张进宝，等 . 关于技术促进学习的五定律 [J]. 开放教育研究，2010，16（1）：11-19.
③ HENRY P. E-Learning technology, content and services[J]. Education & Training, 2001, 43（4）: 249-255.

应用等。本书在此基础上，结合应用特点和后续测评需要，按照交互形式、功能用途、受众领域、应用场景对互联网教育应用进行了分类，如表 1-2 所示。

表 1-2　互联网教育应用分类

分类方式	类型	特点	典型应用
按交互形式分类	手指点按	手机	APP、网页浏览器、小程序
	键盘鼠标	电脑	软件客户端、网页浏览器
	语音	智能音箱等物联网设备	无前端交互
	基于视觉的定位	VR/AR 终端	配套软件
按功能用途分类	教学辅助类	提供教育类资源供学生课余时间自主学习，或在课堂教学中由师生共同操作，提高课堂教学质量	新东方、雨课堂
	电子阅读类	可便捷查阅各类电子书籍、文件和文档，并在基础阅读功能上额外增加了注释、分享到社交媒体等功能	西窗烛、微信读书
	计划管理类	具备单一和特定的目的，向用户提供辅助工具，帮助用户形成知识体系，进行知识的管理、反思和梳理	XMind、印象笔记
	指导工具类	通常围绕某一考试或学习主题，学习内容涵盖基础知识和高级专业知识，帮助用户提升应考能力或学习知识点	考研帮、百词斩
	技能培训类	为用户提供学习环境和学习支架，以某类知识或技能掌握为目标，帮助用户将知识迁移到实际生活中，实现知识的应用	编程狮、弹琴吧
	学习游戏类	目标用户一般为低龄儿童，采用动画游戏的形式进行思维逻辑启蒙和兴趣培养	宝宝巴士、洪恩识字

续表

分类方式	类型	特点	典型应用
按受众领域分类	幼儿早教	学前认知	宝宝巴士儿歌
		智力开发	小伴龙
	基础教育	教学辅导	猿辅导
		家校互通	家长帮
	高等教育	教学资源	学堂在线
		能力测评	扇贝单词
	职业与成人教育	实训培训	华图在线
		能力提升	能力天空
按应用场景分类	学校	教师或学生在学校开展的管理、教学、考试等各项教育教学活动中使用	希沃白板、学科网、腾讯课堂、班级小管家、学习通
	家庭	在家庭环境中，学生在父母指导下或者独立开展学习活动时使用	洋葱学园、拓词、英语趣配音、洪恩阅读
	社会	人们在社区、各类场馆、基地、工作地等公共场所获取知识和信息时使用	掌上科技馆、恐龙星球、科普中国、知乎

第三节　互联网教育应用的现状分析

一、互联网教育应用的规模现状

互联网教育应用发展过程中积累了大量的用户。《中国互联网络发展状况统计报告》显示，截至 2021 年 6 月，我国网民规模已达到 10.1 亿，在线教育规模 3.25 亿；上网设备中手机占比为 99.6%。值得注意的是，网站数量为 422 万个，自 2018 年 6 月开始逐年下降；APP 在架数量为 302 万款，自 2018 年 12 月（近几年峰值）起，呈逐年下降趋势。互联网教育应用的规模体现在基础设施的规模、教育资源平台的规模和市场类互联网教育应用的规模等三方面。

（一）基础设施的规模

1. 学校基础设施越发健全和现代化

学校基础设施的建设稳步推进。例如，网络多媒体教室覆盖率和每万名学生拥有的用于教学的平板电脑数量，与往年对比均有所增长，具体如图 1-1、图 1-2 所示。

来源：教育部 2016 年至 2020 年教育统计数据。

图 1-1 网络多媒体教室覆盖率

来源：教育部 2016 年至 2020 年教育统计数据。

图 1-2　每万名学生拥有的用于教学的平板电脑数量

2."三通两平台"目标任务基本完成

从 2012 年发布《教育信息化十年发展规划（2011—2020 年）》以来，截至 2022 年，教育信息化各项指标普遍实现翻倍增长，全国中小学互联网接入率从 25% 升至 100%，比 2012 年提高了 75 个百分点；多媒体教室比例从不到 40% 提升至 99.5%，比 2012 年提高了近 60 个百分点；网络学习空间数量从 60 万个增至 1 亿个；99.9% 的学校出口带宽达到 100M 以上，超过四分之三的学校实现无线网络覆盖[①]。国家数字教育资源公共服务体系接入各级平台 234 个，体系空间月活用户 3751 万人；国家教育资源公共服务平台新开通教师空间 2 万个、学生空间 7 万个，新汇聚 1 家应用服务商的 1 个应用。国家中小学网络云平台累计访客 10.68 亿人、页面浏览次数 64.34 亿次[②]。

2022 年 3 月 28 日，国家智慧教育公共服务平台正式上线，该平台是国家教育公共服务的综合集成平台，聚焦学生学习、教师教学、学校治理、赋能

---

① 林焕新.勇立教育数字化时代潮头：我国教育数字化工作取得积极成效综述之一 [N]. 中国教育报，2022-11-30（01）.

② 科技与信息化司. 2022 年 1 月教育信息化和网络安全工作月报 [EB/OL]. [2023-02-11]. http://www.moe.gov.cn/s78/A16/gongzuo/gzzl_yb/202203/t20220324_610398.html.

社会、教育创新等功能，已成为教育数字化转型发展的关键基础设施。

（二）教育资源平台的规模

2022 年，教育部以建设国家智慧教育公共服务平台为抓手，加快推进教育数字化转型和智能升级。平台包括国家中小学智慧教育平台、国家职业教育智慧教育平台、国家高等教育智慧教育平台、国家 24365 大学生就业服务平台等，可提供丰富的课程资源和教育服务。

国家中小学智慧教育平台是教育部为深入实施国家教育数字化战略行动，大力促进基础教育高质量发展，在"国家中小学网络云平台"基础上改版升级而成。平台资源建设坚持"需求牵引、应用为王、服务至上"，尽最大努力满足学生、教师、家长等不同群体的实际需要，服务学生自主学习，服务教师改进教学，服务农村提高教育质量，服务家校协同育人，服务"双减"和"停课不停学"。平台试运行以来，教育部进一步加强了应用部署，各地各校高度重视，资源得到广泛应用，使用者普遍反映平台使用便捷、响应速度快、无卡顿。截至 2022 年 4 月 28 日（平台上线满月），国家中小学智慧教育平台资源总量由上线前的 10752 条增至 28568 条，浏览总量达到 22.2 亿次。其中开设的"专题教育""课后服务"两个板块浏览量合计达到 3.7 亿次，有效服务了"双减"课后服务工作。新冠疫情防控期间，中小学平台有效支撑"停课不停学"。同时，平台的移动端"智慧中小学"APP 也正式上线，为随时随地开展教学活动、自主学习、家校协同和互助交流提供更方便的途径。

国家职业教育智慧教育平台是教育部加快职业教育数字化步伐，提升职业教育治理体系和治理能力现代化的关键举措。平台由"专业与课程服务中心""教材资源中心""虚拟仿真实训中心""教师能力提升中心"四大板块组成，呈现出多主体开发建设、多维度个性应用、多层次提供服务三大特点。截至 2022 年 4 月 28 日（平台上线满月），国家职业教育智慧教育平台已经汇聚了将近 2000 个专业教学资源库、6000 余门在线精品课和 2000 余门视频公开课，有力促进了优质资源的集成共享。"专业与课程服务中心"板块，服务学习者享有优质便捷的职业教育数字化资源，提高职业教育数字化资源使用效率。"教材资源中心"板块，服务职业教育教材开发、选用、监管和评价等需要。"虚拟仿真实训中心"板块，服务职业教育实训教学、技能鉴定和竞赛考试等应用需要。"教师能力提升中心"板块，服务职业教育干部职工培训内容优化、培训质量提升。

国家高等教育智慧教育平台是教育部为解决各类学习者在使用中遇到的资源分散、数据不通、管理不规范等问题，实现全国高等教育在线资源的便捷获取、高效运用、智能服务，为高等教育数字化改革和高质量发展提供有力支撑而建立的平台。平台的建设目标是汇聚国内外最好大学、最好教师建设的最好课程，成为全球课程规模最大、门类最全、用户最多的国家高等教育智慧教育平台。平台主要实现两大核心功能：一是面向高校师生和社会学习者，提供我国各类优质课程资源和教学服务；二是面向教育行政部门和高校管理者，提供师生线上教与学的大数据监测与分析、课程监管等服务。截至2022年4月28日（平台上线满月），平台浏览量已经接近900万人次，访问用户覆盖了中国、美国、英国、加拿大、日本、韩国等129个国家。

国家24365大学生就业服务平台是教育系统及有关部门开展高校毕业生就业服务、就业指导和就业管理的综合性平台。平台有电脑端和手机端，主要面向高校毕业生、用人单位、就业战线等用户提供服务。截至2022年4月28日，平台举办了"2022年邮政快递业网络招聘""24365校园招聘服务——陕西专场"等招聘会，上线了"互联网＋就业指导"直播课91期，涵盖就业形势与政策、行业分析、求职技巧等内容，以及"宏志助航"系列就业指导培训课程资源118个，提供44项职业测评、125个职业百科词条和578个职业案例。

（三）市场类互联网教育应用的规模

1.在线教育的规模不断壮大

在线教育规模激增、需求增长迅猛使得教育市场非常活跃，在线教育公司、教育移动互联网应用程序、教学网站层出不穷。据天眼查专业版数据显示，以工商登记为准，2020年上半年，我国有超过2.8万家在线教育相关企业注册成立，平均每天新增154家在线教育相关企业。2020年1月至10月，我国新增在线教育企业8.2万家，新增企业在整个行业中占17.3%。行业的发展引发市场关注，据艾瑞咨询数据统计，2020 年我国在线教育行业市场规模为 2573 亿元，融资金额达 1034 亿元。资本的大量涌入，互联网发展模式的简单套用，使得行业走向跑马圈地式的迅速扩张之路，大量在线教育广告充斥互联网、电视节目、街边站台，简单粗暴的烧钱模式导致一些互联网企业把更多的资金和精力用在广告营销上，而忽视了教育产品和服务质量的提高。

2. 不同类型互联网教育应用的规模

互联网教育应用在发展过程中形成了不同的产品类别，如工具类 APP、即时通信类和直播视频类 APP、公众号和网站、模拟仿真软件和微信小程序等。每类产品的用户规模、产品年龄、产品功能、市场效益等有所不同，具体如表 1-3 所示。

表 1-3 不同类型互联网教育应用的特征比较

类型	名称	用户规模	产品年龄	产品功能	市场效益
工具类 APP	有道词典	2021 年月活用户 1.3 亿人	14 年	基于搜索引擎技术的全能免费语言翻译软件	2021 年，不包含 K-9 学科培训业务口径，有道实现净收入 40.16 亿元
	百词斩	2021 年月活用户 1997 万人	9 年	针对英语学习的一款"图背单词软件"	—
	流利说-英语	2021 年月活用户 620 万人	9 年	基于深度学习技术，能够为每一位用户提供个性化、自适应的学习课程的教育 APP	—
	小猿答疑	2021 年月活用户 2900 万人	7 年	拍照搜题、名师视频讲题、错题本、语文和英文作文、古诗文助手	—
	多邻国	2020 年 12 月全球用户总量达到 5 亿人	10 年	提供 40 种语言课程的语言学习工具软件	2021 年营收 2.51 亿美元
	作业帮	月活用户 1.7 亿人	8 年	自主研发多项学习工具，包括答疑、直播课、古文助手、作文搜索等	—

类型	名称	用户规模	产品年龄	产品功能	市场效益
即时通信类和直播视频类APP	掌门1对1	2021年月活用户52万人	12年	为全国中小学生提供定制化学习辅导	2021年，掌门教育营业收入为44.04亿元，毛利润为19.949亿元
	学而思网校	2021年月活用户567万人	10年	采用双师教学模式，主讲老师直播授课，辅导老师专属辅导	2021财年（截至2021年2月28日），学而思网校总营收14亿美元
	企鹅辅导	2021年月活用户42万人	5年	针对中小学生学习的辅导应用，学生可以在应用内参与名师的在线直播课程，与老师实时交流答疑，同时有资料、习题等配套内容帮助学生掌握相关知识	截至2021年5月31日的报告期内，其2021财年营收14.19亿元
	高途课堂	2021年月活用户88万人	5年	采用"主讲授课＋双师辅导"的在线直播双师模式，为学员提供教学产品和服务	截至2021年12月31日，其年收入为65.617亿元
	猿辅导	2021年月活用户371万人	9年	提供小学、初中、高中全学科在线辅导	—
	钉钉	总用户约5亿，月活用户2.2亿人	6年	免费沟通和协同的多端平台	—
	宝宝巴士	全球平均月活用户9359.27万人	11年	儿童启蒙	2021年上半年营收3.95亿元

续表

类型	名称	用户规模	产品年龄	产品功能	市场效益
公众号和网站	PIPs Rewards	—	7 年	面向大学和大学生的新型网络社区，帮助学生们养成良好的生活习惯，学会环保生活、健康生活、低碳生活	—
	Livemocha	2016 年注册用户 1.6 亿人	15 年	外语学习网站，有简体中文版，可以在线学习英语、法语、德语、意大利语、日语、俄语、西班牙语、葡萄牙语等近 40 种语言	—
	粉笔网	2020 年注册用户 3000 万人	7 年	利用技术手段实现智能批改功能，并提供免费题库，供用户查阅学习，利用网络直播进行线上授课，同时提供实物图书、试卷及客户服务	2021 年 1 月至 9 月营收 26.3 亿元
	Coursera	截至 2021 年底注册用户 9700 万人	10 年	与世界顶尖大学合作，提供网络公开课程	2021 财年第三季度营收为 1.09 亿美元
	Khan Academy	月活用户约 1800 万人	13 年	通过在线图书馆收藏教学视频，向世界各地的人们提供免费的高品质教学	非营利性组织
	Udemy	约 5000 万名注册学生	12 年	用户可以随时在平台上学习任何课程，也可以建立自己的课程	2021 年营收 5.16 亿美元
	Lynda	总用户约 5 亿人	26 年	主要提供软件、商业、科技和创意技能等领域的教育视频	

续表

类型	名称	用户规模	产品年龄	产品功能	市场效益
模拟仿真软件和微信小程序	PhET	学生无须注册即可使用	19 年	虚拟实验平台网站，囊括了数、理、化、生、地五大学科的内容，有近 200 款模拟软件	免费开源网站
	大学有答案	日访问量 1000＋	5 年	面向大学生免费提供 300 余本教材的课后答案，以及 520 余所学校的 14800 余份历年期末考试试卷和答案等资源	—
	班级小管家	超 4000 万名学生、超 400 万名教师使用	4 年	管家功能包含学生点评、私密成绩、打卡作业、填表统计、在线缴费、英语智能跟读等等	—
	NOBOOK虚拟实验室	日活用户约 17000 人	8 年	面向教师课堂教学、学生学习以及互动课件创造管理的教学工具平台	—
	THIX Chemist	—	11 年	一款可以实现高仿真虚拟化学实验的手机应用，用户可以挑选对应的化学物质、器材等进行化学实验	
	ChemColle-ctive Virtual Labs	—	10 年	网站提供虚拟化学实验室界面	免费开源软件

注：本表数据统计年份截至 2021 年 8 月。

二、互联网教育应用的检测监管平台现状

2019 年 8 月，教育部等八部门发布《关于引导规范教育移动互联网应用

有序健康发展的意见》，针对教育移动互联网应用程序、公众号和小程序出现的"应用泛滥、平台垄断、强制使用、有害信息传播、广告丛生"等问题，提出了提高供给质量、规范应用管理、健全监管体系的要求。2022年的教育部工作要点再次强调积极推动"互联网＋教育"，提高教育公共治理水平。

互联网教育应用在教育数字化转型、新冠疫情常态化防控、技术驱动产品形态多元化的三重背景下，正面临两方面的挑战：一是突破技术加法和商业裹挟，激发自身规模化与个性化的能力，突出"育人"的本质导向；二是基于互联网的普惠能力，平抑区域和代际差异带来的潜在数字鸿沟。

通过机构调研、文献分析、成果统计等发现，互联网教育应用的政策制定、公共数据集建立、智能技术攻关、监管平台运营等四个方面是监管的焦点。以欧盟和美国为例，国外以公共数据集建立和智能技术攻关为主要成果方向。国内以政策制定和监管平台运营为主要进展。

国际上，在政策制定方面，2018年5月，欧盟出台《欧洲通用数据保护条例》、英国政府出台《数据保护：工具包》等，以确保数据隐私安全，避免数据泄露。在公共数据集建立方面，美国发布《国家人工智能战略》，将大量公共数据集通过种子人工智能（SeedAI）组织上传到文件币（Filecoin）进行隐私安全人工智能（Artificial Intelligence，AI）分析和利用。在智能技术攻关方面，德国采用 TestObject 云测技术模拟用户与应用交互，来生成测试并发送结果报告，以色列 uTest 公司、Bitbar 公司的 Testdroid 云端服务可兼容200多种不同移动端设备测试。在监管平台方面，美国学生隐私指南针（Student Privacy Compass）社群平台、美国软件行业协会平台、英国教师评价教育媒体平台等是监管平台的代表。

国内，在政策制定方面，我国发布了《移动互联网应用程序信息服务管理规定》《互联网信息服务算法推荐管理规定》等多个规范互联网教育应用的法规。在公共数据集建立方面，现有数据以省级数据为主，国家级公共数据主要有2022年3月上线的国家智慧教育公共服务平台中的资源库和2015年至今的义务教育质量监测报告。在智能技术攻关方面，现有技术集中在智能语音、体感交互、软件功能等方面，缺少对动态性内容、青少年在网行为、算法等进行研究。在监管平台方面，已有监管平台多为行业协会和省级教育行政机构，例如宁夏回族自治区的移动互联网智能终端应用软件安全检测监管平台等。

互联网教育应用可能存在不符合学生认知发展规律的内容、黄赌毒等不良内容、广告推广等无关内容，以及潜藏隐私与数据安全等问题，因而对互联网教育应用进行检测与监管十分必要。目前，国内外相关研究者已开发了不同类型的检测、监管平台。

（一）国内检测监管平台（行业协会级：软件测评协会）

互联网教育应用在国内的检测监管平台大多是在以工业和信息化部为主的部委和省市级这两种较宏观层面上建立的。

1. 部委检测监管平台

以工业和信息化部为主的部委站在为国家服务、保障广大互联网应用用户有序健康使用的角度，建立了多个检测监管平台和中心。目前，有代表性的部委级检测监控平台有教育部建立的教育管理信息中心、工业和信息化部建立的中国软件评测中心、工信部委托中国信息通信研究院建设的"全国APP技术检测平台"。

教育部教育管理信息中心成立于1987年，是教育部直属单位。其主要职责任务包括：收集、处理、分析国内外有关教育管理的信息，为教育部宏观管理和科学决策服务，为各级教育行政部门的管理工作服务；为教育部机关各司局业务管理活动提供计算机网络等现代技术环境和服务；组织、协调和推进国家教育管理信息系统的开发和建设，逐步建立为教育管理服务的全国教育信息网络；负责制定国家教育信息标准和数据交换标准；开展教育信息战略研究，与国内外相关教育管理信息系统进行信息交换和交流合作。中心设立教育信息安全等级保护测评中心和教育电子认证服务中心，另外设有中国教育信息化杂志社，负责编辑出版《中国教育信息化》《世界教育信息》《基础教育参考》等期刊，承办学术论坛及博览会等。该中心还是中国教育发展战略学会教育信息化专业委员会依托单位。

中国软件评测中心（工业和信息化部软件与集成电路促进中心），简称"中国评测"，成立于1990年，是工业和信息化部直属单位。30多年来，中国评测秉承"诚信、担当、唯实、创先"的核心价值观和"专业就是实力"的宗旨，先后承担了 10 万余款软、硬件产品和 1 万余项信息系统工程的测试任务，已成为国内权威的第三方软、硬件产品及信息系统工程质量安全与可靠性检测机构。中国评测的业务网络覆盖全国 500 多个城市，出具的测试报告在 61 个国家和地区实现互认。中国评测的科研成果有《教育行业网络安全白皮书》《电信和互联网行业数据安全治理白皮书（2020 年）》《数据安全治理研究及实践》等。

工信部要求、中国信息通信研究院负责推进建设的"全国 APP 技术检测平台"，大幅提升了对单款 APP 的自动化测试项比例；全面提高了 APP 自动获取能力和批量处理能力。目前平台已完成百度、梆梆、奇安信、360 等多家检测引擎本地化的部署工作，启动了与小米、vivo、OPPO、豌豆荚等应用分发平台的对接工作。目前平台具备每个月检测 15 万款 APP 的能力。2021年检测了 180 万款 APP。目前工信部通过调整数量和处置违规 APP，优化了 APP 质量，使合规 APP 能够健康发展。与此同时，应用商店 APP 抽检的问题发现率稳步下降。

2. 省级检测监管平台

各省份以通信管理局为主，为检测监管本地互联网应用开发建立了相关平台。目前，广东省、上海市、宁夏回族自治区等地均建立了互联网应用的检测监管平台。

（1）广东省通信管理局 APP 监管平台

自 2019 年下半年起，广东省通信管理局本着"技管结合，以网管网"的思路，开发建设了 APP 监管平台，平台具备"看得见、找得着、说得清、管得住"四大核心能力。APP 监管平台通过汇聚多源数据建设了集 APP 库、开发者库、应用市场库三库合一的 APP 行业基础数据库，每款 APP 的应用类型、历史版本、运营主体、所属地域、分布应用商店、下载总量等一目了然。目前平台汇聚了 633 万个 APP 版本、245 万款 APP 应用、85 万个 APP 运营者和 286 家 APP 应用商店的数据。通过条件检索，APP 监管平台可迅速圈定重点监管目标，支持从"恶意程序""安全漏洞""侵犯用户隐私权益"三个角度进行轮巡检测和取证。平台可主动对入库 APP 进行多维引擎分析检测，支持 41 种静态源码分析和 129 种动态行为特征监测，并对发现的问题依法定性。APP 监管平台通过动态引擎模拟人工点击操作，捕获 APP 后台传输数据和相关请求、返回指令，有效监测 APP 隐匿的侵权和恶意行为并对其取证，如未经授权唤醒第三方应用、索取与当前服务场景无关的权限、私自收集个人信息等。结合 APP 行业基础数据库和通信管理部门的互联网基础资源数据，还可以对 APP 的网络资源分布和责任主体进行精准定位溯源，实现对违法违规行为及其责任主体的证据固化留存。截至 2020 年底，平台累计发现全国范围内疑似恶意 APP 4 万多款，疑似隐私侵权 APP 8 万多款，疑似存在安全漏洞 APP 33 万多款。

在 APP 监管平台的支撑下，广东省通信管理局 2020 年累计对 412 款 APP 发出违法违规处置通知，根据网信、公安、财政、外汇等相关部门认定意见关停违法有害 APP 328 款，下架问题严重 APP 35 款，对问题突出的 APP 运营者做出 27 起行政处罚，并将违规企业纳入电信业务经营不良名单，累计在新华网、南方日报和工信部网站等主流媒体发出公开报道 9 篇，其中仅在新华网发布的一篇报道阅读点击量已超过 110 万次。2021 年以来，广东省通信管理局已对 272 款 APP 发出违法违规处置通知，对未按期完成整改的 APP 进行下架处理，有力震慑了违法违规 APP 运营者，有效提升了企业合规经营意识，坚决维护了 APP 用户的合法权益。

（2）上海市移动互联网应用大数据监测平台

上海市通信管理局建设上海市移动互联网应用大数据监测平台，实现对上海移动 APP 以及 APP 开发者的全量统计，并对各 APP 开展自动化、滚动式安全监测，对应用的恶意行为、漏洞风险、隐私保护、权限调用等情况进行测评。截至 2020 年 11 月，监测平台已收录了上海市 12.8 万余款安卓系统 APP 和 5 万余款 iOS 系统 APP。

截至 2020 年底，平台累计检测了 7000 余款 APP 的隐私合规问题，组织专业技术机构对其中 100 余款下载量较大的主流 APP 开展深度鉴定评测，并对首批 50 余家发现个人信息保护违规问题的 APP 运营单位进行专题约谈通报，责令有关机构限期落实整改。

（3）宁夏移动互联网智能终端应用软件安全检测监管平台

为推动宁夏地区移动互联网健康有序发展，依法维护手机用户知情权、选择权和信息安全，宁夏通信管理局依据《网络安全法》《移动智能终端应用软件预置和分发管理暂行规定》等，于2018年底建设了"宁夏移动互联网智能终端应用软件安全检测监管平台"，目前已形成手机APP线下线上综合安全监管能力。

在线下，平台通过在全区69家运营商营业厅（电信、移动、联通各23家）布放APP安全检测设备，为广大手机用户免费提供流通渠道手机APP安全检测服务。截至2019年5月，各营业厅已累计检测手机7500余部，检测APP 21.6万余款，检测出《净化大师》《内存清理》《刷机精灵》等问题APP 113款，所涉问题类型包括恶意下载、资费消耗、隐私泄露等。在线上，平台将国家移动恶意程序标准样本与三家基础电信企业上传的移动互联网应用程序样本进行比对分析，专业判定上报样本是否为问题APP，并下发各运营商进行处置。截至2019年5月，全区各基础电信企业通过平台累计上报移动互联网应用程序210余万件，经比对检测后判定恶意APP 5466款，主要涉及隐私窃取、恶意扣费等问题。同时，对于平台监测到的问题APP列表及提供APP安全检测服务的营业网点，宁夏通信管理局定期向电信企业和社会进行通报，并在全区各电信企业营业厅进行公示，提醒广大手机用户保护个人信息安全。

3. 企业类安全检测平台

（1）百度安全

百度安全是百度公司旗下以人工智能为核心、大数据为基础打造的安全品牌，是百度21年网络安全实践的总结与提炼。百度安全首创AI安全的保险、安全、隐私（Security、Safety、Privacy）三大维度，研究方向涵盖AI安全、云安全、数据安全与隐私保护、物联网安全等前沿安全领域；业务覆盖各种复杂业务场景，同时面向安全生态、商业合作伙伴输出安全产品与行业一体化解决方案，全面护航AI时代云上安全各大业务场景。面向行业生态，百度安全一方面发挥技术能力打击包括电信网络诈骗、赌博、隐私窃取在内的各类违法犯罪行为，协助公安机关破案数百起，涉案金额达数亿元人民币；

另一方面以技术开源、专利共享、标准驱动为理念，联合生态合作伙伴推动 AI 时代的安全生态建设。

面对 AI 时代层出不穷且日益复杂的生态安全问题，百度安全倡导新一代技术研发与开源，迄今已实现多项 AI 安全核心技术的突破。

（2）移动应用隐私合规检测系统

移动应用隐私合规检测系统由犇众信息研发，基于相关法律法规及行业规范，从个人信息收集、权限使用场景、隐私政策描述等多个维度进行隐私安全合规检测，并能够自动化输出合规检测报告。JANUS 大数据平台及移动应用隐私协议大数据平台的支撑，保证了其检测结果的准确性，使客户能够更好地发现相关问题，规避隐私合规风险。

（二）国际检测监管平台

目前，世界各国均对互联网教育应用的政策制定、公共数据集建立、智能技术攻关、公共监管平台运营开展了广泛探索。国际上针对互联网教育应用的检测监管主要依托两类机构：一类是针对所有应用程序的测评服务机构，如机型适配测试、自动化功能测试等机构；另一类是针对教育类应用的评价机构。

1. 一般应用测评服务

TestCloud 云测服务由 Xamarin 公司提供，能够帮助开发人员进行移动应用在不同机型上的适配测试，这个服务源于 Calabash。Calabash 是针对安卓 / iOS 的自动化测试框架，LessPainful 公司将其开源，Xamarin 收购 LessPainful 后推出 TestCloud。Xamarin TestCloud 支持使用 Xamarin、Objective-C、Java、RubyMotion 和 PhoneGap 制作的移动应用。使用者可以上传安卓 /iOS 原生程序（Native APP）、混合模式移动应用（Hybrid APP），选择需要测试的平台，测试结果会告诉测试者哪些机型运行失败并发送截图。TestCloud 云测服务可以更好地帮助使用者解决安卓碎片化的问题。

Sauce Labs 是一家提供自动化软件测试服务的公司，为检查 Web 和移动服务的可用性提供安全环境，包括各种简化流程的自动化功能。SauceLabs 是跨浏览器自动化工具，建立在 Selenium Web 驱动程序的基础上。该工具提供两种服务：SauceScout 是手工测试的工具，客户可以选择操作系统和浏览器版本，然后就能拿到一台虚拟机（VM）进行手工测试了；SauceOnDemand 提供自动化测试服务，客户在本地写好运行在 SauceLabs 云里面的脚本。Sauce Labs 是最早开始基于云的自动化测试的公司，每天运行超过 150 次测试，通过多年测试数据的积累而拥有一个虚拟宝库，能够利用机器学习来针对这些数据进行分析，更好地理解测试行为，主动帮助客户改进自动化测试。

Device Farm 是一项应用程序测试服务，可在由 Amazon Web Services 托管的实体手机和平板电脑上测试安卓、iOS 和互联网应用程序并与之交互。Device Farm 主要有两种使用方法：使用各种测试框架自动测试应用程序；远程访问设备，在这些设备上加载、运行应用程序并与其实时交互。

公共监管方面的代表性平台有美国学生隐私指南针社群平台、美国软件行业协会平台、英国教师评价教育媒体平台等，均以聚焦学科类知识评价为主。表 1-4 呈现了国外从事检测监管研究的主要机构的基本情况。

表 1-4　国外主要检测监管机构研究概况

机构名称	功能	研究成果	成果应用情况
Two Hat	面向 20 余种语言，利用前沿的自动化内容审查技术，对文本、图像、视频等多模态信息进行审查；此外还具备用户信誉系统，对用户名进行可信审核	实时揭露网络欺凌、虐待、仇恨言论、暴力威胁等互联网潜在不良信息，帮助客户在社交网络平台中体验安全且健康的用户服务	为芬兰的 Supercell 和 Rovio、美国动视等游戏娱乐领域内的顶尖机构和企业提供专业内容审核服务
Spectrum Labs	全球范围内，面向用户级和企业级安全需求，针对互联网跨语言文本和音频内容，检测其中潜在的有害行为	具备尖端复杂行为自动检测技术，在社交网络、股票市场等复杂场景中，实施高效、自动化的用户级和内容级安全审核操作	为华尔街日报、福布斯中国、美国 TechCrunch 等网站和机构提供智能内容安全识别解决方案
Besedo	支持 20 余种语言，采用人机协同机制，将实时 AI 驱动与人类专业知识相结合，对社交网络中的文本、图片、视频等多模态内容进行多维度精准审核	针对仇恨言论、威胁欺诈、非法广告、儿童恶意诱导等多类互联网不良、有害信息开展评估，可以针对企业的需求，提供灵活的个性化内容安全定制服务	为法国 BlaBlaCar、澳大利亚 Airtasker、change.org 等机构部署内容审核解决方案

续表

机构名称	功能	研究成果	成果应用情况
Common Sense	专攻教育互联网应用评测、学生隐私保护等业务	1. 有自己的评测标准/框架：数据收集、数据共享、数据安全、数据权利、个人控制、数据出售、数据安全等 2. 专门的研究/公益项目：如数字公民项目（Digital Citizenship Program）等 3. 业务能力强：常态化支持将近 4000 个互联网教育应用的评测，并筛选出将近 200 个优秀教育 APP	丰富的针对学生、家长、教师的教学资源
Xamarin TestCloud	关注人工智能技术应用，建设虚拟数据测试库	研发开源自动化测试框架，跨机型、跨版本监测能力持续提升	全球范围组织级用户
Factmata	关注品牌安全系数和软件产品盗用风险防范	研发机器学习工具，对在线页面内容评分	公司全线产品

2. 教育应用评价

最早研究教育软件评测问题的学术团队是美国数学教师协会，该协会在 1981 年公布了课件评价指南。该指南主要考虑学习者、教学人员的使用，从使用者的角度来衡量数学教学课件。1998 年提出的"七维度学校科技辅教评估法"（seven dimensions for gauging process of technology）是一种使用广泛和成熟的方法。美国软件行业协会所提出的评估体系的许多内容参照了计算机软件工程的体系，同时充分考虑了应用软件的价值标准。每个评估机构的侧重点也是不同的，如多媒体学校比较侧重装机简便、基本的产品支持等，教育软件的评价侧重儿童控制、教育内容、难度水平的多级性、教师的选择性等，而发展性软件的评价则侧重视觉效果、交互性、年龄的适宜性等。

以 1997 年成立的教师评估教育媒体（Teacher's Evaluating Educational Multimedia，TEEM）为例，它是一个从事教育软件和教育网站评价的服务性组织，成立后得到了很多机构的无偿投资，其评估得到了社会的广泛认可。英国《泰晤士报》曾这样提到，TEEM 对学校软件的评估是货真价实的，TEEM 评估的深度和详细度涵盖程序的方方面面，还附有实践的教学实例。TEEM 的评估者是一线教师，他们是自愿成为评估者的。出版者在该机构评估一个软件需要交纳 5 英镑的管理费和 25 英镑的评审费。评估的结果会在 TEEM 的网站上公布，给购买软件的人参考。

第二章

互联网教育应用的测评体系

　　教育与信息技术的结合促进了互联网教育应用的快速发展和不断更新，为学习带来了便利。目前，互联网教育应用种类繁多，有学者将其分为助教类、助管类、助学类等等[①]。然而，针对这些互联网教育应用的评估和判断没有一个统一的标准。因此，建立合理有效的互联网教育应用测评体系具有非常重要的现实意义。

　　不同的学者对互联网教育应用的评估有不同的方法，各专家学者对互联网教育应用评估的概念界定往往极具主观性。参考有关学者的研究结果，可以对互联网教育应用的评估进行如下定义：根据给定的目标，通过可行的操作技术和手段来判断互联网教育应用的价值，这是互联网教育应用质量改进的基础[②]。目前，互联网教育应用的评估方法有三种。第一种侧重于对产品功能进行评估，即从软件可用性、界面设计、人机交互等角度对教育类应用软件进行评估；第二种侧重于对互联网教育应用的教学效果进行评估，该方法需要对使用互联网教育应用的对象进行长期的跟踪观察，容易受到干扰因素的影响；第三种从可用性、内容、娱乐性、社交性等方面对互联网教育应用进行评估，更符合科学评估的标准[③]。

① PAPADAKIS S, KALOGIANNAKIS M, ZARANIS N. Designing and creating an educational app rubric for preschool teachers[J]. Education and Information Technologies, 2017, 22（6）：3147-3165.
② SHAHIDI N, TOSSAN V, CACHO-ELIZONDO S. Assessment of a mobile educational coaching app[J]. International Journal of Technology & Human Interaction, 2018, 14（1）：22-43.
③ PAPADAKIS S J, MICHAIL K, VASSILEIOS O, et al. The appropriateness of scratch and app inventor as educational environments for teaching introductory programming in primary and secondary education[J]. International Journal of Web-Based Learning and Teaching Technologies, 2017, 12（4）：58-77.

本研究项目组基于中国、美国、欧洲各国关于在线教育、软件隐私保护、数据安全、软件测评等的政策和文献研究，归类分析教育移动互联网应用程序存在的问题，提出了教育移动互联网应用程序测评与分析的研究思路（见图 2-1）。教育移动互联网应用程序测评与分析包括行业调研、体系制定、产品筛选、测评方法（机器测评、人工测评、舆情分析）、数据分析和报告撰写六个阶段。

图 2-1　教育移动互联网应用程序测评与分析研究思路

（1）行业调研。以《教育部办公厅关于印发〈教育移动互联网应用程序备案管理办法〉的通知》和教育部等八部门《关于引导规范教育移动互联网应用有序健康发展的意见》为主要依据，对教育部备案的第一批、第二批、第三批共计 1926 个教育移动互联网应用程序进行梳理、分类。

（2）体系制定。基于项目组撰写的中国互联网教育产品发展指数系列报告，在进一步研究软件测评指标的基础上，聚焦教育移动互联网应用程序的测评，优化了测评体系。

（3）产品筛选。教育移动互联网应用程序的筛选，遵循了如下原则：社会认知度高，用户可以下载、注册、登录、体验，数据可测可得。就用户体验而言，项目组选取 60 个典型教育移动互联网应用程序（见附录 3）为主要测评对象，并对其中 50 个进行了深度分析，为每一个教育移动互联网应用程序形成单独的测评报告。教育移动互联网应用程序版本更新迭代速度快，这几年又处于监管重点领域，项目组发现个别应用程序在测评过程中下架整改、停止运营或者改名。项目组按照领域将被测教育移动互联网应用程序划分为学前教育、基础教育、职业教育、高等教育、成人继续教育，以及兴趣学习六类。

（4）测评方法。人工测评是由测评小组对 60 个教育移动互联网应用程序进行测试，从内容适配度、用户体验等维度进行评价。机器测评是使用专业测试设备，对 65 个应用程序从稳定性、兼容性等维度进行自动化测试。舆情分析是用爬虫程序在应用市场爬取教育移动互联网应用程序的评论数据进行情感分析。

（5）数据分析。对测试数据进行处理分析，比较不同领域的教育移动互联网应用程序在各个维度的得分，并对用户体验、互联网学习认知、内容适配度、平台支持度等维度的指标进行关联分析。

（6）报告撰写。针对教育移动互联网应用程序的测评得分和收集的数据资料进行分析研究，得出研究结论，并形成研究报告。

第一节　测评体系

教育移动互联网应用程序是"互联网＋教育"的重要载体。优质的学习内容、丰富的学习功能、合格的技术规范是其提供良好的用户体验，获得较高社会评价的基础。

经过广泛调研教育移动互联网应用程序的产品属性，及其与互联网和教育服务的关联，在参考软件测评指标的基础上，本研究项目组采用德尔菲法确立了互联网教育应用测评体系的八个一级维度（功能与产品成熟度、平台支持度、个人隐私与数据安全、内容适配度、教育类视频规范度、互联网学习认知、用户体验、社会评价）以及若干二级维度（见图 2-2）。

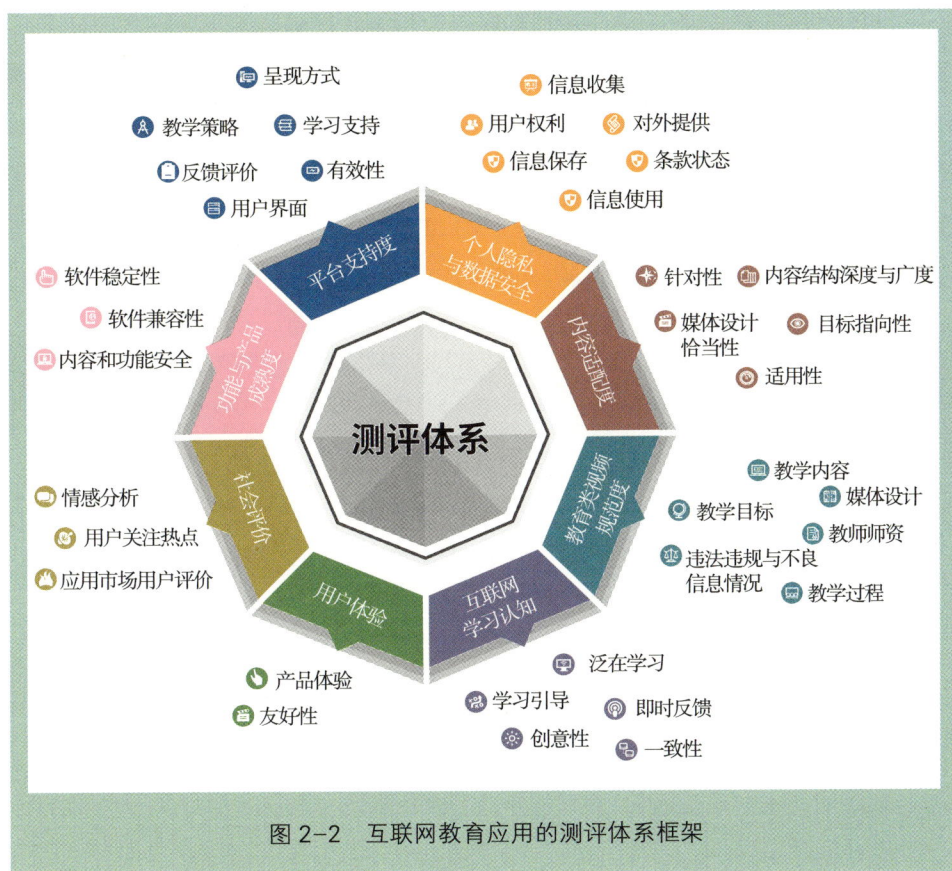

图 2-2　互联网教育应用的测评体系框架

一、功能与产品成熟度

《关于引导规范教育移动互联网应用有序健康发展的意见》第九条指出："鼓励通过第三方评估，组织对教育移动应用的合法合规、功能性能、安全保障等方面进行检测，对教育移动应用呈现的内容进行检查，为推荐工作提供技术支撑。"

基于上述文件精神，本研究项目组围绕教育移动互联网应用程序的内容、功能、稳定性和兼容性等开展测试与分析。"内容和功能安全"二级维度主要依据《关于引导规范教育移动互联网应用有序健康发展的意见》《教育移动互联网应用程序备案管理办法》《关于联合开展未成年人网络环境专项治理行动的通知》等文件设定。"软件稳定性""软件兼容性"二级维度主要依据《系统和软件工程 软件产品质量要求和评价（SQuaRE）》《移动终端人–系统交互工效学触控界面感知流畅性》《移动智能终端用户体验 软件兼容性技术要求和测试方法》《系统与软件工程 系统与软件产品质量要求和评价（SQuaRE）第 51 部分：就绪可用软件产品（RUSP）的质量要求和测试细则》等文件设定。各二级维度指标解释如表2–1所示。

表 2–1 功能与产品成熟度测评指标

一级维度	二级维度	指标解释
功能与产品成熟度	内容和功能安全	根据《关于引导规范教育移动互联网应用有序健康发展的意见》和《关于联合开展未成年人网络环境专项治理行动的通知》等制定以下打分项。 1. 不良内容：是否传播"饭圈"文化、低俗色情、校园霸凌、拜金主义、封建迷信等不良的内容。 2. 无关功能：是否有与被测 APP 中主要教育功能无关的交友、论坛、网络直播、消费购物等功能。 3. 必要功能：是否有便捷的投诉举报渠道、完善的客服系统。 4. 虚假广告、广告泛滥和扣费充值：是否存在违规收费，虚假、违法广告等行为；是否存在用户收到无关 APP 推送、推销电话、短信等广告泛滥现象；是否存在其他诱导消费、诱导充值、未经用户许可的扣费、续费等行为。
	软件稳定性	软件稳定性和兼容性的测试主要针对安卓操作系统。稳定性测试主要验证 APP 在一定的负载下能否长时间稳定运行，在验证稳定性的过程中找到系统不稳定的因素并进行分析。包括以下打分项： 总运行时长：稳定性测试运行的总时长。 总运行次数：测试运行的总次数。 闪退次数：APP 测试过程中出现闪退的总次数。 重启次数：APP 测试过程中出现重启的总次数。 异常次数：APP 测试过程中出现异常的总次数。 无响应（ANR）次数：APP 测试过程中出现 ANR 情况的总次数。 崩溃（Crash）次数：APP 测试过程中出现了比较严重的错误，程序崩溃的次数。 错误发生率：APP 测试过程中功能故障导致用例执行失败的比例。 问题分布占比：APP 在测试过程中出现的问题个数所占的比例。

续表

一级维度	二级维度	指标解释
功能与产品成熟度	软件兼容性	依托基于真机的自动化测试私有云平台，通过自动化脚本检测辅助人工复查的方式，全面检测 APP 在各种机型上的兼容情况，捕获安装、运行及卸载过程中出现的各种失败、无响应、UI 异常、崩溃等问题。包括以下测试项： 1. 综合诊断意见：总体评价此次兼容性测试情况，归纳 APP 在兼容性方面存在的问题，记录和分析其在多操作系统、多品牌、多类型终端测试中安装启动、运行、卸载等环节上发生失败的概率，为改进软件兼容性提供参考意见。 2. 测试终端总数：完成兼容性测试的真机终端总数量。 3. 安装卸载未通过的终端总数：兼容性测试中启动和协作失败的终端数量。 4. 执行未通过的终端总数：兼容性测试中启动和执行失败的终端数量。 5. 安装卸载失败率：安装卸载失败的终端数量占比。 6. 执行异常失败率：启动和执行异常的终端数量占比。

二、平台支持度

平台支持度维度主要考察平台是否支持用户学习，如教学策略与内容呈现方式是否恰当、反馈评价是否及时有效、学习支持是否满足需求、用户界面是否合理、平台能否有效促进学习等等，如表 2-2 所示。

表 2-2　平台支持度测评指标

一级维度	二级维度	指标解释
平台支持度	教学策略	教学材料和教学方法能有效呈现或展示教学内容，能促进学习内容与学习者原有知识的链接，提供学习者与学习内容间的互动。
	呈现方式	课程可通过充分的、恰当的实例和演示等来说明、解释主要的教学内容，能有效地促进学习者对学习内容的理解。

续表

一级维度	二级维度	指标解释
平台支持度	反馈评价	教学材料能够提供适当的练习，学习过程评价机制有助于学习者了解学习进展与效果，帮助学习者掌握学习内容。
	学习支持	提供的导引功能使学习者有效控制学习的进度，且容易操作与使用，学习记录功能标示清楚且名称与功能具有一致性，能显示学习者已完成与未完成的学习内容等。
	用户界面	界面设计具有一致性，能适当地呈现教材内容；设计简明、布局合理、色彩搭配协调、重点突出，视觉效果好，符合用户视觉心理。
	有效性	学习过程可以让学习者学到新知识，帮助学习者获得更高质量的学习结果。

三、个人隐私与数据安全

学生使用教育移动互联网应用程序过程中会生成大量的个人数据。这些数据从来源角度可分为两类：一类是用户主动输入的数据，例如注册时输入的个人信息等；另一类是学习过程中系统自动收集的数据，例如登录次数、登录时长、浏览的内容等。APP 运营商可能会收集并使用这些数据，以实现系统的个性化功能，但教育移动互联网应用程序违规收集、使用用户个人信息的现象仍时有发生，为评估当前我国教育移动互联网应用程序的个人隐私与数据安全的合规性，本研究设定了教育移动互联网应用程序的个人隐私与数据安全评价维度，并对典型的教育移动互联网应用程序进行了测评。

（一）设计依据

政府监管部门针对个人隐私与数据安全问题发布了一系列法律法规，为个人隐私与数据安全评价提供了有力依据。2016 年 11 月 7 日，全国人民代表大会常务委员会发布《中华人民共和国网络安全法》，全面规范了网络空间安全管理方面的问题。2019 年 3 月，APP 专项治理工作组颁布《APP 违法违规收集使用个人信息自评估指南》，从隐私政策文本、APP 收集使用个人信息行为、APP 运营者对用户权利的保障三个角度出发，评估 APP 违法违规收集使用个人信息情况。2019 年 6 月，全国信息安全标准化技术委员会颁布《网络安全实践指南—移动互联网应用基本业务功能必要信息规范》，为移动互联网应用收集个人信息提供了实践指引。2019 年 8 月 23 日，国家互联网信息办公室颁布《儿童个人信息网络保护规定》，明确任何组织和个人不得制作、发布、传播侵害儿童个人信息安全的信息。2019 年 11 月，国家互联网信息办公室、工业和信息化部办公厅、公安部办公厅、国家市场监督管理总局办公厅联合制定了《App 违法违规收集使用个人信息行为认定方法》，为认定 APP 违法违规收集使用个人信息行为提供参考。2020 年 3 月 6 日，全国信息安全标准化技术委员会针对个人信息面临的安全问题颁布《信息安全技术 个人信息安全规范》，严格规范个人信息在收集、存储、使用、共享、转让与公开披露等信息处理环节中的相关行为。2021 年 8 月 20 日，全国人民代表大会常务委员会通过了《中华人民共和国个人信息保护法》，并于 2021 年 11 月 1 日起正式实施，这是我国第一部关于个人信息保护的法律，为我国公民的个人隐私提供了更全面、更完整、更具力度的法律保护。

（二）测评细则

教育移动互联网应用程序个人隐私与数据安全合规性测评，主要从教育移动互联网应用程序运营商发布的隐私政策、教育移动互联网应用程序使用过程中的个人信息的收集与使用两个方面着手，共分为条款状态、信息收集、信息保存、信息使用、对外提供、用户权利 6 个二级维度，32 项指标。

1. 条款状态

条款状态主要考查隐私政策的公开性、可读性、独立性、更新告知方式等是否合规，包含的指标有：隐私条款公开性与独立性、便于访问、征得同意、增强式告知、生效和变更后通知、专业术语界定、运营者基本情况、不合理条款（见表 2-3）。

表 2-3　条款状态测评指标

二级维度	指标	指标解释
条款状态	隐私条款公开性与独立性	APP 具有公开发布的、可正常访问的隐私条款，且隐私条款应位置显著、易于访问。 APP 首次运行时，通过弹窗等明显方式提示用户阅读隐私政策中的收集使用规则。 APP 提供中文版隐私政策。隐私政策文本显示方式不存在字号过小、颜色与背景色相近、行间距过密、字迹模糊、列宽大于手机屏幕等情形；有关收集使用规则的内容不存在繁杂冗长、晦涩难懂、使用大量专业术语的情况，以及错别字或有歧义的语句。
	便于访问	进入 APP 主界面后，用户访问到隐私政策全文不多于 4 次点击、滑动等操作。
	征得同意	在用户使用产品或服务前，主动引导用户阅读或了解隐私条款内容，并通过用户对隐私条款主动勾选"同意"的形式征得用户同意。
	增强式告知	在用户安装程序、注册账号、首次使用产品或服务时，通过弹窗等形式主动向用户展示简洁、精练、易阅读的隐私条款的核心内容。
	生效和变更后通知	隐私政策中应明确标识隐私政策发布、生效或更新日期。在隐私政策发生变更或进行修订时，通过电子邮件、信函、电话、推送通知等方式及时告知用户。
	专业术语界定	隐私政策中对个人信息与个人敏感信息等专业术语进行概念界定。
	运营者基本情况	隐私政策对 APP 运营者基本情况进行描述，至少包括公司名称、注册地址、个人信息保护相关负责人联系方式。
	不合理条款	隐私政策中出现免除自身责任、加重用户责任、排除用户主要权利等不合理条款。

2. 信息收集

信息收集是测评教育移动互联网应用程序个人隐私与数据安全的重要指标。信息收集主要考查教育移动互联网应用程序隐私政策中声明收集的个人信息，包括收集方式，收集的个人信息所对应的功能，APP 使用过程中个人信息收集的合规性、与隐私政策声明的一致性，收集的个人信息是否遵循非必要不收集、收集最小化的原则，等等。

　　信息收集包含的指标有用户提供和自动采集、间接获取、Cookie 等同类技术、个人敏感信息、业务功能区分与必要信息、征得未成年人同意（见表2-4）。

表 2-4　信息收集测评指标

二级维度	指标	指标解释
信息收集	用户提供和自动采集	隐私政策中完整地说明以直接获取方式收集个人信息，不使用"等""例如"等词语省略产品或服务所涵盖的各个业务功能；区分了用户主动提供与自动采集两种收集方式；说明通过直接获取方式收集的个人信息与实现该业务功能的关联关系。 用户打开 APP 后，不存在用户必须提供个人信息或系统权限，否则无法正常进入 APP 的情况。 对于用户可选提供的个人信息或系统权限，若用户不希望提供，用户拒绝后，除非用户再次主动用到相关功能，否则不再次向用户申请或以任何形式提示用户缺少相关权限或个人信息。
	间接获取	隐私政策中对于间接获得的个人信息，说明了以间接方式收集个人信息的类型、以间接获取方式收集的个人信息与产品或服务的业务功能存在的关联性，并承诺对以间接获取方式收集的个人信息的来源合法性进行确认。
	Cookie 等同类技术	如果个人信息控制者或其授权第三方使用自动数据收集工具（Cookie、脚本、Clickstream、Web 信标、Flash Cookie、内嵌 Web 链接、sdk 等）收集个人信息，隐私政策中会对使用的技术机制做详细描述，并在用户使用过程中给予用户可选择不被追踪的权利。
	个人敏感信息	在隐私政策中向用户告知所提供产品或服务的相应业务功能中收集的哪些信息属于个人敏感信息，并采取突出显示的方式（如字体加粗、特殊颜色标注等）将其显著标识。在收集、使用、对外提供个人敏感信息时即时提示用户。

续表

二级维度	指标	指标解释
信息收集	业务功能区分与必要信息	隐私政策中对基本业务功能和扩展业务功能进行区分。对于基本业务功能和应收集的必要信息，在隐私政策中说明了为实现基本业务功能所需收集的必要信息，并告知用户拒绝提供基本业务所需必要信息将带来的影响；在隐私政策中明确告知用户拒绝提供扩展业务功能所需要的扩展个人信息将导致扩展业务功能无法实现，但不影响基本业务功能的使用；关于扩展业务功能选择同意的实现机制，允许用户根据不同扩展业务功能自主选择相应的个人信息是否允许被收集，展示内容简洁易懂，且"同意"为用户主动勾选。
	征得未成年人同意	收集未成年人信息时，在合理技术条件下取得授权同意。

3. 信息保存

信息保存主要考查隐私政策中是否声明了个人信息的保存方式、期限、保存的地区、安全事件处理等。信息保存包含的指标有保存方式与期限、存放地域与出境、安全保护措施、安全事件处置、停止运营（见表2-5）。

表2-5　信息保存测评指标

二级维度	指标	指标解释
信息保存	保存方式与期限	隐私政策中对个人信息保存期限（法律规定范围内最短期限或明确的期限）、超期处理方式进行了明确说明。超期后 APP 将对个人信息进行删除或匿名化处理。
	存放地域与出境	隐私政策中对个人信息存放地域进行了说明（境内、境外），如需跨境传输，也会将出境个人信息类型逐项列出并显著标识（如字体加粗、标星号、下划线、斜体、颜色等）。
	安全保护措施	隐私政策中对 APP 运营者在个人信息保护方面采取的措施和具备的能力进行了说明，如身份鉴别、数据加密、访问控制、恶意代码防范、安全审计等。
	安全事件处理	隐私政策中描述了提供个人信息后可能存在的安全风险，表明在发生个人信息安全事件后，个人信息控制者将承担法律责任，还表明在发生个人信息安全事件后，将及时告知个人信息主体。

续表

二级维度	指标	指标解释
信息保存	停止运营	出现产品和服务停止运营的情形时，及时停止收集个人信息的活动，并将停止运营的通知以逐一送达或公告的形式通知用户，同时对其所持有的个人信息进行删除或匿名化处理等。

4. 信息使用

信息使用主要考查隐私政策中是否声明了收集个人信息的目的、应用场景，以及 APP 实际使用个人信息的方式与隐私政策中的声明是否一致等。信息使用包含的指标有个人信息使用规则、定向推送活动、变更目的后征得同意、特殊情形（见表 2-6）。

表 2-6　信息使用测评指标

二级维度	指标	指标解释
信息使用	个人信息使用规则	隐私政策中完整、清晰地说明了(需逐一说明,不可使用"等""例如"等词语)使用个人信息的场景及具体规则，包括是否形成用户画像及形成画像的目的，是否进行加工处理并产生新的个人信息，将个人信息做匿名化、去标识化处理的目的。APP 实际使用个人信息的场景未超出隐私政策等收集使用规则的用户授权范围，隐私政策中不能声明实际没有提供的业务功能或实际并不存在的使用场景。
	定向推送活动	涉及定向推送活动时，明确地说明了定向推送的业务场景和范围，并向用户提供非定向推送的模式或退出定向推送信息模式的选项。
	变更目的后征得同意	在隐私政策中简要或概括地说明或仅承诺了变更目的后会再次向用户征得同意。APP 更新后不会将用户设置的权限或特定功能选项恢复到默认状态。
	特殊情形	说明了在何种特殊情形或例外情况下，将采取无须征得用户同意等方式使用或处理个人信息。

5. 对外提供

对外提供主要考查隐私政策中是否声明了个人信息与第三方的共享方式、披露规则，以及变更情形下个人信息的处理方式等。对外提供包含的指标有共享转让、公开披露、收购兼并等变更（见表2-7）。

表2-7　对外提供测评指标

二级维度	指标	指标解释
对外提供	共享转让	在隐私政策中写明了共享、转让个人信息的规则，包括共享转让个人信息的数据接收方的类型、共享转让的个人信息类型、共享转让的目的和必要性、共享转让前将采取的安全措施。
	公开披露	隐私政策中告知了用户公开披露个人信息的目的、类型；说明了在公开披露前采取的相应安全措施；说明了在公开披露个人信息前会征得个人信息主体明示同意，并告知哪些情形下的公开披露将不会征得用户同意。
	收购兼并等变更	对于发生收购、兼并、重组、分立、破产等变更的情形。在隐私政策中承诺了新的个人信息控制者将继续履行原有的责任和义务，当新的个人信息控制者变更个人信息的使用目的时，将重新征得用户的明示同意。

6. 用户权利

用户权利主要考查隐私政策中是否告知了用户处理个人信息的方式，以及 APP 使用过程中用户处理个人信息的方式与隐私政策声明的一致性。用户权利包含的指标有查询访问权、删除权、更正权、撤回同意权、注销权、申诉机制。

表2-8　用户权利测评指标

二级维度	指标	指标解释
用户权利	查询访问权	用户拥有查询和访问个人信息的权利，在隐私政策中说明了其操作方式。
	删除权	用户拥有删除个人信息的权利，在隐私政策中说明了其操作方式。
	更正权	用户拥有更正个人信息的权利，在隐私政策中说明了其操作方式。
	撤回同意权	用户拥有退订商业广告、关闭收集扩展信息的权利，在隐私政策中说明了其操作方式。
	注销权	用户拥有注销账号的权利，在隐私政策中说明了其操作方式。

续表

二级维度	指标	指标解释
用户权利	申诉机制	隐私政策中公布了用户投诉、举报的渠道和处理机制；需人工处理的，会在承诺时限或 15 个工作日内核查和处理用户申诉并予以回复。

四、内容适配度

内容适配本身源于通信领域，它指通过多媒体接入的技术体系，实现多媒体内容与相关技术手段在移动终端设备上的传播。这一过程体现了内容与通信技术、平台、终端等的适配。当前，多媒体内容通过移动应用在教育领域的传播赋予了内容适配新的含义，即要围绕内容的教育目标、针对性、结构和媒体设计等展开相应的内容适配。为此，内容适配度二级维度主要考查平台提供的教学内容，涉及针对性、目标指向性、内容结构深度与广度、媒体设计恰当性、适用性 5 个指标（见表 2-9）。

表 2-9　内容适配度测评指标

一级维度	指标	指标解释
内容适配度	针对性	教学内容能够具体且完整地反映整体教学目标。
	目标指向性	各学习单元有明确的学习目标说明，目标描述准确、具体，并定义了多层子学习目标。
	内容结构深度与广度	教学内容的组织架构由合理且明确的单元组成，对应教学内容名称与课时数，教材所涵盖的内容具有适当深度与广度。
	媒体设计恰当性	按照多媒体设计原则呈现符合质量的教学内容，促进学习者对学习内容的理解，增强学习者学习动机。
	适用性	教学内容符合学习者的知识水平和认知特点，内容结构合理，知识点关联清楚。

五、教育类视频规范度

项目组通过广泛调研自媒体平台教育类视频现状，采用德尔菲法确定了自媒体平台教育类视频规范度测评的 6 个指标：违法违规与不良信息情况、教学目标、教学内容、教学过程、教师资质、媒体设计，共涉及 22 个子指标。

（一）违法违规与不良信息情况测评指标

教育部等八部门联合发布的《关于引导规范教育移动互联网应用有序健康发展的意见》指出，鼓励通过第三方评估，组织对教育移动应用的合法合规、功能性能、安全保障等方面进行检测，对教育移动应用呈现的内容进行检查。

根据上述文件，参照教育部等六部门《关于联合开展未成年人网络环境专项治理行动的通知》《互联网信息服务管理办法》《未成年人保护法》《广告法》等，项目组围绕自媒体平台教育类视频内容是否存在违法违规与不良信息情况开展测评与分析，测评指标如表 2-10 所示。

表 2-10　违法违规与不良信息情况测评指标

指标	指标解释
违法违规与不良信息情况	含低俗色情、暴力恐怖、校园霸凌、拜金主义、封建迷信、恐怖主义、分裂主义、极端主义等危害未成年人身心健康的内容。
	含诱导未成年人自残自杀、教唆未成年人犯罪的信息和行为。
	推送网络游戏、低俗小说、娱乐直播等与学习无关的信息，存在恶意弹窗，诱导用户点击跳转至淫秽色情、低俗庸俗等有害页面的行为。
	含不利于未成年人身心健康的广告，存在广告泛滥、诱导消费等行为。

（二）教学目标测评指标

教学目标是对教学将使学生发生何种变化的明确表述，是指在教学活动中所期待学生达到的学习结果。在教学过程中，教学目标起着十分重要的作用。教学活动以教学目标为导向，且始终围绕实现教学目标进行。因此，该指标主要考查自媒体平台教育类视频的教学目标是否适切，是否清晰、具体、可达成，测评指标如表 2–11 所示。

表 2–11　教学目标测评指标

指标	指标解释
教学目标	教学目标适切，符合课程标准、学生认知水平。
	教学目标清晰、具体、可达成。

（三）教学内容测评指标

教学内容是学与教相互作用过程中有意传递的主要信息，一般包括课程标准、教材与课程等。项目组参照教育部等五部门发布的《关于大力加强中小学线上教育教学资源建设与应用的意见》、教育部发布的《中小学教材管理办法》、教育部办公厅发布的《关于印发义务教育六科超标超前培训负面清单（试行）的通知》等文件，围绕自媒体平台教育类视频的教学内容开展测评与分析，测评指标如表 2–12 所示。

表 2–12　教学内容测评指标

指标	指标解释
教学内容	教学内容正确无误。
	教学内容与教学目标相适应，符合课程标准、学科特征，重点、难点突出。
	教学内容遵循教育教学规律、学生身心发展规律，贴近学生的思想、学习、生活实际。
	教学内容能够发展学生综合素养，如自主发展能力、沟通合作能力等。

（四）教学过程测评指标

教学过程是指师生在共同实现教学任务时的活动状态，由相互依存的教与学两方面构成。项目组参照教育部等五部门发布的《关于大力加强中小学线上教育教学资源建设与应用的意见》等文件，围绕自媒体平台教育类视频的教学过程开展测评与分析，测评指标如表 2–13 所示。

表 2-13　教学过程测评指标

指标	指标解释
教学过程	教学过程层次清晰、结构合理，与教学重点、难点相适应。
	教学过程符合学生认知发展规律。
	教学活动能够激发学生兴趣，调动学生积极性，引发学生思考。
	教学方式的选择与短视频时间较短、内容碎片化等特点相适应。

（五）教师资质测评指标

教师是立教之本、兴教之源，教师承担着传播知识、传播思想、传播真理的历史使命，肩负着塑造灵魂、塑造生命、塑造人的时代重任，是教育发展的第一资源。项目组参照教育部等五部门发布的《关于大力加强中小学线上教育教学资源建设与应用的意见》和国家标准《信息技术学习、教育和培训在线课程》（GB/T 36642-2018）等文件，围绕自媒体平台教育类视频的教师资质开展测评与分析，测评指标如表 2-14 所示。

表 2-14　教师资质测评指标

指标	指标解释
教师资质	教师能够遵循社会主义核心价值观，教学态度认真，熟悉本学科的发展趋势，掌握本学科的教学内容。
	教师教学语言为普通话（外语教师为本学科语言），语言表达清晰准确、流畅生动，语速、语调适中。
	若有教师出镜，则教师教态亲切自然，衣着大方得体。
	若有板书设计，则板书清晰美观、层次分明、布局合理、重点突出。

（六）媒体设计测评指标

教学媒体是教学内容的载体，是教学内容的表现形式，是师生之间传递信息的工具。在制作自媒体平台教育类视频过程中，传播符合多媒体设计质量要求的教学内容至关重要。因此，媒体设计测评指标主要考查自媒体平台教育类视频的画面、声音、引用素材与文字等是否适切，测评指标如表 2-15 所示。

表 2-15 媒体设计测评指标

指标	指标解释
媒体设计	画面构图合理、主体突出，背景不分散学生注意力，人像、肢体动作，以及使用的教具不超出画面范围。
	画面与声音清晰、流畅、同步，若配有背景音乐，则其音量、节奏适当，与教学内容相适应。
	引用的图片、音频、视频等素材清晰恰当，与教学内容联系紧密，并注明素材来源与原始信息。
	文字清晰美观，字体、字号、颜色、位置、出入方式、停留时间等与其他素材配合适当，能够正确有效地传递信息。

六、互联网学习认知

互联网学习认知是指通过互联网思维开展相关认知活动。互联网可以有效快捷地分享和传播易于理解、便于浏览的知识内容，它降低了知识转移的成本，扩大了知识传播的覆盖面。教育领域的互联网学习认知强调教学内容基于互联网思维进行传播，教与学的设计、媒体选择、引导、评价等方面均围绕互联网思维进行改造，充分利用互联网思维的六大特征（大数据、零距离、趋透明、慧分享、便操作、惠众生）实现教育教学内容有效传播、易于分享，优化教与学过程操作，扩大优质教育资源受众面，发挥实时交互和反馈的效用，通过大数据分析技术有效评估教与学概况，为教与学提供动态支持服务。为此，互联网学习认知可以用来衡量互联网教育应用的创意性、学习引导、即时反馈、泛在学习与一致性的情况，如表 2-16 所示。

表 2-16　互联网学习认知测评指标

一级维度	二级维度	指标解释
互联网学习认知	创意性	教学设计、教学媒体与教学内容的导引和追踪方法都富有创意性，能增强学习者学习动机。
	学习引导	导引所用的图像、名称及功能符合习惯与认知，且彼此不冲突，能对教学材料提供适当的操作指引。功能标示清楚且名称使用具有一致性，能记录并显示学习者的学习状态。
	即时反馈	能提供各单元与整门课程的测验。测验质量高，能体现学习目标的要求。能根据各单元的练习或测验结果形成学习记录，有助于分析和评价学习过程。
	泛在学习	能体现数据共享、在线协作等具有互联网特色的功能，辅助个性化的学习活动。学习平台可提供多屏幕、移动端学习等。
	一致性	教学目标、学习活动、练习与评价的内容具有一致性，可达到预定的教学目标。

七、用户体验

用户体验是用户在使用产品过程中建立起来的一种纯主观感受。教育移动互联网应用程序是基于互联网思维的教育产品，用户群体较为明确，即教育领域的用户，例如教师、学生、教育管理者、家长等群体。教育移动互联网应用程序的用户体验应符合教育规律，应用程序应能让用户感受到知识学习、教育交互、教育管理、家校互动等方面的友好，从而增强教与学的效能，并有效降低教与学的认知负荷。为此，用户体验维度的测评主要从用户角度进行，包括平台是否容易使用、能否吸引使用者长期使用、是否提供有效的操作帮助、能否指导使用者学习、媒体的运用是否恰当等产品体验测评（见表 2-17），以及友好性测评。

表 2-17　产品体验测评指标

二级维度	指标	指标解释
产品体验	易用性	产品容易使用，可让学习者快速上手，不会增加学习负荷。
	动机激发	采用适当的策略来吸引学习者的注意力，该策略不仅与课程内容紧密配合，而且能有效地激发学习者的学习兴趣。
	操作帮助	对平台的使用方法提供明确、完整、有效的帮助说明，并提供检索、搜寻等。
	学习指导	针对课程的重点、难点内容提供学习指导和帮助，学习指导和帮助能够针对不同学习者的学习内容和学习状况而定。
	媒体效果	能促进学习者对学习内容的理解，媒体制作质量符合教学内容要求，运用恰当，符合多媒体设计原则。

　　友好性关注于用户使用教育移动互联网应用程序的心理、感受及之后对教育移动互联网应用程序的印象、评价。我们主要从教育移动互联网应用程序的功能完备、交互流畅、教育价值、内容合理、适切易用、安全保护六个方面进行评测。功能完备指教育移动互联网应用程序具备完善的功能，对于每个用户来说，在使用 APP 的过程中，用户可以根据自身学习需求，选择合适的功能，有良好的使用体验。交互流畅是指在平台上可以自然流畅地进行交流互动，软件稳定无卡顿，无其他干扰。教育价值指教学内容既能创造一定的政治价值、经济价值、文化价值，还能创造一定的个人价值。内容合理指教学内容针对不同学段，符合学生认知发展规律，内容逻辑合理且层次清晰。适切易用指教育移动互联网应用程序中的教学内容围绕特定用户的学习需求展开，操作便捷，简单易上手。安全保护是指应用能做到依法保护用户上传的隐私信息及个人数据，保证软件安全性。

八、社会评价

　　社会评价指标主要指社会大众对平台的评价，包含的指标有情感分析、用户关注热点、应用市场用户评价（见表 2-18）。

表 2-18　社会评价测评指标

二级维度	指标	指标解释
社会评价	情感分析	用户对教育移动互联网应用程序产品的情感倾向，如积极情感、一般情感、消极情感。
	用户关注热点	用户评论教育移动互联网应用程序时所关注的热点。
	应用市场用户评价	用户对应用市场中教育移动互联网应用程序的打分。

第二节　测评方法

　　教育移动互联网应用程序的用户主要是学生、教师、教育管理者以及家长，目标是促进学生更好地学习。教育移动互联网应用程序从形态上看属于教育应用软件。为此，开展教育移动互联网应用程序测评一方面要以软件测试规范为标准，另一方面要遵循教育规律来进行。软件测试普遍采用机器测评的方式，利用专业测试设备在安装了相关 APP 的手机上进行指令调用，通过极限条件模拟与软件扫描相结合的形式进行软件检测，查看所测 APP 是否符合工信部对移动互联网应用的相关标准，即软件能力成熟度模型（CMMI）等软件领域内通用的管理标准，这些标准对于软件工程中的开发、测试过程的控制与管理都有严格的规定；同时参考《软件工程产品质量》（GB/T 16260-2006）、《信息技术软件包质量要求和测试》（GB/T 17544-1998）、《计算机软件测试规范》（GB/T 15532-2008）等国标文件，以计算机软件生存周期内各类软件产品的基本测试方法、过程和准则展开相关机器测评。人工测评方式主要是通过招募并培训测评人员来对教育移动互联网应用程序展开测评，继而对获取的相关测评分数进行综合评估。

一、人工测评

教育移动互联网应用程序的功能与产品成熟度、内容适配度、互联网学习认知，以及用户体验中的部分指标主要采用人工测评方式展开测评。通过让测评人员体验教育移动互联网应用程序，并就被测评的教育移动互联网应用程序的结构、功能、内容、使用范围、交互媒介、交互环境、媒体效果等方面根据相关的测评指标进行深度评估。人工测评方式能有效拟合测评人员的专业知识与感性感知，能得到对教育移动互联网应用程序真实情况的准确评价。此外，采用人工测评的方式对教育移动互联网应用程序的隐私与安全、用户界面、呈现方式、内容和功能体验等方面进行评估，实现了从实际使用的角度，围绕更好服务用户的理念开展测评的初衷。

人工测评的流程如图 2-3 所示，先选拔测评人员，并对测评人员进行培训，让他们了解和学习相关国家标准，然后评估他们的测评能力，如果通过测评能力评估就可以参与测评工作，不能通过则需要继续培训，直到评估通过。同时，通过相关途径获取教育移动互联网应用程序，基于教育移动互联网应用程序测评筛选原则对这些应用程序进行筛选，确定即将开展测评的教育移动互联网应用程序版本，然后在测评主机（移动终端）上安装相关应用程序。测评人员一方面体验主机上的应用程序，另一方面选择即将应用的测评软件并正式开始对应用程序的测评。项目组根据综合测评和测评软件的数据形成测评报告。

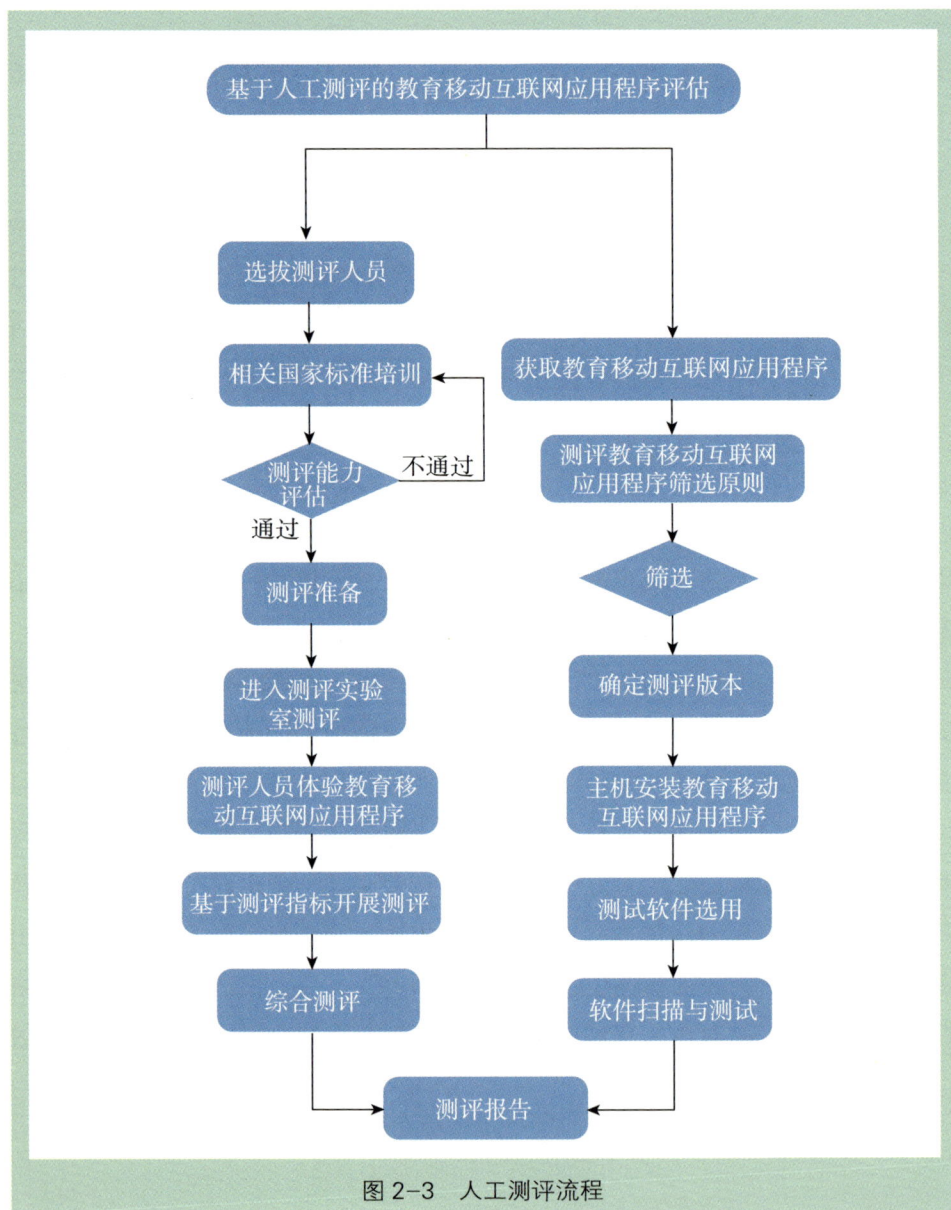

图 2-3　人工测评流程

二、机器测评

移动终端正在以前所未有的速度发展，由数百万应用程序和开发者、数十亿设备和用户组成的全球"应用"经济取得了巨大的成功。快速发展的性能硬件和软件平台支持越来越复杂的功能，推动了整个移动应用市场的蓬勃发展。目前，许多移动应用程序能够通过触摸屏和各种传感器（如加速度计、温度、陀螺仪）实现与用户的交互，这对软件测试提出了新的挑战[①]。仅靠人工测评完成全面的软件评估颇具难度，机器测评能够在合理的时间范围内满足测试需求，这也是越来越多的团队选择机器测评的原因[②]。通常，在设计了测试用例并通过评审之后，测试人员会根据测试用例中描述的规程一步步执行测试，完成对实际结果与预期结果的比较[③]。在此过程中，为了节省人力、时间或硬件资源，提高测试效率，机器测评便被引入。机器测评把以人为驱动的测评行为转为由机器执行。

从实际操作的角度来说，机器测评是指测评人员编写代码或测试脚本，运行脚本，全程序自动执行测试。测评人员使用适当的自动化工具来开发测试脚本并验证软件，目标是在更短的时间内完成测试。机器测试完全依赖预先编写的测试脚本，该测试脚本会自动运行以将实际结果与预期结果进行比较，这有助于测评人员确定应用程序是否按预期执行。机器测试允许执行重复性任务以及开展回归测试，且无须人工测评人员干预。

互联网教育应用中的机器测评内容主要包括移动应用行为测试、可靠性测试、功耗测试、流畅度测试、响应时间测试、发热测试、稳定性和兼容性测试以及代码质量测试。

机器测评对测评环境和设备有一定的要求，通过专用的测评实验室对相关的互联网教育应用进行测评，能较好地评估其性能、兼容性、稳定性和隐私安全等。搭建机器测试环境，并在移动终端上安装好准备测试的教育移动互联网应用程序后，就可以对教育移动互联网应用程序的运行环境、兼容性、

① LINARES-VÁSQUEZ M, MORAN K, POSHYVANYK D. Continuous, evolutionary and large-scale：A new perspective for automated mobile App testing[C].2017 IEEE International Conference on Software Maintenance and Evolution（ICSME）, 2017：399-410.
② JOORABCHI M E, MESBAH A, KRUCHTEN P. Real challenges in mobile App development[C].2013 ACM/IEEE International Symposium on Empirical Software Engineering and Measurement, 2013：15-24.
③ KOCHHAR P S, THUNG F, NAGAPPAN N, et al. Understanding the test automation culture of App developers[C].2015 IEEE 8th International Conference on Software Testing, Verification and Validation（ICST）, 2015：1-10.

稳定性等进行极端测试，同时还可以进行隐私条款测试、隐私漏洞扫描，以及通过相关的技术进行软件隐私防护攻防等。具体操作（见图2-4）包括编写测试计划、设计自动化测试用例、进行测试评审、通过测试评审后按照测试用例搭建测试环境、执行测试，以及最终形成测试报告。

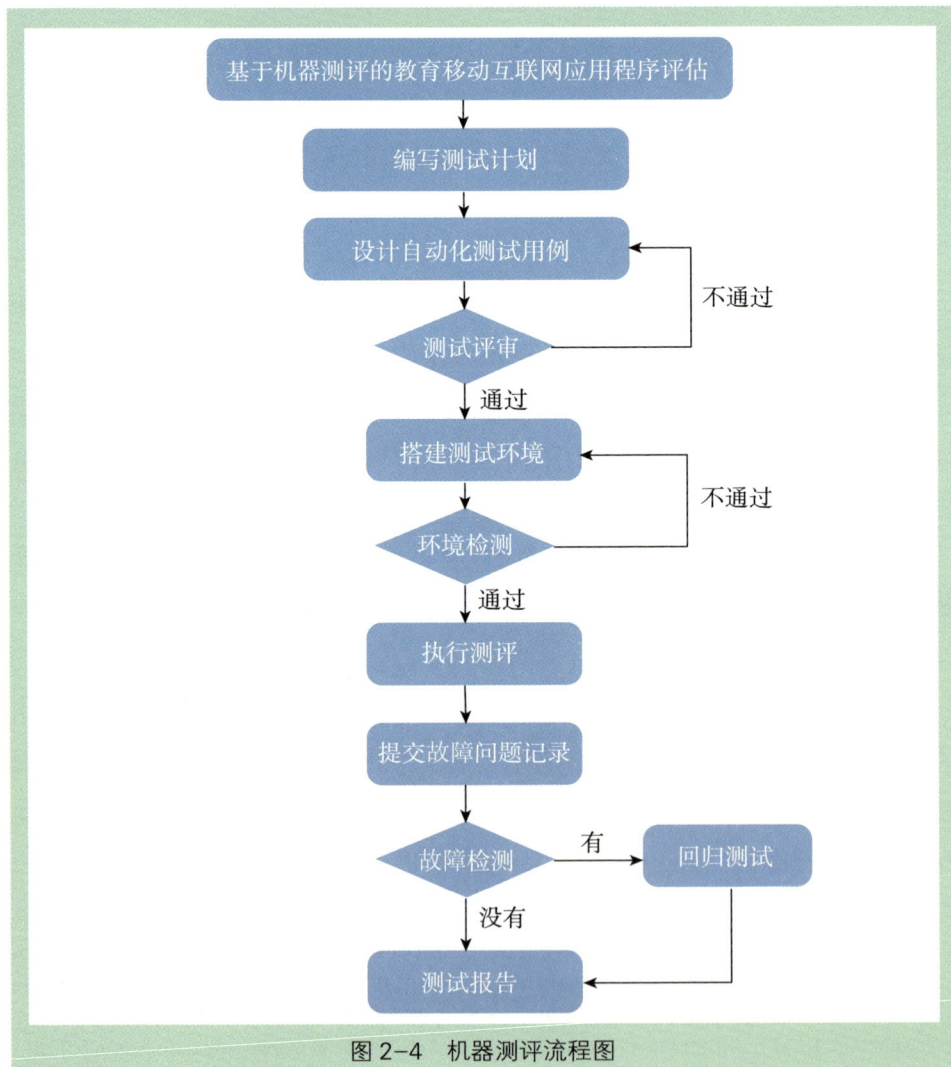

图 2-4　机器测评流程图

（一）自动化测试系统（以某自动化测试仪器系统为例）

自动化测试系统通过机械的方式对终端设备进行操作，涵盖了点击、滑动、长按、拖拽、按键等操作。自动化测试仪器（见图2-5）内置超高帧率工业相机，可对操作过程进行跟踪、测试，用户可以借助测试仪器轻松完成自动化测试，进而准确测量应用程序的性能指标。

图2-5　某自动化测试仪器系统

1. 系统组成

部件	功能描述	数量
测试电脑	系统运行载体，安装运行自动化测试软件、数据库等	1台
工业相机	定位手机，实时监控手机画面和状态	2架
高速测试机器人	三轴高速平面坐标机械臂，代替人手完成手机端的操作	1台
自动化测试软件	完成测试用例、测试执行、测试管理、测试分析和生成报告等流程	1个

2. 硬件配置

系统参数	
名称	备注
工作环境温度	−10℃ — 50℃
工作环境湿度	10% — 60%

续表

系统参数	
名称	备注
外形尺寸（长 × 宽 × 高）	670 mm × 620 mm × 660 mm
测试行程范围	210 mm × 210 mm × 45 mm
最大测试运动速度	1000 mm/s
测试运行精度	0.1 mm
运行寿命	60000 km
图像识别指标	识别时间：0.2—1s，与被识别物体的位置变化、角度变化、均匀光线变化无关
图像采集频率	240 次/s
图像识别最小区域	9×9 像素
硬件配置	
名称	备注
工业相机	品牌：略 型号：略 帧率：240 fps
镜头 1	可调节进光量、清晰度 焦距：12 mm
镜头 2	可调节进光量、清晰度 焦距：8 mm
自动化测试机器人（别名：滑台、机台、位移台、机械手）	直线电机 电机驱动器 配件：包括定子、动子、马达动力线、编码器线、贴片、同步带、减速器，以及若干机械结构
夹具	触屏性能测试专用

3. 功能描述

·采用非侵入式的机器人检测模式，全自动实现移动应用性能检测。

· 支持调用第三方组件，能够启动并和外部程序进行交互。

· 自动识别并处理执行过程中遇到的异常情况，例如随机弹框、低电量提醒等，全程监控，无须在测试用例步骤编写其他的判断逻辑。

· 具备检测测试用例功能和任务管理功能。

· 测试用例具备高适配性，适配过程只需要对测试用例做少量改动。

· 支持图形化测试用例编写，界面友好，操作简单。

· 自动分析并生成移动应用性能检测报告，自动记录并回放检测过程。

4. 性能指标

· 图像识别时间介于 0.2—1s，与被识别物体的位置变化、角度变化、均匀光线变化无关。

· 图像识别最小区域为 9×9 像素。

5. 测试指标

· 帧率：总帧数减去卡顿帧数，在一段时间内换算成移动应用的刷新帧率。

· 最大连续卡顿帧数：该指标为量化卡顿最为关键的指标，当一次检测过程中连续卡顿时，帧数越大，卡顿越明显。

· 卡顿总帧数：当检测过程发生卡顿的帧数越多，用户体验就越差，该指标记录发生卡顿的总帧数。

· 卡顿比率：卡顿帧率除以总帧数，该指标可以反映检测过程中卡顿的严重程度。

· 偏离点数：通过测量的位移曲线拟合出位移加、减速的曲线，计算测量值偏离拟合值的程度，通过阈值的设定判断测量值是否为偏离点，若是，该帧即为偏离帧。

· 偏离比率：偏离帧率除以总帧数。

· 帧间位移偏差：位移偏差也是衡量平滑度的一种方式，在一组测试序列中，如果平滑度很好，那么两帧之间的图像位移一定是相对均衡的，不会出现像素位移时高时低的情况。

（二）移动应用行为测试系统（以某自动化测试仪器系统为例）

本系统（见图 2-6）可在教育 APP 的运行过程中，通过采集教育 APP 的各种行为，分析敏感行为（定位、录音、录像、异常网络上传等）的发生情况，判断其是否合规。

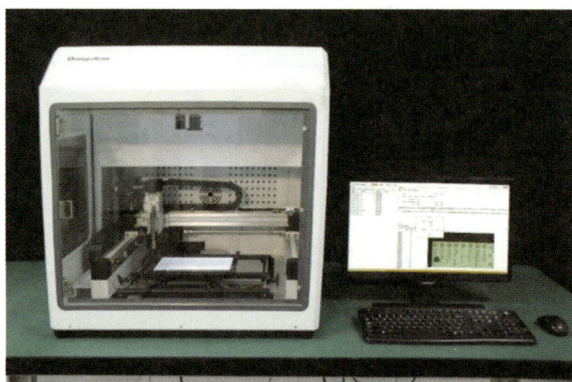

图 2-6　某自动化测试仪器系统

1. 系统组成

部件	功能描述	数量
测试电脑	系统运行载体，安装运行自动化测试软件、数据库等	1 台
工业相机	定位手机，实时监控手机画面和状态	1 架
自动化测试机器人	双工位三轴平面坐标机械臂，代替人手完成手机端的操作	1 台
自动化测试软件	完成测试用例、测试执行、测试管理、测试分析和生成报告等流程	1 个

2. 硬件配置

系统参数	
名称	备注
工作环境温度	−10℃—50℃
工作环境湿度	10%—60%
外形尺寸（长 × 宽 × 高）	600 mm × 550 mm × 660 mm

续表

系统参数	
名称	备注
测试行程范围	280 mm × 200 mm × 50 mm
最大测试运动速度	300 mm/s
测试运行精度	0.1 mm
运行寿命	60000 km
图像识别指标	识别时间：0.2 — 1 s。与被识别物体的位置变化、角度变化、均匀光线变化无关
图像识别最小区域	9×9 像素
可持续工作时间	7×24 小时以上

工业相机参数	
名称	备注
分辨率	1292（H）×964（V）
帧率	30 fps
传感器类型	品牌：略
像素尺寸	3.75 μm × 3.75 μm
光谱	黑白 / 彩色
图像数据格式	MONO8 /MONO12 / RAW8（Bayer）/RAW12（Bayer）
数据接口	Mini USB2.0
功耗	额定 <1W（@ 5V DC）
镜头接口	C
机械尺寸	29 mm × 29 mm × 29 mm，不含连接件
重量	42 g

运动控制器参数	
名称	备注
外部输入电源	24VDC ± 5%，最大 1100 mA

续表

运动控制器参数	
名称	备注
控制轴数	3轴
频率范围	1—5 MHz
频率精度	±0.1 Hz
脉冲个数	−2147483648—2147483647（32位）
直线插补精度	±1脉冲当量
圆弧插补精度	±1脉冲当量
D/A信号	两路8位D/A数模转换接口，输出电压范围0.07—4.45 V
通用数字输入口	32路，其中16路光电隔离，16路非隔离
通用数字输出口	24路，其中8路光电隔离，16路非隔离，通用、专用数字输入口有RC低通滤波器
PWM信号	两路PWM脉宽调制接口，最高频率1 MHz，0—100%占空比可调
硬件配置	
名称	备注
工业相机	品牌：略
镜头	调节进光量、清晰度等 焦距：8 mm/12 mm
自动化测试机器人 （别名：滑台、机台、位移台、机械手）	含三轴机械臂、步进电机、连接杆、减速机等
夹具	通用

3. 功能描述

· 采用非侵入式的机器人检测模式，全自动实现移动应用综合功能的检测。

· 支持双机交互测试，比如拨打电话、相互发送消息。

· 具备良好的开放性，支持调用第三方组件，能够启动并和外部程序进行交互。

·识别并处理执行过程中遇到的异常情况，例如随机弹框、低电量提醒等，全程监控，无须在测试用例步骤编写其他的判断逻辑。

·支持图形化方式编写测试用例，界面友好，操作简单。

·测试用例具备高适配性，适配过程只需要对用例做少量改动，甚至无须任何改动。

·自动分析并生成移动应用综合功能检测报告，自动记录并回放检测过程。

4. 性能指标

·图像识别时间介于 0.2—1s，与被识别物体的位置变化、角度变化、均匀光线变化无关。

·图像识别最小区域为 9×9 像素。

·最大测试运动速度为 300 mm/s。

·测试运行精度为 0.1 mm。

5. 测试指标

·总运行时长：移动应用测试运行的总时间。

·总运行次数：移动应用测试运行的总次数。

·异常次数：移动应用运行过程中出现异常的总次数。

·异常类型：移动应用运行过程中出现异常的类型。

·异常日志：发生错误时的 logcat 日志。

·错误发生率：功能故障导致测试用例执行失败的比例。

·问题分布占比：各种类型的问题出现次数在所有异常问题总数中所占的比重。

（三）移动应用可靠性自动化检测系统（以某自动化测试仪器系统为例）

自动化测试软件可以维护可靠性测试用例、定义可靠性测试策略、发布测试任务、监控测试过程、输出可靠性测试报告等。测试箱可对移动应用进行可靠性测试。其中测试箱内设抽屉式夹具分层处理，保证内部空间的充分利用，同时方便用户放入、取出终端设备。可靠性测试系统可以对移动应用进行批量测试，模拟用户的使用行为，把用户长期使用移动应用造成的一系列问题，在短时间内尽早暴露出来，进而提升移动应用的稳定性指标。

1. 系统组成

部件	功能描述	数量
测试电脑	系统运行载体，安装运行自动化测试软件、数据库等	1 台
自动化测试软件	完成测试用例、测试执行、测试管理、测试分析和生成报告等流程	1 个
测试箱	批量放置终端，具备自动充断电、隔音、温度控制、烟感报警等功能	1 个

2. 硬件配置

系统参数	
名称	备注
规格（长×宽×高）	1200 mm×750 mm×1550 mm
测试终端数量	80 台
内部温度调节范围	16℃—40℃
最大功率	6000 W
输入电压	220 V
工作环境温度	−20℃—60℃

硬件配置		
名称	备注	数量
稳定性测试箱	稳定性测试箱使用隔音材料，可降低内部终端设备对外部产生的噪声，将噪声控制在 60 分贝以下	1 个
温度调节装置	调节稳定性测试箱内部温度，防止终端设备在稳定性测试过程中因发热过高而死机，导致测试中断	1 个
自动充、断电模块	终端设备测试过程中，为防止手机因低电量关机，同时模拟真实用户的使用手机习惯，融入充、断电模块，通过程序控制终端设备的充电规则，提高测试过程灵活性	1 个

续表

硬件配置		
名称	备注	数量
漏电保护器	保护稳定性测试箱电流及电压回路，在出现漏电时及时关闭电源	1个
无线通信模块	内部融入无线通信模块，多台设备分摊网络压力，保证终端设备状态和测试数据可以有效及时地上报给上位机	6个
烟雾感应模块	稳定性测试箱内配备烟雾探测传感装置，探测内部烟雾浓度，在发现内部火灾隐患时，及时告警	1个
抽屉式组件	系统采用抽屉式组件放置终端设备，方便用户查看及放置设备，充分利用内部空间	6个
高强度滑轨	每层抽屉式组件放置多部终端设备，使用高强度滑轨控制其滑动	12个
终端载具	抽屉式组件中安装终端载具，用于放置终端设备。载具分列排布，方便设备的放置、取出	18个
电源	对稳定性测试箱分层供电，每层设备使用一个电源总线	6个
USB 充电口	对终端设备供电，每层设置 20 个 USB 充电口	120个

3. 功能描述

·集成终端充、断电控制系统，可制定充电策略，模拟用户充电行为。

·支持通过 USB 接口执行安卓系统调试桥（Android Debug Bridge，ADB）自动化指令。

·全面监听移动应用死机、重启、无响应（Application Not Responding，ANR）、强制关闭（Forced Close，FC）等可靠性指标，直观呈现移动应用程序的稳定性问题。

·支持自动化测试用例、Python 脚本等多种形式。

·内置状态监控功能，管理每台手机的工作状态。

·内置自动化检测框架，通过图形界面编辑测试用例。

·集成任务分发检测功能，可将大批量移动应用分成多个任务，同时执行可靠性检测。

·集成异常分类统计功能，为优化工作提供数据支持。

4. 性能指标

·支持批量测试不同型号的移动终端，最大可扩容至 80 台。

·能够支持 7×24 小时无人值守的不间断检测。

5. 测试指标

·总运行时长：移动应用可靠性检测运行的总时间。

·总运行次数：移动应用可靠性检测运行的总次数。

·闪退次数：移动应用检测过程中出现闪退的总次数。

·重启次数：移动应用检测过程中出现重启的总次数。

·异常次数：移动应用检测过程中出现断网、数据丢失等异常的总次数。

·ANR 次数：移动应用无响应，出现 ANR 情况的总次数。

·FC 次数：出现 FC（出现了比较严重的错误，必须退出）的总次数。

·错误发生率：移动应用功能故障导致用例执行失败的比例。

·问题分布占比：移动应用各种类型的问题出现次数在所有可靠性问题数中所占的比重。

（四）移动应用功耗自动化测试系统（以某自动化测试仪器为例）

自动化测试机器人及专用电源设备可以实现移动应用的功耗自动化测试和监控。本系统可在终端运行过程中实时监控电流变化情况，自动记录运行场景与电流值，并智能调整测试策略，进而找出功耗问题所在；从总体上评价功耗测试状况，有条理地归纳出移动应用在耗电方面存在的问题，记录和分析在测试中产生的最大电流、平均电流、待机电流等指标，为测试人员改进移动应用耗电量提供参考意见。

1. 系统组成

部件	功能描述	数量
测试电脑	系统运行载体，安装运行自动化测试软件、数据库等	1台
电流测试仪	实时读取终端运行过程中的电流值	1台
工业相机	定位手机，实时监控手机画面和状态	1架
自动化测试机器人	三轴平面坐标机械臂，代替人手完成手机端的操作	1台
自动化测试软件	完成测试用例、测试执行、测试管理、测试分析和生成报告等流程	1个

2. 硬件配置

系统参数	
名称	备注
工作环境温度	−10℃ — +50℃
工作环境湿度	10% — 60%
外形尺寸（长 × 宽 × 高）	600 mm × 550 mm × 660 mm
测试行程范围	280 mm × 200 mm × 50 mm
最大测试运动速度	300 mm/s
测试运行精度	0.1 mm
图像识别指标	识别时间：0.2—1s。与被识别物体的位置变化、角度变化、均匀光线变化无关
电流采集频率	200 次/s
图像识别最小区域	9×9 像素
电源测试范围参数	下面的参数以安捷伦 66311B 电流测试仪为例，不同型号测试仪的参数会略有差异： 电流范围：0—3A 电压范围：0—15V 电流测试范围由电流表决定，与系统本身关系不大
可持续工作时间	7 × 24 小时以上

工业相机参数	
名称	备注
分辨率	1292（H）×964（V）
帧率	30 fps
传感器类型	品牌：略
像素尺寸	3.75 μm × 3.75 μm
光谱	黑白 / 彩色
图像数据格式	MONO8 /MONO12 / RAW8（Bayer）/RAW12（Bayer）
数据接口	Mini USB2.0
功耗	额定 <1 W（@ 5V DC）
镜头接口	C
机械尺寸	29 mm × 29 mm × 29 mm，不含连接件
重量	42 g
运动控制器参数	
名称	备注
外部输入电源	24VDC ± 5%，最大 1100 mA
控制轴数	3 轴
频率范围	1—5 MHz
频率精度	± 0.1 Hz
脉冲个数	−2147483648—2147483647（32 位）
直线插补精度	± 1 脉冲当量
圆弧插补精度	± 1 脉冲当量
D/A 信号	两路 8 位 D/A 数模转换接口，输出电压范围 0.07—4.45 V
通用数字输入口	32 路，其中 16 路光电隔离，16 路非隔离

续表

运动控制器参数	
名称	备注
通用数字输出口	24 路，其中 8 路光电隔离，16 路非隔离，通用、专用数字输入口有 RC 低通滤波器
PWM 信号	两路 PWM 脉宽调制接口，最高频率 1 MHz，0—100% 占空比可调
硬件配置	
名称	备注
工业相机	品牌：略
镜头	可调节进光量、清晰度等 品牌：略 焦距：8 mm/12 mm
自动化测试机器人（别名：滑台、机台、位移台、机械手）	含三轴机械臂、步进电机、连接杆、减速机等
夹具	通用

3. 功能描述

· 采用非侵入式的机器人检测模式，全自动实现移动应用功耗检测。

· 支持至少 3 款主流工业电流检测仪表。

· 具备良好的开放性，支持调用第三方组件，能够启动并和外部程序进行交互。

· 识别并处理执行过程中遇到的异常情况，例如随机弹框、低电量提醒等，全程监控，无须在测试用例步骤编写其他的判断逻辑。

· 支持图形化方式编写测试用例，界面友好，操作简单。

· 测试用例具备高适配性，适配过程只需要对用例做少量改动，甚至无须任何改动。

· 自动分析并生成移动应用功耗检测报告，自动记录并回放检测过程。

4. 性能指标

· 每秒钟能够检测不小于 200 个电流值。

·图像识别时间介于 0.2—1s，与被识别物体的位置变化、角度变化、均匀光线变化无关。

·图像识别最小区域为 9×9 像素。

5. 测试指标

·最大电流：移动应用运行过程中产生的最大电流值。

·最小电流：移动应用运行过程中产生的最小电流值。

（五）移动应用流畅度自动化检测系统（以某自动化测试仪器系统为例）

该系统通过机械的方式对终端设备进行操作，涵盖了点击、滑动、长按、拖拽、按键等操作。仪器内置超高帧率工业相机，可对操作过程进行跟踪、测试，用户可以借助仪器轻松完成自动化测试，进而准确测量应用程序的性能指标。

1. 系统组成

部件	功能描述	数量
测试电脑	系统运行载体，安装运行自动化测试软件、数据库等	1 台
工业相机	定位手机，实时监控手机画面和状态	2 架
高速测试机器人	三轴高速平面坐标机械臂，代替人手完成手机端的操作	1 台
自动化测试软件	完成测试用例、测试执行、测试管理、测试分析和生成报告等流程	1 个

2. 硬件配置

系统参数	
名称	备注
工作环境温度	−10℃—50℃
工作环境湿度	10%—60%
外形尺寸（长 × 宽 × 高）	670 mm × 620 mm × 660 mm
测试行程范围	210 mm × 210 mm × 45 mm
最大测试运动速度	1000 mm/s
测试运行精度	0.1 mm

续表

系统参数	
名称	备注
运行寿命	60000 km
图像识别指标	识别时间：0.2—1s，与被识别物体的位置变化、角度变化、均匀光线变化无关
图像采集频率	240 次 /s
图像识别最小区域	9×9 像素
硬件配置	
名称	备注
工业相机	帧率：240 fps
镜头 1	可调节进光量、清晰度 焦距：12 mm
镜头 2	可调节进光量、清晰度 焦距：8 mm
自动化测试机器人 （别名：滑台、机台、位移台、机械手）	直驱电机 电机驱动器 高精定位器 高速滑轨 配件：包括定子、动子、马达动力线、编码器线、贴片、同步带、减速器，以及若干机械结构
夹具	触屏性能测试专用

3. 功能描述

·采用非侵入式的机器人检测模式，全自动实现移动应用检测。

·兼容 OLED 屏材质设备检测（水波纹现象）。

·支持调用第三方组件，能够启动并和外部程序进行交互。

·自动识别并处理执行过程中遇到的异常情况，例如随机弹框、低电量提醒等，全程监控，无须在测试用例步骤编写其他的判断逻辑。

·具备检测测试用例功能和任务管理功能。

· 测试用例具备高适配性，适配过程只需要对用例做少量改动。

· 支持图形化测试用例编写方式，界面友好，操作简单。

· 自动分析并生成移动应用性能检测报告，自动记录并回放检测过程。

4. 性能指标

· 图像识别时间介于 0.2—1s，与被识别物体的位置变化、角度变化、均匀光线变化无关。

· 图像识别最小区域为 9×9 像素。

5. 测试指标

· 帧率：由总帧数减去卡顿帧数，在一段时间内换算成移动应用的刷新帧率。

· 最大连续卡顿帧数：该指标为量化卡顿最为关键的指标，当一次检测过程中连续卡顿时，帧数越大，卡顿越明显。

· 卡顿总帧数：检测过程发生卡顿的帧数越多，用户体验就越差，该指标记录发生卡顿的总帧数。

· 卡顿比率：卡顿帧率除以总帧数，该指标可以反映检测过程中卡顿的严重情况。

· 偏离点数：通过测量的位移曲线拟合出位移加、减速的曲线，计算测量值偏离拟合值的程度，通过阈值的设定判断测量值是否为偏离点，若是，该帧即为偏离帧。

· 偏离比率：偏离帧率除以总帧数。

· 平滑指数：综合所有帧的偏离程度形成平滑指数。

· 帧间位移偏差：位移偏差也是衡量平滑度的一种方式，在一组测试序列中，如果平滑度很好，那么两帧之间的图像位移一定是相对均衡的，不会出现像素位移时高时低的情况。

（六）移动应用响应时间检测系统（以某自动化测试仪器系统为例）

移动应用响应时间检测系统可以测试移动应用某项操作的响应时间。系统采用超高速图像分析技术及智能触控数据分析技术，高速计算图像及触控数据。高速数据处理模块在保证及时处理数据的同时，可将有效的图像及触控数据进行智能拼接，并以最小的内存和 CPU 开销、最优的处理方式合理地分配资源，实现数据存储。移动应用响应时间检测设备精准测量移动应用响应时间相关指标，分析移动应用性能瓶颈。

1. 系统组成

部件	功能描述	数量
测试电脑	系统运行载体，安装运行自动化测试软件、数据库等	1 台
测试机台	放置和固定移动终端	1 个
压力传感器	精准感知人手触碰和离开手机屏幕的时间	1 个
高帧率工业相机	实时监控手机画面和状态	1 架
自动化测试软件	完成测试用例、测试执行、测试管理、测试分析和生成报告等流程	1 个

2. 硬件配置

系统参数	
名称	备注
工作环境温度	−10℃—50℃
工作环境湿度	10 %—60%
外形尺寸（长 × 宽 × 高）	420 mm × 360 mm × 860 mm
图像采集频率	240 次 /s
硬件配置	
名称	备注
高速工业相机	品牌：略 型号：略 帧率：240 fps 电脑接口：USB 3.0
工业镜头	可调节进光量、清晰度等 焦距：8 mm

硬件配置	
名称	备注
触控传感器	品牌：略 安全超载：150% 数据接收频率：300 Hz 电脑接口：USB 2.0 及以上
物距调节装置	调节相机与被测设备的距离，调节距离：0—500 mm
治具	用于固定被测移动终端 固定最大尺寸：285 mm × 195 mm
立柱	支撑物距调节装置及相机
集盒	放置传感器及高频数据处理模块

3. 功能描述

· 能够测试移动应用某项操作的响应时间长短，单位为毫秒。

· 兼容 OLED 屏材质设备检测（水波纹现象）。

· 无须编写测试用例，能够对比分析移动应用性能指标。

· 识别手指接触、手指按压、手指离开三种触控场景。

· 支持图像区域静止、图像区域变化、图像出现三种识别方式。

· 自动分析并生成移动应用响应时间测试报告，自动记录并回放测试过程。

4. 性能指标

· 工业相机帧率 120—240 帧。

· 内置 300 Hz 高灵敏度触控传感器。

· 无采集时长限制。

5. 测试指标

· 总运行时长：移动应用测试运行的总时间。

· 总运行次数：移动应用测试运行的总次数。

· 终端某项操作响应时间（单位：毫秒）：移动应用测试运行的响应

时间。

（七）移动应用稳定性和兼容性测试系统

1. 系统组成

部件	功能描述	数量
测试电脑	系统运行载体，安装运行自动化测试软件、数据库等	1台
测试箱体	支持80台手机同时进行测试	1个
自动化测试软件	完成测试用例、测试执行、测试管理、测试分析和生成报告等流程	1个

2. 功能清单

用例制作中心	
系统模块	**系统功能说明**
用例集管理	添加用例集 修改用例集名称及所属模块 删除用例集
用例管理	添加用例，用例信息包括用例名称、用例描述等
	修改用例
	删除用例
	将用例标记为稳定性测试用例
	调整用例顺序
用例制作	添加用例步骤，包括点击、长按、输入文本、按键、拖拽、验证等
连接设备列表	通过USB连接手机后，系统可自动识别连接的手机
	当存在多个设备时，可切换设备
模块管理	添加模块，模块是组织用例的一种方式，可建立无限层级的模块列表 修改模块名称 修改模块位置，即移动模块
预览测试脚本	可直接查看当前建立的测试用例步骤所对应的测试脚本

续表

用例制作中心	
系统模块	**系统功能说明**
生成测试脚本	系统可自动生成测试脚本，并存储为 Java 文件
编译用例	可将某个测试用例集下的所有用例打包编译为可执行的用例
搜索功能	可根据用例名称、用例集名称、用例 ID 等关键字检索用例
用例执行中心	
系统模块	**系统功能说明**
建立测试任务	建立任务时可填写用例名称及描述，选择测试用例
选择任务类型	可建立稳定性测试任务及普通测试任务，如果用户选择了稳定性测试任务，系统根据用户选择自动过滤出稳定性测试用例
修改测试任务	可修改任务名称、任务内容（任务中执行的用例列表）
任务执行列表查看任务日志	同一个任务可被用户多次执行，每次执行的任务日志单独记录
	进入执行中心，能够查看所有测试任务
	能够查看每个测试任务对应的执行列表
	查看测试任务下的所有模块
	能够统计模块下执行成功的用例数量、执行失败的用例数量、未测试的用例数量等
	能够显示模块下的用例列表
	能够显示每个用例执行的日志
	显示用例每一次执行的起始时间、结束时间，以及用例成功、失败的信息
	任务执行日志可导出至 Excel 中
	用例出错后，能够查看步骤信息
	用例出错后，能够查看打印应用程序（Logcat Main）、射频（Radio）、系统事件（Events）等信息
	用例出错后，能够查看系统截图

续表

系统管理	
系统模块	系统功能说明
用户管理	新增系统用户、修改系统用户、删除系统用户、修改系统用户密码等
软件包管理	可向系统上传最新的软件包

3. 系统特点

· 针对 Web APP、原生 APP 等提供自动化测试。

· APP 在不同移动终端上的安装、启动、卸载功能验证。

· 并行测试终端数量最大扩容至 80 台手机。

· 测试箱体具备内部温度调节、隔音、自动充断电、漏电保护器、无线通信、抽屉式组件、高强度滑轨、终端载具、USB 充电口、烟雾感应等功能。

· 对自动化测试资源进行有效控制，全面解决多团队、多用户测试任务的统一管理问题。

· 支持安卓系统自动化测试解决方案。

· 用户不需编写脚本，直接把测试需求提交远程测试服务器，即可生成脚本。

· APP 兼容性测试。

· 提升测试管理水平，解决引入自动化测试后的若干测试管理问题。

· 自动生成移动应用兼容性测试报告。

4. 性能指标

· 至少支持 80 台手机同时进行兼容性测试。

· 能够支持 7×24 小时无人值守的不间断检测。

5. 测试指标

· 总运行时长：移动应用测试运行的总时间。

· 总运行次数：移动应用测试运行的总次数。

· 异常次数：移动应用测试运行过程中出现异常的总次数。

· 异常类型：移动应用测试运行过程中出现的异常类型（安装、启动、卸载）。

· 异常日志：发生错误时的 logcat 日志。

·错误发生率：功能故障导致用例执行失败的比例。

·问题分布占比：各种类型的问题出现次数在所有异常问题数中所占的比重。

（八）软件质量测试工具

软件质量测试主要包括文档审查、版本信息审查、需求管理审查、静态分析、代码审查、单元测试、集成测试等，通过检查代码规则，分析数据流、接口、表达式、控制流等对软件质量进行测试评估。

白盒测试一般针对代码进行测试，测试中发现的缺陷可以定位到代码级。

根据测试工具原理的不同，代码质量测试工具可以分为静态测试工具和动态测试工具。静态测试工具直接对代码进行分析，不需要运行代码，也不需要对代码编译链接和生成可执行文件。静态测试工具一般对代码进行语法扫描，找出不符合编码规范的地方，根据某种质量模型评价代码的质量，生成系统的调用关系图等。动态测试工具一般采用"插桩"的方式，在代码生成的可执行文件中插入一些监测代码，用来统计程序运行时的数据。它与静态测试工具最大的不同是，动态测试工具要求被测系统实际运行。

针对不同类型软件的机器测评需要不同的专业工具（见表2-19），针对教育移动互联网应用程序测试的测评标准更要高于普通软件。教育移动互联网应用程序涉及知识转移、教学、交易、隐私保护等，软件一旦出现问题就可能给使用者带来相关的困扰。为确保其可靠、稳定，测评时必须提高教育移动互联网应用程序的机器测评标准，扩大其测评范围。

表 2-19　机器测评工具分类

分类	工具类型	名称
管理	测试管理工具	PingCode-Testhub、TestDirector、Jira、Quality Center、Bugzilla、Note、Selenium、CleaQuest
安全	接口测试工具	Jmeter、Postman、SoapUI
	性能测试工具	Loadrunner、Jmeter、Web Bench、LoadUI、HTTPerf、Siege

分类	工具类型	名称
安全	代码扫描工具	Coverity、CppCheck、GCover、Findbugs、SonanLint、TscanCode
	Web 安全测试工具	APPScan、NetSparker 、WebSecurty、Wapiti、N-Stalker、Skipfish、WebScarab、Fiddler
体验	持续集成工具	Jenkins、Hudson
	网络测试工具	思博伦、Ixia、Wireshark、Tc、perf、Tcpping
	APP 自动化工具	APPium、Instruments、UIAuomator、Monkey、Robotium
应用	C/S 自动化工具	QTP、Winrunner、AutoIt
	白盒测试工具	JTest、Junit、CppUnit、GTest、PHPUnit、BoundsChecker、TueTine

第三节　互联网教育应用发展指数

一、国内外教育领域指数研究现状

指数研究多见于经济管理学领域，教育领域指数研究近年来不断涌现，例如高校发展指数用于衡量高等教育发展现状。整体看，互联网教育应用方面的指数较为鲜见，文献数量也较少，但是相关研究的质量相对较高，很有建设性。

国内方面，有学者基于高等职业教育发展指数对民族地区高等职业教育发展水平进行评估，该指数从教育机会、物质投入、师资力量、教育产出等四个维度对民族地区高等职业教育发展水平进行统计测算[1]。也有学者提出义务教育均衡发展指数，该指数是对义务教育均衡发展程度的量化评估。我国教育信息化研究学者提出了区域义务教育信息化发展指数，该指数主要通过研究区域义务教育信息化的差异性，提出相关的义务教育信息化建设策略。他们认为利用区域教育信息化评估机制，跟踪区县层面教育信息化发展情况，分析影响区县教育信息化发展的关键因素，是探寻缩小区域教育信息化发展水平差异的有效路径[2]。该团队还对苏州市的教育信息化发展进行了指数分析，研究基于 2013 年苏州市中小学调研数据，通过综合评价指数法测算了教育信息化发展指数，分析了苏州市内各区市教育信息化发展的现状和相对差异[3]。

国际方面，关于教育指数的单学科研究鲜见，教育与其他学科的交叉研究较多。本研究项目组通过 WOS 文献检索核心期刊库检索到 562 篇文献，发现国际研究者主要关注教育与心理健康、体重、饮食、家庭关系、犯罪、期刊引用等方面的关系。在教育信息化领域，有国外学者研究了高校教师信息化能力指数，目的是提供证据来回答高校教师的数字能力指数是什么，强调信息技术在高等教育教学层面对教师信息化能力有着重要的作用[4]。通过对国际文献进行分析发现，国外研究者更倾向于通过比较研究的方式开展指数研究，而指数研究的作用在于排名和预测趋势，衡量教育领域的相关变化。

二、互联网教育应用发展指数的内涵

从互联网教育发展，到互联网教育应用对互联网教育的影响和作用，再到相关指数研究，学术界对互联网教育发展现状和应用趋势的研究愈加深入，

① 杨磊.我国民族地区高等职业教育发展水平评估：基于高职教育发展指数的证据[J].高等职业教育探索，2018，17（5）：15-21.
② 卢春，周文婷，吴砥.区域义务教育信息化发展指数及区域差异研究：基于2014、2015东部G市教育信息化数据分析[J].中国电化教育，2016（5）：51-57.
③ 卢春，吴砥，周文婷.苏州教育信息化发展指数研究[J].中国教育信息化，2014（18）：34-41.
④ GOMEZ, A O T. ICT Competency Index in Higher Education Teachers [J].Campus Virtuales，2017，6：113-125.

梳理发展脉络、发展定位及发展趋势十分必要。互联网教育应用发挥着连接各主体、服务各主体的重要作用。当前互联网教育应用种类繁多，参与互联网教育应用研发的企业数量也在快速增加，随着科技革命的快速推进，新的技术都将应用到这些产品当中。为了更好地引导行业向好发展，在符合国家政策的情况下促进企业研发优质的互联网教育产品，我们急需一个评估标准来衡量互联网教育应用的发展情况。目前看来，通过指数的形式判断某一领域的基本现状和趋势更有效、有意义、有说服力，也更便于社会大众理解。

当前较为流行的制定指数的方法有历史分析法、比较研究法、专家预测评估法、数学模型法等，尤其是通过数学模型计算得到的指数更具有科学性和易读性。

三、互联网教育应用指数解读

（一）互联网教育应用发展指数

发展指数被用来衡量某一领域的发展程度。互联网教育应用发展指数是衡量一个国家或地区利用网络空间提供学习内容、学习工具和学习平台等产品及服务，来提升学习者的互联网学习体验和促进教育变革的一种数据标准，它通过测评一组典型互联网应用对教育的贡献度综合计算得出。互联网教育应用对促进互联网教育有效进行和持续发展、促进学习者有效学习发挥着重要的支撑作用。

互联网教育应用发展指数作为一种量化数据，有助于社会大众理解国家或地区互联网教育应用的发展状况；通过对比各个阶段测评出的互联网教育应用发展指数，人们可以更清楚地观察到互联网教育行业整体的动态。互联网教育应用指数基于互联学习认知、用户体验、社会评价维度进行综合考量，并结合内容适配度和平台支持度进行比较分析，最终得出这些互联网教育应用是否体现互联网思维，是否具有良好的用户交互，是否能对当前教育发展提供必需的支持，是否代表了整个行业的发展趋势。

互联网教育应用发展指数具有一定的方向引领性，它能代表互联网教育应用对互联网教育的贡献程度以及互联网教育发展的基本态势。互联网教育应用发展指数也有应用发展态势的指标分水岭，本研究项目组将互联网教育应用发展指数的分水岭定义为 0.6。高于该值，说明当前互联网教育应用行业发展向好，产品的互联网学习认知表现较佳，能较好地满足用户的需求和相关要求；低于该值，说明当前互联网教育应用发展与用户需求发生了矛盾，不能与用户的互联网学习认知进行良好拟合，没有达到用户的互联网认知水平，基本不能起到对教育发展的促进作用。具体计算方式如下所示：

$$Y=\sqrt{\mathrm{Cov}(A,\ B)\times\mathrm{Cov}(A,\ C)}$$
$$X=（1-Y）\times\max（E,\ F）+Y\times（A）$$

其中，Y 是总效应系数，A 是互联网学习认知，B 是用户体验，C 是社会评价，E 是内容适配度，F 是平台支持度，X 是互联网教育应用发展指数。

互联网教育应用发展指数（见图 2-7）体现了当前我国互联网教育应用的发展现状，2022 年互联网教育应用发展指数为 0.738，从指数的数值看，处于中上水平。比较历年指数（每两年进行一次测评）可以发现，2016 年至 2020 年，互联网教育应用指数呈现下滑趋势。新冠疫情致使学习者对互联网教育应用依赖性增加，随着互联网教育行业各项规范治理政策的落实、"双减"政策效能的发挥，产品相关问题正在得到不断改善，2022 年互联网教育应用发展指数也随之升高。

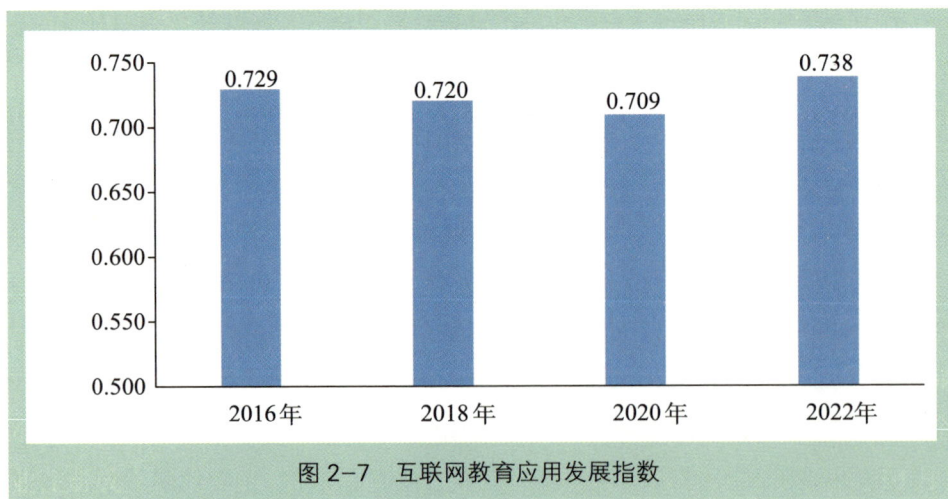

图 2-7　互联网教育应用发展指数

（二）互联网教育应用贡献度指数

互联网教育应用贡献度指数是衡量一个教育产品或服务提供学习内容和学习支持，以提升学习体验和促进互联网教育发展的一种量化表示。

$$Index = (1-coe) \times \max(\overline{con}, \overline{plat}) + coe \times (\overline{cog})$$

其中，$Index$ 为互联网教育应用贡献度指数，coe 为总效应系数，$\overline{con}$ 为内容适配度得分均值，$\overline{plat}$ 为平台支持度得分均值，$\overline{cog}$ 为互联网学习认知得分均值。

互联网教育应用贡献度指数主要是对应用本身价值的衡量，关注的核心是互联网学习认知，互联网学习认知体现了使用者对互联网教育应用的认知。

互联网教育应用贡献度指数（见图 2-8）旨在评估应用自身的问题，反映某一应用在整个行业中的贡献水平，可以为应用结构调整提供参考依据。2022 年所测互联网教育应用的平均贡献度为 0.740，处于猛增状态。

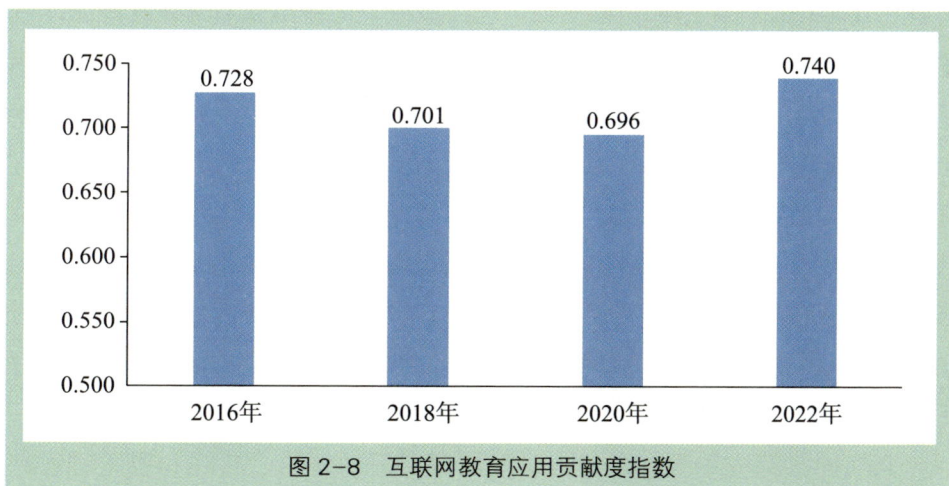

图 2-8 互联网教育应用贡献度指数

第四节　互联网教育应用测评平台

教育移动互联网应用程序是互联网教育的典型应用服务和"互联网＋教育"的重要载体，教育移动互联网应用程序的管理规范化对促进"互联网＋教育"健康发展具有重要意义。为提升教育移动互联网应用程序测评与分析的工作效率与管理水平，加强教育移动互联网应用程序监管与治理，促进教育移动互联网应用程序有序健康发展，北京师范大学互联网教育智能技术及应用国家工程研究中心开发了互联网教育应用测评平台（https://est.bnu.edu.cn/content/vab/#/index）。

互联网教育应用测评平台提供了量表设计器、仪表盘设计器等开发工具，可以快速根据测评体系提供针对性的测评服务，能够敏捷地支撑测评业务需求，为测评的精细化与个性化演进打下了基础。另外，互联网教育应用测评平台通过远程过程调用（Remote Procedure Call，RPC）、单点登录（Single Sign On，SSO）等协议，构建了测评服务的组装与集成标准，降低了使用智能化服务的技能与知识门槛，为互联网教育应用测评的常态化，以及技术整合与生态建设提供了路线。项目组希望通过此平台让各界基于开放的技术生态为互联网教育应用测评与分析提供支持，助力未来教育应用质量的监管与监测、教育应用质量评价标准体系的研制、教育应用大数据预警与处置平台的建立。

互联网教育应用测评平台提供了测评所需的知识、功能和服务，促进了测评工作开展的标准化、流程化、规范化，降低了测评的实施成本，提高了工作效率，为互联网教育应用测评提供了支撑。本节将以平台简介、平台定位及特点、系统架构、主要功能、开放能力为脉络，介绍互联网教育应用测评平台。

一、平台简介

互联网教育应用测评平台面向互联网教育应用开发商、互联网教育应用使用者（学校、家长、学生）、政府监管部门及教育领域研究者。平台基于云计算架构，能接入各类测评方法，提高互联网教育应用测评与分析的工作效率。平台提供教育应用测评与分析量表、数据分析工具，以及自动化测评工具，支持教学测试、适配测试、安全测试等测试方法，能够满足产品测评、分级、预警等场景需求。基于该平台可构建幼儿教育、基础教育、高等教育、语言培训等类型的互联网教育应用综合测评报告。目前该平台已收集各类互联网教育应用 1900 余个，并完成了典型互联网教育应用的测评与分析。

平台主要功能模块包括：（1）教育应用测评工具库，可精准定制、敏捷交付、快速测评，降低教育应用测评的技能要求；（2）全生命周期测评管理，支持测评申请、方案编制、测评实施、整改阶段、应用复测、报告编制等测评活动的有序开展；（3）教育产品质量标准管理，可针对不同类型应用的测评需求，定制测评指标，优化测评方案；（4）教育应用大数据预警，利用互联网教育应用的测评数据，构建教育应用大数据预警系统，对教育应用的评论、安全、舆情进行预警，及早发现、及时处理。

互联网教育应用测评平台可快速针对教育应用定制测评方案，生成测评报告，从而构建测评报告案例集、年度测评与分析报告、教育应用测评管理系统以及教育应用大数据预警系统，为教育应用的测评与分析提供持续支持。

二、平台定位及特点

（一）平台定位

互联网教育应用测评平台的服务对象包括政府监管部门、学校、学生、家长、企业及研究者：为政府加强教育移动互联网应用程序监管和治理提供支撑，为学校遴选优质教育移动互联网应用程序提供支持，为学生提供有选择性的自主学习教育移动互联网应用程序，帮助家长挑选、购买合适的教育移动互联网应用程序，帮助研究者拓展教育移动互联网应用程序研究，帮助企业优化升级教育移动互联网应用程序。

（二）平台特点

1.测评即服务

互联网教育应用测评体系能通过云服务的方式提供多维度的测评，包括功能与产品成熟度、平台支持度、个人隐私与数据安全、内容适配度、教育类视频规范度、互联网学习认知、用户体验、社会评价等维度。

2.规范化的测评管理

通过全生命周期测评管理，从测评申请、方案编制、测评实施、整改阶段、应用复测、报告编制等测评活动的有序开展，实现了精细化、规范化的管理，提高了测评效率。平台基于 B/S 架构，用户通过浏览器即可开展相关工作。

3.开放的测评能力与服务

平台可将各测评能力与服务通过 Web 接口的方式开放，采用标准化的 JSON-RPC 协议，为计算机视觉、自然语言处理等智能能力的开发与集成提供标准化的技术方案。

三、系统架构

（一）业务架构

测试工程师基于测试方案，利用测试工具对教育移动互联网应用程序进行测试，并将测试指标和测试结果以结构化和非结构化的形式上传到平台。平台汇聚不同维度的测试指标与结果，供测评团队构建完整的测评报告。应用开发者可以根据测评报告中的建议和策略对产品进行升级。测评团队可以通过对不同类型教育移动互联网应用程序的数据进行更深入的分析与挖掘，编写和发布互联网教育应用测评与分析年度报告；监管机构可以通过平台预警模块的仪表盘等组件对互联网教育应用进行监督管理；研究人员可以访问开放的数据集和报告，并给出建议反馈；学习者和家长可以根据报告及平台开放数据，选择互联网教育应用。互联网教育应用测评平台整体业务架构如图 2-9 所示。

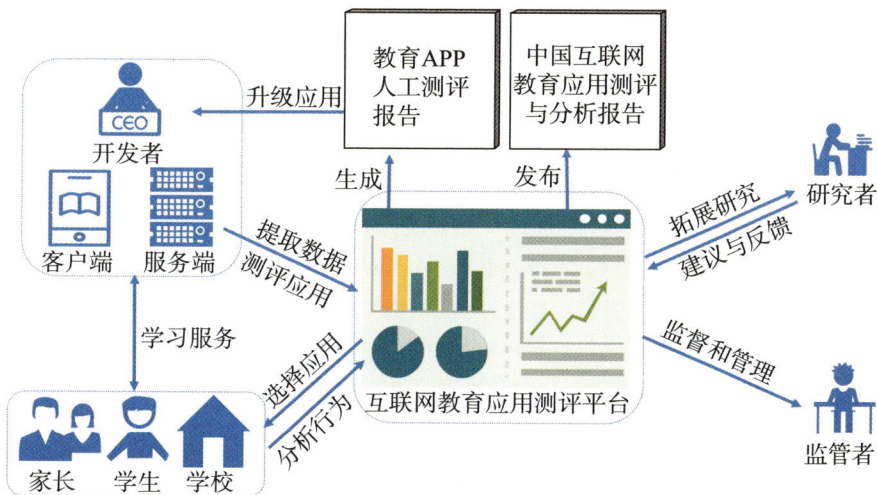

图 2-9　互联网教育应用测评平台业务架构

（二）应用架构

互联网教育应用测评平台的应用架构采用分层的云计算体系结构，主要包括基础设施、人工智能能力、测评工具平台等，如图 2-10 所示。基础设施包括由私有云提供的弹性服务器、数据库、对象存储、容器、防火墙、消息和域名服务等。人工智能能力包括通用人工智能能力与场景化智能能力。通用人工智能能力包括图像识别、语音识别、文字识别等，集成自各公有云厂商和开源模型；而场景化智能能力采用私有云部署自研深度学习模型提供服务。人工智能能力均使用 JSON-RPC 协议与平台集成。基础设施与人工智能能力是平台的基础服务。测评工具平台包括应用管理、分级管理、指标管理、知识管理、测评管理、报告管理等。基于互联网教育应用测评平台所构建的具体报告以测评报告案例集、教育应用测评年度报告、教育应用测评管理系统和监控大屏等展示形态为各类用户提供服务。

图 2-10　互联网教育应用测评平台应用架构

　　互联网教育应用测评平台采用分布式技术实现业务的横向扩容。平台主要编程语言有 Python、CSharp、SQL 和 JavaScript，平台采用基于构件（CBSE）、模型驱动（MDA）、面向服务（SOA）的设计，能灵活地响应需求变化。

四、主要功能

（一）教育应用测评工具库

　　教育应用测评工具库帮助测评团队精准定制、敏捷交付、快速测评，降低教育应用测评的技能要求。

该模块主要提供在线协同工具，以实现各类知识的入库、编辑、发布等，可纳入的测评知识包括相关标准、政策法规、规章制度、测评指导等。这一功能实现了测评知识的共建共享，有效支持了测评人员培训与测评工作的开展。

（二）全生命周期测评管理

教育应用测评的生命周期包括测评申请、方案编制、测评实施、整改阶段、应用复测、报告编制、数据归档等。该模块实现测评活动全生命周期的管理，其功能可追踪各应用测评过程的操作记录与状态变更，将不同状态的任务定向推送给测评人员，提升测评团队的协作水平和工作效率。同时，平台也提供应用的测评状态与测评报告查询服务，第三方系统在授权的情况下可通过该服务实时获取测评状态并查询测评报告。

1. 测评申请

用户可在"互联网教育应用测评申请表单"中填写产品名称、产品类型、产品形式、产品简介、开发商、注册地、发布时间、面向对象等信息，并将测评申请提交到平台。

2. 方案编制

平台将所有已提交的申请表单汇总到"方案编制"，测评人员可查询应用信息，有针对性地编写测评方案，并上传到平台。测评方案编制完成后，即可进入测评实施阶段。

3. 测评实施

测评实施阶段中的教育应用将被推送到任务看板，测评人员登录平台，进入后台首页可查看待办事项，包括 APP 法规政策合规检查量表、APP 安全专项测试量表、APP 软件质量专项测试量表、APP 教育属性测评量表等。

采用人工测评与机器测评相结合的方法，经过数据处理后，测评人员便可针对各应用编制个性化的测评报告，并上传平台。

4. 整改阶段

需要整改的应用将进入整改阶段，收到整改报告之后，可开始复测。

5. 应用复测

测评人员完成复测之后上传复测报告。上传复测报告并经核验无误后，测评状态可进入数据归档阶段。

6. 数据归档

所有测评申请按阶段流程处理完成后，就可进行数据归档。在数据归档界面可检索各测评应用的相关测评信息列表，也可进一步查看各应用的历史测评报告。

（三）教育产品质量标准管理

平台提供 PaaS 服务，内置教育产品质量指标体系管理功能，可针对本章第一节介绍的指标体系构建对应量表，并分发给各测评人员，方便测评业务快速开展，更快实现对教育应用的测评与分析。

1. 设计量表

对于需要人工测评的指标，测评时可采用量表的形式实现数据采集。平台内置量表设计器，可快速构建各种类型的测评量表。设计器共支持 30 余种表单控件，且支持自定义，可为数据采集表单的开发提供有效支撑。

2. 量表管理

量表管理模块实现了对所有量表的集中管理，并支持细粒度的权限控制，以及发布时间和填报数量的限制。面向高并发场景，该模块也支持使用消息队列，实现海量数据的采集。

3. 任务设置

量表与所测评应用绑定后，将作为工作任务推送给对应的测评人员，系统也提供了所有测评任务结果台账管理功能。

（四）教育应用大数据预警

利用教育应用测评的数据，可构建教育应用大数据预警系统。平台利用驾驶舱设计器整合多维度的数据，对数据进行关联探索，进行指标监测、业务预警、预测分析等，实现对教育应用的评论、安全、舆情的预警，及早发现、及时处理。

1. 驾驶舱设计器

驾驶舱设计器内置了 50 余种可视化图表，可快速对具体数据构建有针对性的可视化应用，支持分析与预测功能的实现。

2. 驾驶舱发布

设置完所设计的驾驶舱是否需要登录访问，以及访问需要的角色后，测评人员可将驾驶舱发布并集成到应用平台中。驾驶舱可通过雷达图、滚动表格、热力地图、柱图、饼图等集中展示 60 款教育 APP 的测评与分析结果。

（五）面向公众的信息查询服务

1. 教育 APP 测评信息查询

平台抽取所测评的各类教育 APP 数据与指标的可公开部分，对社会公众开放，形成教育 APP 信息查询界面，包含应用分类检索和应用测评结果详情。

2. 研究成果及相关文件查询

平台支持将国家标准、政策文件、学术研究等相关材料公开发布并展示。

五、开放能力

互联网教育应用测评平台通过 RPC 协议提供测评相关的开放接口，供第三方系统调用，同时提供中央认证协议，可无缝集成多种系统服务。

（一）远程过程调用协议

RPC 的实现使得调用远程服务像调用本地服务一样简单。平台实现了 JSON-RPC 协议，并针对公有云 AI 能力各有优势但调用不标准、集成难度大的问题，构建了一种人工智能云服务网关，通过通信协议兼容层，实现了腾讯、阿里巴巴、百度、华为、科大讯飞等云服务的统一调用。针对自研人工智能能力个性化场景适应性强，但部署烦琐、共享缺乏标准的问题，通过输入输出转换兼容层，可实现 Tensorflow、Pytorch 等机器学习模型以标准化函数提供服务。只需要在函数中指定远程服务、函数标识及函数参数，就可调用远程服务，极大降低人工智能能力的使用门槛。

目前平台已实现百度、腾讯、阿里巴巴兼容层，共集成 NLP、CV 类算法接口约 100 种。图 2-11 为 RPC 对接的客户端 Python 代码示例。

```
def rpc(self, app, a, i=None):
    "Call a remote function with action and input."
    server = self.rpcServer(app)
    if not server: return jh.Error("server {0} not exists".format(app))
    body = jh.Encode(ph.dd.dynamic({ "a": a, "i": i })) if isinstance(a, str) else jh.Encode(a)
    if server.enc and server.options.encbody: body = dc.CryptoUtil.Symmetric(server.enc, True,
server.sk).Encrypt(body)
    headers = ph.dd.dynamic({}, False)
    headers["X-DD-Timestamp"], headers["X-DD-HMAC"], headers["X-DD-Nonce"], headers["X-DD-AK"]
= str(self.stamp()), server.hmac, ph.dd.now().ToString("ffffff"), server.ak
    header = self.param(headers, False, ':', '\n')
    plain = "\n".join([header, body])
    headers["X-DD-Token"] = dc.CryptoUtil.HMAC(server.hmac, server.sk).Hash(plain)
    options = self.extend({ "url": self.uri(server.url, server.faas), "headers": headers,
"data": body, "contenttype": "text/plain" }, server.options)
    msg = self.resmsg(options, True)
    if msg.error: return msg
    msg = jh.Decode(msg.data)
    if msg.error: return msg
    return msg.data
```

图 2-11 RPC 协议实现代码

（二）中央认证协议

针对互联网教育应用开发商纷繁复杂、监管难的问题，平台构建了一种中央认证服务，通过 SM4、SM3 等加密签名认证算法，实现了海量应用与中央服务器的安全授权。SSO 是一种中央认证协议，用户只需要登录一次就可以访问所有相互信任的应用系统。

图 2-12 为 SSO 协议实现的 Python 示例代码。通过该协议，各互联网教育应用均可接入互联网教育应用测评平台，为互联网教育应用的内容规范化、服务便捷化、数据互通化打下基础，进而提升互联网教育应用的服务能力与质量。

```
import System
def cas(args):
    # If logined, just redirect to the request url.
    if dc.Context.User: return ar(redirect=args.url or "/")
    # Get token, url, and current path that will be redirectd for receiving token.
    token, url, service = args.token, args.url or "/", dc.Context.Uri.GetLeftPart(System.UriP-
artial.Path)
    # The cas server to be modified.
    casHost = "https://www.equiclouds.com/www/dd/cas/index"
    # Add url as params of service.
    if url: service = "{0}?url={1}".format(service, url)
    # If not token, redirect to require token.
    if not token: return ar(redirect="{0}?service={1}".format(casHost, dc.UrlEncode(service)))
    # Got token, send it to cas server to get user info.
    msg = jh.Decode(ph.dd.get("{0}?token={1}".format(casHost, token)))
    # If get errors, tell the message to client.
    if msg.error: return msg.message
    # Extract userinfo from msg
    userInfo = msg.data
    # Read userinfo by username from database.
    dbUser = dh.Obj("select id,username,nickname,email,phone from dd.dd_user where username=@
username", userInfo)
    # If user exists, update some infomation from userinfo, otherwise create a new user. (Optional）
    # Login with the username without password
    dc.LibLogin.Login(None, userInfo.username, '', False, False)
    # Logined and redirect to the url
    return ar(redirect=url)
cas
```

图 2-12　SSO 协议实现代码

第三章

互联网教育应用性能测试与实践

第一节　功能与产品成熟度

本节主要介绍对 65 个教育移动互联网应用程序进行功能与产品成熟度测试的结果。功能与产品成熟度一级维度包括 3 个二级维度，其中，内容和功能安全二级维度采用人工测评方式，软件稳定性二级维度采取机器测评方式，软件兼容性二级维度采取两者相结合的测评方式。

一、内容和功能安全

《关于引导规范教育移动互联网应用有序健康发展的意见》第五条规定：教育移动应用提供者呈现的内容应当严格遵守国家法律法规，符合党的教育方针，体现素质教育导向；呈现的广告应当与提供的服务相契合。**第八条规定**：将教育移动应用、公众号和小程序等移动互联网平台纳入本地区、本单位的重要议事日程予以部署。按照"谁主管谁负责、谁开发谁负责、谁选用谁负责"的原则，建立健全教育移动应用管理责任体系，切实维护广大师生和家长的切身利益。**第十一条规定**：作为教学、管理工具要求统一使用的教育移动应用，不得向学生及家长收取任何费用，不得植入商业广告和游戏。**第十三条规定**：教育移动应用提供者应当自觉接受社会监督，设置便捷的投诉举报渠道，及时处理投诉。

教育部等六部门发布《关于联合开展未成年人网络环境专项治理行动的通知》**第二条规定**：整治不良网络社交行为。加大对"饭圈""黑界""祖安文化"等涉及未成年人不良网络社交行为和现象的治理力度。**第三条规定**：专项治理低俗有害信息。重点整治学习教育类网站平台和其他网站的网课学习板块推送网络游戏、低俗小说、娱乐直播等与学习无关的信息问题。

北京市教委等三部门发布《关于进一步做好教育移动互联网应用程序备案及管理工作的通知》，其中规定：教育移动应用提供者应当建立健全信息内容审核管理机制，建立完善账号管理、应急处置等管理措施，配备与服务规模相适应的专业人员，提供业务服务和技术保障；制定并公开管理规则和平台公约，与注册用户签订服务协议；自觉接受社会监督，设置醒目、便捷的投诉入口，健全受理、处置、反馈等机制，及时处理用户诉求。

据此，本二级维度测试包含"不良内容""无关功能""必要功能""虚假广告、广告泛滥和扣费充值"4个指标。

项目组通过在移动终端安装被测 APP，并按相应指标说明进行测试，采取满分为 10 分，每发现 1 处违规扣 1 分，扣完为止的计分方式。测试结果发现，65 个被测 APP 在 4 个指标上不存在重大问题，极个别 APP 存在问题。

例如，某英语配音 APP 存在内容涉嫌宣传"饭圈"文化、不良信息等情况，如部分内容含"追星"元素，滥用不文明的网络词语，为某些品牌进行营销宣传，诱导充值会员获得特权，等等。

再如，某在线课程 APP 主要存在诱导用户消费、诱导添加其他聊天工具账号等现象。如登录有抽奖弹窗、优惠券或专享礼包等；观看课程、与老师进行互动可拥有代币奖励，代币可用于兑换商品；与第三方平台有合作，合作内容是在 APP 内设置购物商城，商城内有电子产品、文创周边、文具等；多处地方发现"送红包"的广告。

同时提供投诉举报渠道和客服系统的 APP 有 40 个，占 61.5%，较 2020 年数据（86.6%）明显下降。部分 APP 提供了举报电话、客服电话、在线人工客服等功能。有 4 个 APP 两项功能均缺失，占比为 6.2%，与 2020 年数据 6.7% 基本持平。

在"无关功能"指标和"虚假广告、广告泛滥和扣费充值"指标上，总体情况不乐观。各类无关功能、广告等仍然较多，不少 APP 内存在抽奖、引流到其他平台（如微信）等现象。测试人员反映，在部分 APP 注册后，用户会收到营销电话和短信。

在测试中，项目组选取 36 个 APP 的 2021 版本再次进行内容和功能安全测试，采用 Seaborn 工具中的 distplot 方法，比较"不良内容""无关功能""虚假广告、广告泛滥和扣费充值" 3 个指标的得分结果（见图 3-1、图 3-2、图 3-3，图中蓝色均代表 2022 年数据，红色均代表 2021 年数据，横轴为相应维度的得分，纵轴为密度分布）。

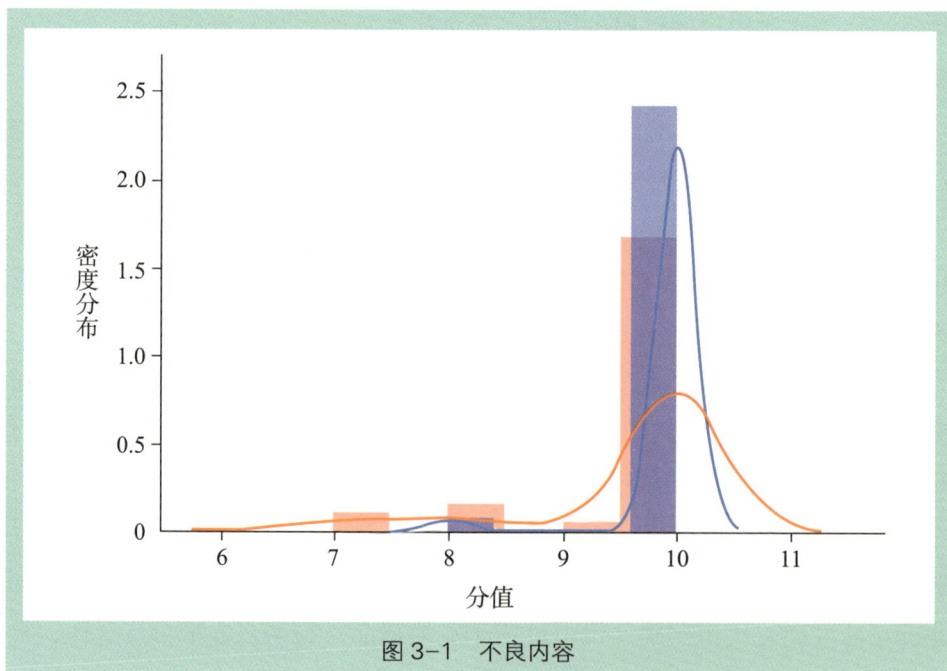

图 3-1　不良内容

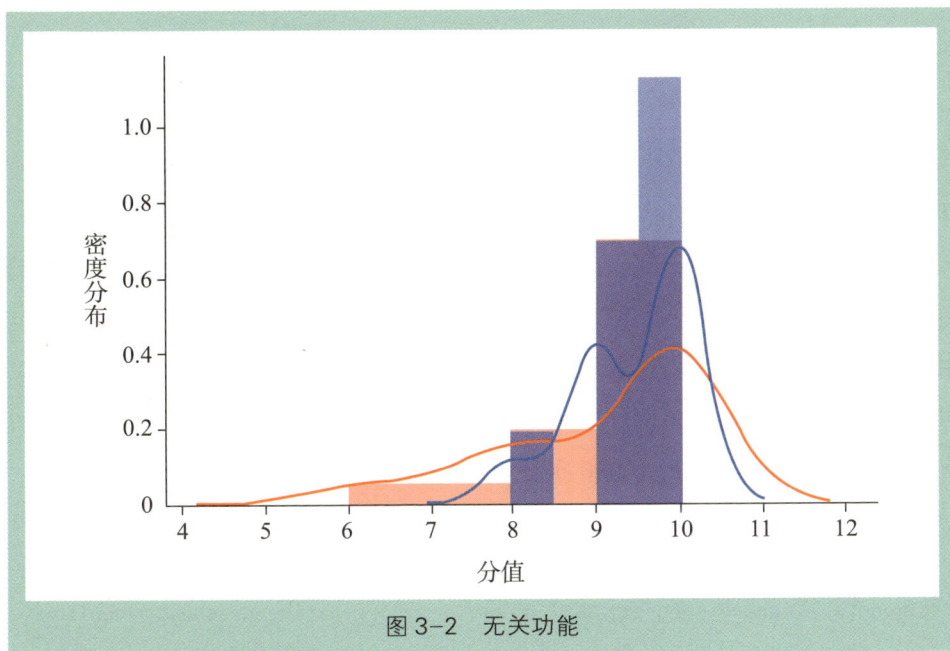

图 3-2 无关功能

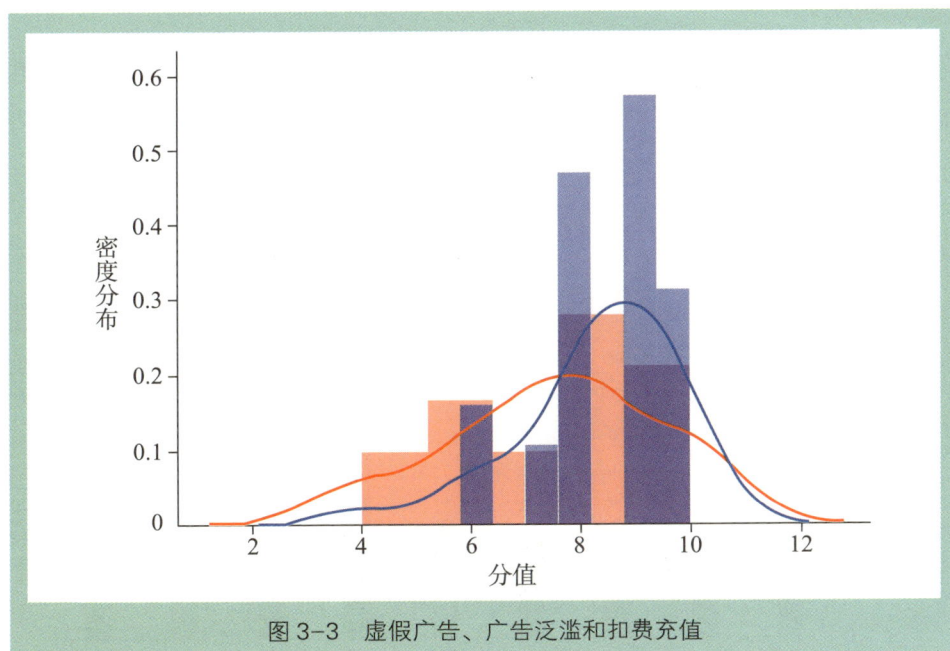

图 3-3 虚假广告、广告泛滥和扣费充值

通过以上对比可以看到，各 APP 在 2022 年的测评结果得分均优于 2021 年，反映出各 APP 较 2021 年更加规范，政策产生了一定的效果。

二、软件稳定性

本二级维度测试主要记录 APP 运行中"闪退""重启""异常""无响应"和"崩溃"等情况发生的次数，采取自动化方式测试。

稳定性测试主要验证 APP 在一定的负载下能否长时间稳定运行，在验证稳定性的过程中找到系统不稳定的因素并进行分析，从而为降低软件在使用中出现问题的概率提供参考。稳定性测试是保障产品体验必不可少的测试项目。本测试依托网龙网络公司快测平台，主要使用安卓官方命令行工具 Monkey 对指定应用进行 10000 次随机事件发送测试。测试命令为：

```
adb shell monkey -p 被测包名 --throttle 300 --ignore-crashes --ignore-
timeouts --ignore-security-exceptions --ignore-native-crashes --monitor-
native-crashes -v -v -v 10000
```

软件稳定性测试使用的移动终端共 29 台。终端系统版本、屏幕分辨率和品牌分布情况如图 3-4、图 3-5、图 3-6 所示。

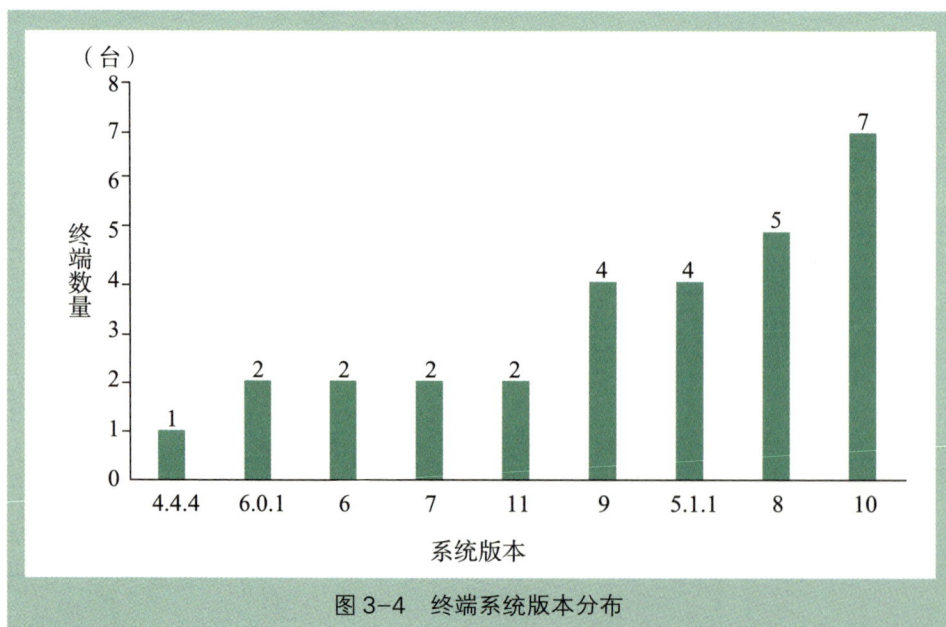

图 3-4　终端系统版本分布

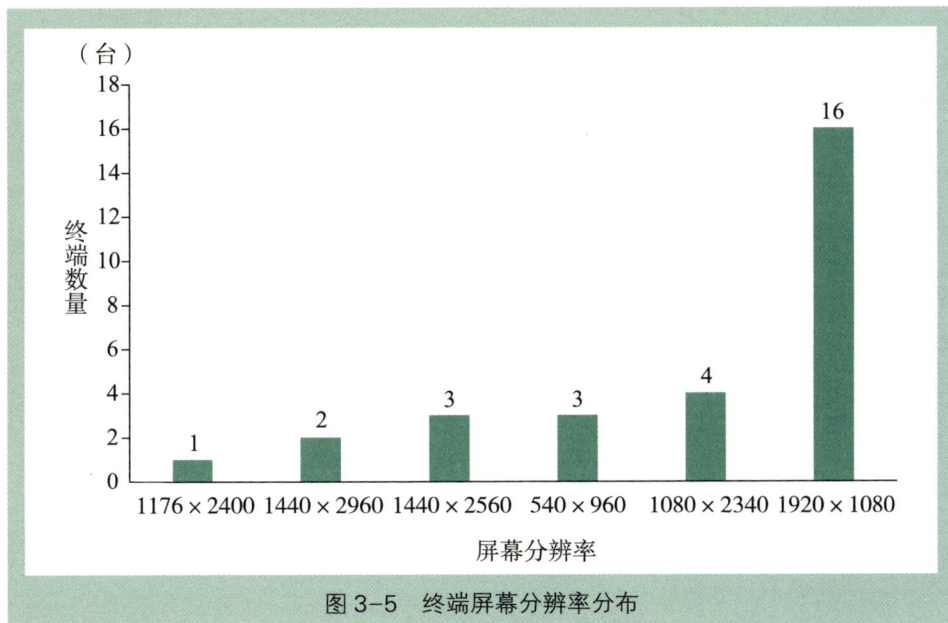

图 3-5　终端屏幕分辨率分布

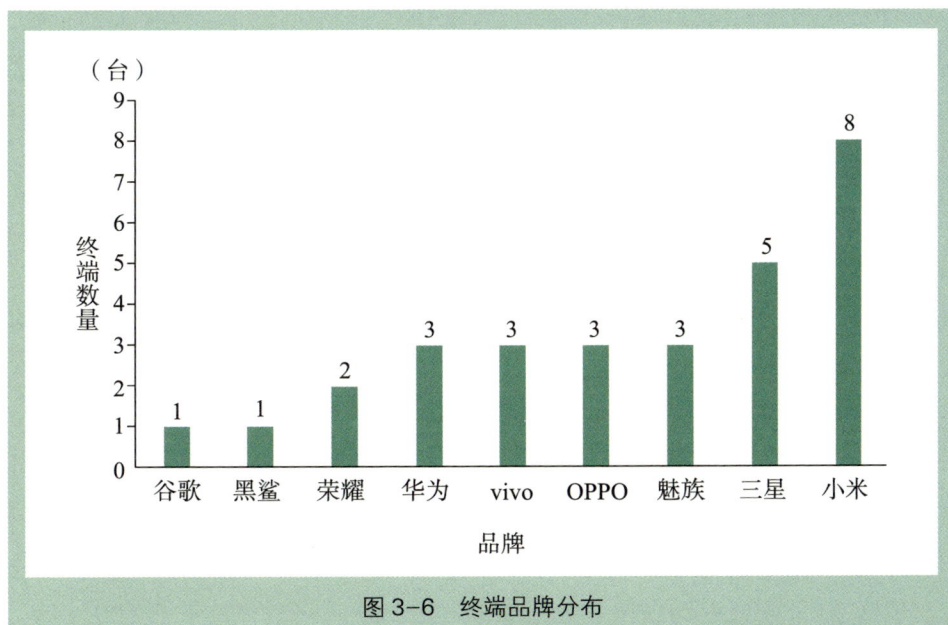

图 3-6　终端品牌分布

软件稳定性维度测试结果发现，在完成测试的 65 个 APP 中，未通过测试的 APP 共 20 个，占比为 30.8%；闪退、重启、无响应等各类问题均有不同程度的发生，但各 APP 在问题分布上较为平均。

三、软件兼容性

软件兼容性测试主要通过自动化脚本检测辅助人工复查的方式，全面检测 APP 在各种机型上的兼容情况，捕获安装、运行及卸载过程中出现的各种失败、无响应、UI 异常、崩溃等问题。

本项测试主要记录程序的安装、启动、卸载、安装时间、启动时间等子指标的异常情况和执行时间，采用自动化测试方式。

软件兼容性测试使用的终端共 29 台，研究者对每个 APP 进行多次安装、操作和卸载。若未发生任何异常记为通过，研究结果将通过率转化为 10 分制。

软件兼容性二级维度测试结果发现，在完成测试的 65 个 APP 中，未通过测试（6 分以下）的 APP 共 8 个，占比为 12.3%；以满分通过的 APP 共 35 个，占比为 53.8%。

第二节 平台支持度

平台支持度指教育移动互联网应用程序平台对用户学习行为的支持程度，包括 6 个二级维度：教学策略、呈现方式、反馈评价、学习支持、用户界面、有效性。按照领域将 65 个教育移动互联网应用程序分类，并分析其平台支持度得分，结果发现，职业教育与高等教育两个领域的应用程序得分较高，学前教育、基础教育以及兴趣学习领域得分次之，成人继续教育领域得分最低（见图 3-7）。高等教育和职业教育两个领域的学习者受教育程度相对较高，对教育移动互联网应用程序使用更为熟练，平台支持度较高。成人继续教育类 APP 的使用者对互联网产品的使用熟练水平参差不齐，多数使用者无法较好地适应线上学习；同时，成人继续教育类 APP 大多用于开设辅导班、线上课程等，使用成人继续教育类 APP 自学的用户少，该类 APP 无法获得足够数据完善自身平台，因此平台对用户学习行为的支持程度不可避免地呈现较低得分。

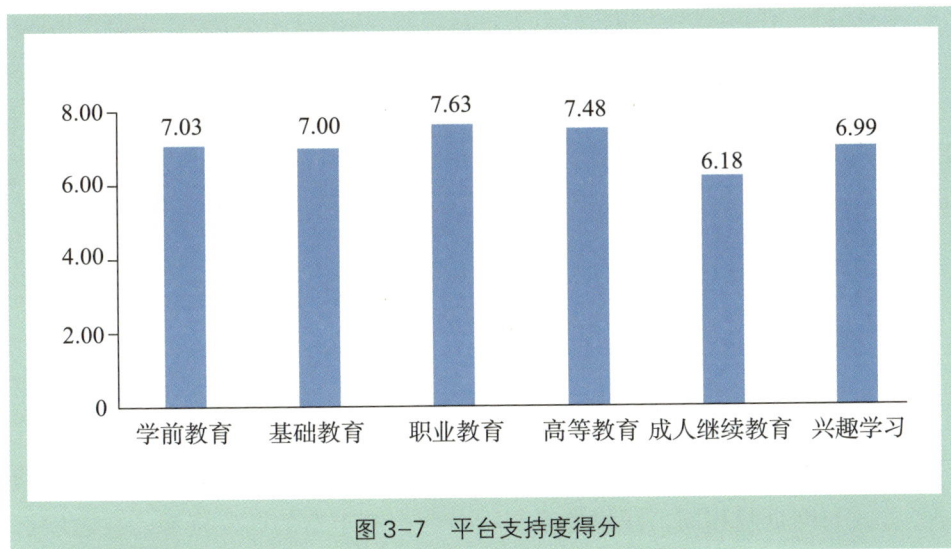

图 3-7　平台支持度得分

对被测的教育移动互联网应用程序从 6 个二级维度进行分类测评（见表 3-1）发现，"有效性"整体得分较高，高等教育类 APP 在"有效性"方面得分最高，反映出高等教育类平台的内容积极有效，具有较强的指导性，平台交互、互动等自然流畅，便于开展学习活动。整体来看，职业教育和高等教育两个领域的产品在各个二级维度上的得分都处于中上水平，而基础教育阶段的产品在各二级维度上的得分均偏低。由此可见，应当在维持职业教育和高等教育产品高水准的情况下，重视完善基础教育阶段产品的平台支持度。

职业教育在"教学策略""呈现方式""反馈评价""学习支持""用户界面"5 个二级维度上得分均最高。成人继续教育类 APP 用户在线学习目标明确，多以专业知识、技能、公务员考试、职业证书等目标性很强的学习为主，用户对学习支持要求更高。整体来看，用户测评时，会因为年龄、专业、学习动机和学习目标的不同而对平台支持度有不同要求，导致评价分值的不同。所测产品中，平台提供的交互、导航功能可以有效提高学习有效性，但是在反馈评价和学习支持方面有待提升。

表 3-1　平台支持度得分情况

领域	教学策略	呈现方式	反馈评价	学习支持	用户界面	有效性	均值
学前教育	7.04	6.96	6.88	6.99	7.06	7.24	7.03
基础教育	7.31	7.00	6.89	6.76	6.96	7.07	7.00
职业教育	7.59	7.50	7.56	7.50	7.94	7.67	7.63
高等教育	7.54	7.23	7.38	7.50	7.33	7.88	7.48
成人继续教育	6.38	5.96	6.14	6.04	6.43	6.14	6.18
兴趣学习	6.88	6.87	6.85	6.91	7.13	7.26	6.99

注：表中数据采用四舍五入法进行了数值修约，均值采用修约前数据计算得出。后文同。

以《课工场》（测评版本号：iOS 5.9.5）为例，用户打开 APP 后可以选择自己需要学习的课程内容，定制首页，开始个性化学习。APP 中全部课程的分类方式与网页版相同，课程体系层次分明；有丰富的题库资源，在题库部分可以选择不同的答题模式；不仅有推荐的课程，还有推荐的书籍，提供了个性化课程学习方式；还有个人学习数据和学习记录模块用以查看本人学习情况。

《课工场》与人民邮电出版社达成战略合作，联合出版了智慧教材。用户利用 APP 搭载的 AR 技术，扫描教材封面，即可得到多媒体学习素材。现已发行的原创教材涵盖云计算、大数据、人工智能、区块链、Web 前端、互联网 UI、电竞等热门方向。

再以《美院帮》（测评版本号：iOS 4.3.2）为例，该 APP 提供的绘画素材多样，资源丰富，有一定质量保证，且免费。从平台功能来看，该 APP 中有社群互动，但所提供的内容未匹配用户需求进行个性化推荐。从反馈评价来看，老师们给出的语音总评反馈雷同，无非就是从结构、黑白灰关系、构图这几个角度来讲解，语音总评反馈时间只有 100 秒，不够全面、准确；深度分析发现，评分 5.0 的老师和评分 2.5 的老师给的反馈大体一样，APP 的老师评分机制有待提高。APP 中对于学生美术作品的评价只能借助电子标注和语音留言，缺乏互动，很难给学生直观的指导，与线下辅导相比还有很大差距。

从各年度各类产品的平台支持度得分（见图 3-8）来看，职业教育类 APP 变化最大，从 2016 年的中等水平一跃成为 2022 年的最高分，结合职业教育类 APP 自身曲线变化，不难看出，职业教育类 APP 在这几年的发展突飞猛进。兴趣学习类 APP 波动性较大。基础教育类 APP 的波动性不大，发展相对稳定。

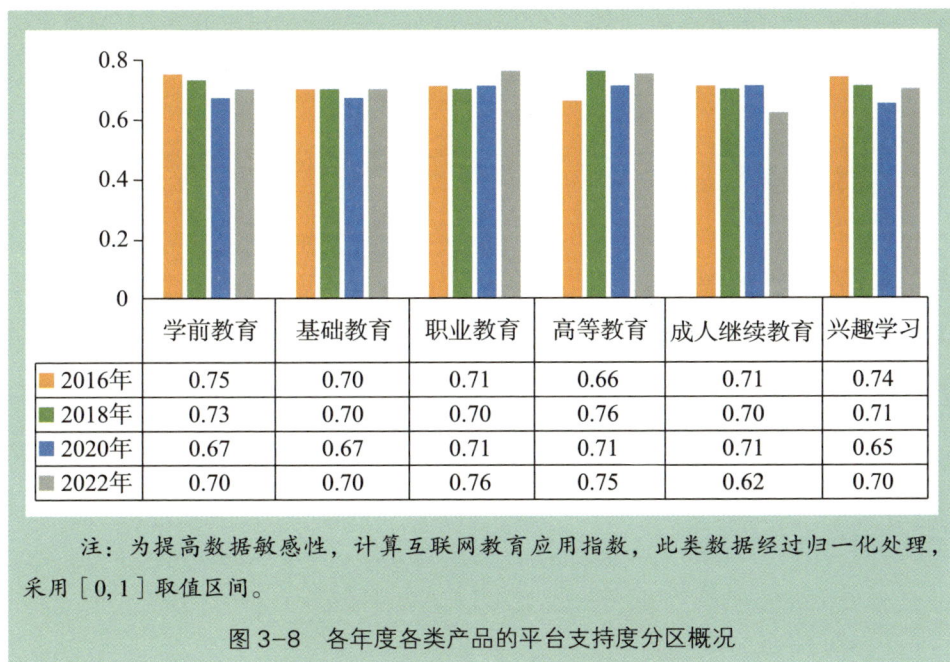

	学前教育	基础教育	职业教育	高等教育	成人继续教育	兴趣学习
2016年	0.75	0.70	0.71	0.66	0.71	0.74
2018年	0.73	0.70	0.70	0.76	0.70	0.71
2020年	0.67	0.67	0.71	0.71	0.71	0.65
2022年	0.70	0.70	0.76	0.75	0.62	0.70

注：为提高数据敏感性，计算互联网教育应用指数，此类数据经过归一化处理，采用 [0，1] 取值区间。

图 3-8　各年度各类产品的平台支持度分区概况

第三节　个人隐私与数据安全

根据本研究项目组构建的互联网教育应用测评体系，教育移动互联网应用程序个人隐私与数据安全维度共设有 6 个二级维度、32 项指标，32 项指标可进一步细化为 56 道选择题。题目分多选和单选两类，满分 83 分。评分时，被测用户对符合的选项进行赋分。单选题若符合评估项，则赋 1 分，不符合则赋 0 分；多选题对符合的各个选项进行赋分，每符合一个选项赋 1 分，每题最高赋 4 分，最低赋 0 分。若 APP 存在无隐私政策的情况，则总分直接赋为 0 分。最后将 APP 获得的总分数进行标准化处理，处理后的分值区间为 ［0，10］。

个人隐私与数据安全维度共测评 311 个教育 APP。另外，为了解教育 APP 各项指标的合规情况，本次测评着重考察其合规率，具体计算方式为：各二级维度下，所有教育 APP 的得分均值除以该二级维度的总分。

一、总体得分

本研究测评的教育移动互联网应用程序的个人隐私与数据安全平均得分为 7.09 分，各分数段的占比较均衡，具体情况如图 3-9 所示。

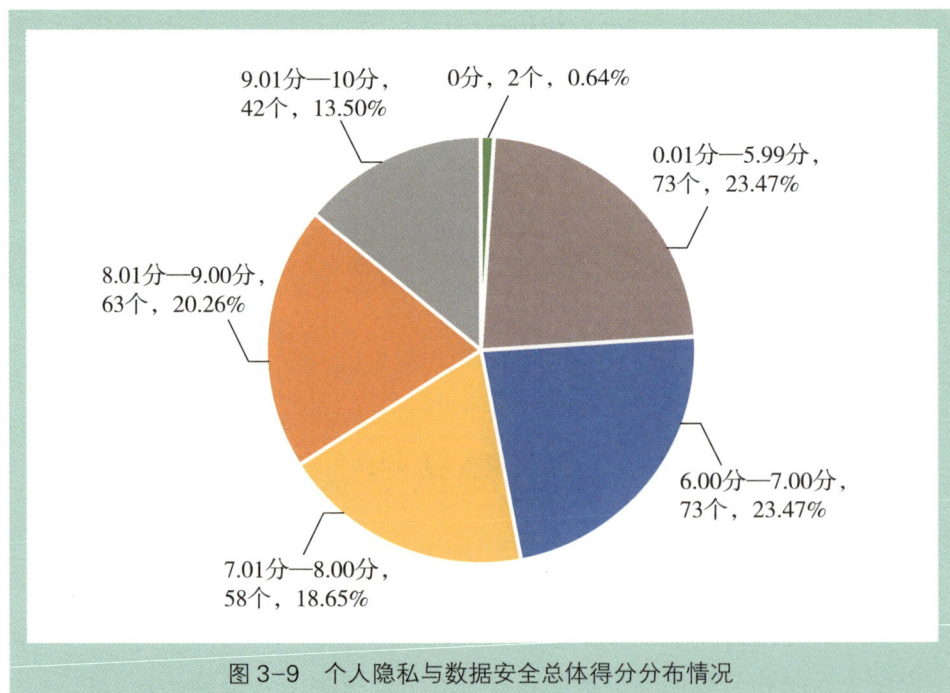

图 3-9　个人隐私与数据安全总体得分分布情况

个人隐私与数据安全维度下各二级维度的分值权重设置如图 3-10 所示。

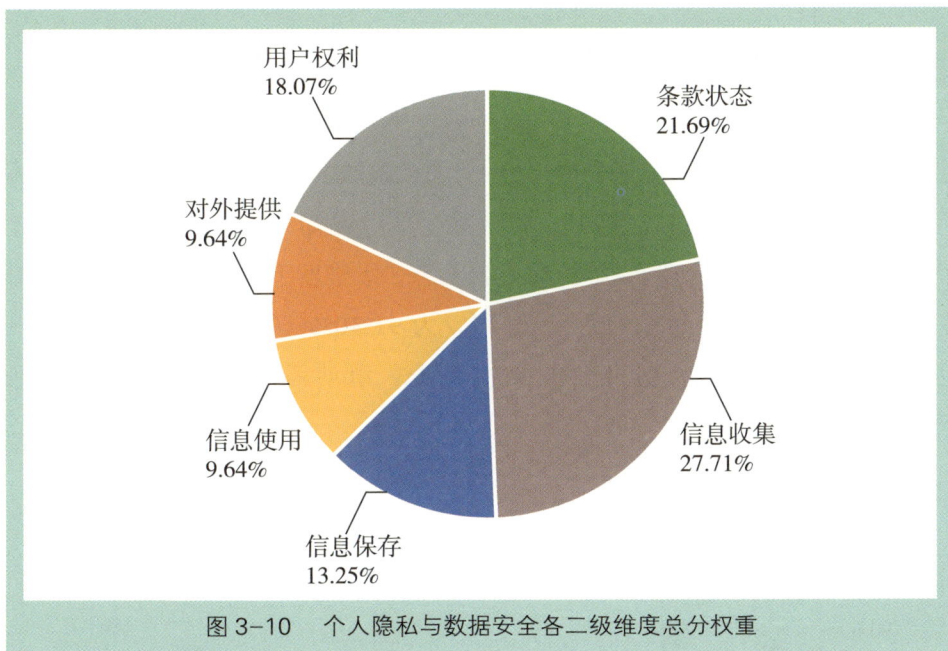

图 3-10　个人隐私与数据安全各二级维度总分权重

个人隐私与数据安全维度的各项二级维度的合规率如图 3-11 所示。其中合规率最高的是条款状态。相对而言，合规率最低的是信息收集，仅为 60.35%。

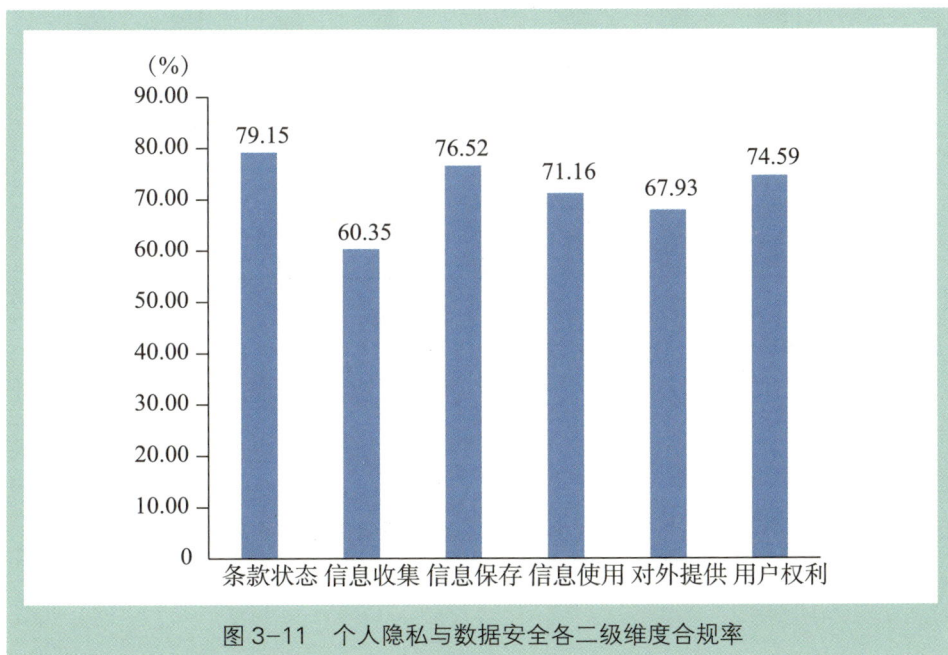

图 3-11　个人隐私与数据安全各二级维度合规率

二、条款状态

条款状态二级维度包括 8 项指标："隐私条款公开性与独立性""便于访问""征得同意""增强式告知""生效和变更后通知""专业术语界定""运营者基本情况""不合理条款"。在条款状态二级维度下的所有指标中（见图3-12），合规率最高的是"便于访问"，为 91.30%。这说明极大部分用户进入 APP 主界面后，通过少于 4 次点击、滑动等操作即可访问到隐私政策。

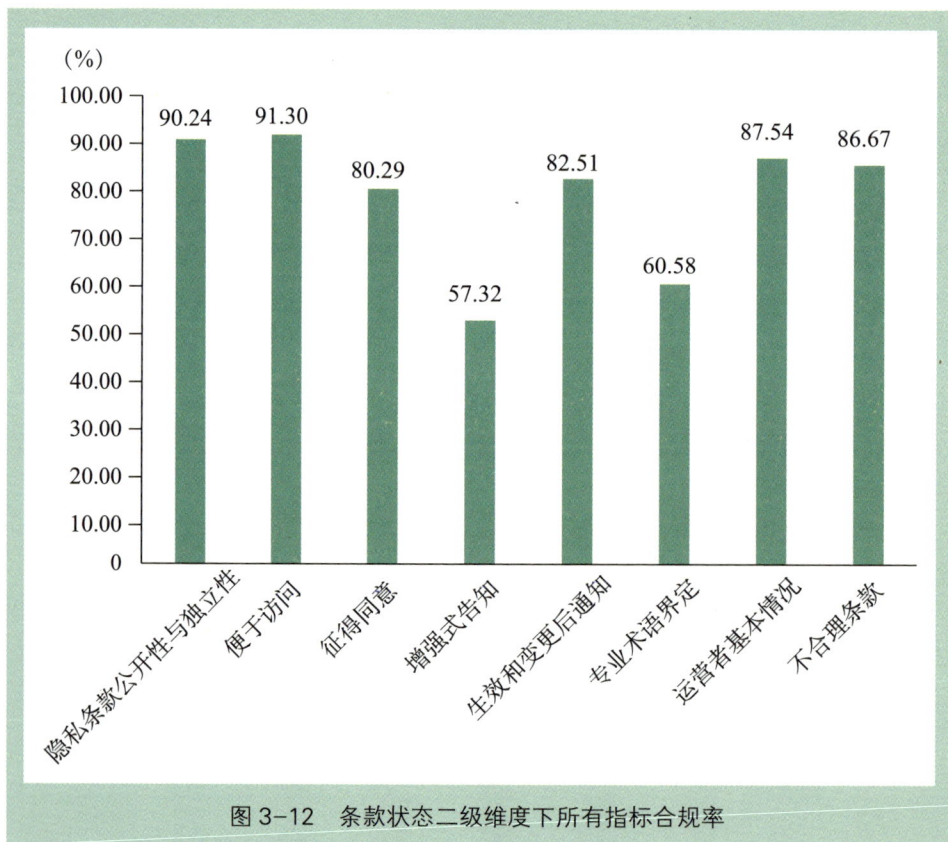

图 3-12 条款状态二级维度下所有指标合规率

三、信息收集

信息收集二级维度包含 6 项指标："用户提供和自动采集""间接获取""Cookie 等同类技术""个人敏感信息""业务功能区分与必要信息""征得未成年人同意"。在信息收集二级维度下的所有指标中（见图 3-13），合规率最高的是"征得未成年人同意"，为 82.32%。这说明大部分 APP 对未成年人个人信息的收集和使用会征得其监护人等的同意。

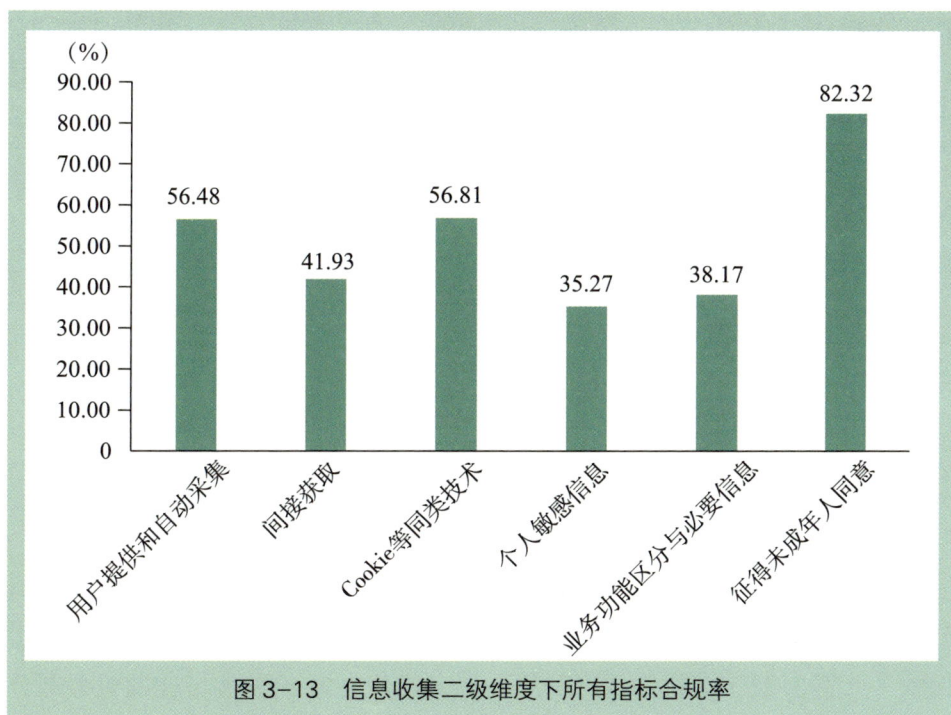

图 3-13　信息收集二级维度下所有指标合规率

四、信息保存

信息保存二级维度包含 5 项指标："保存方式与期限""存放地域与出

境""安全保护措施""安全事件处置""停止运营"。在信息保存二级维度下的所有指标中（见图 3-14），合规率最高的是"安全保护措施"，合规率为 76.81%。这说明大部分 APP 在隐私政策中对 APP 运营者在个人信息保护方面采取的措施和具备的能力进行了说明。

图 3-14　信息保存二级维度下所有指标合规率

五、信息使用

信息使用二级维度包含 4 项指标："个人信息使用规则""定向推送活动""变更目的后征得同意""特殊情形"。在信息使用二级维度下的所有指标中（见图 3-15），"特殊情形"的合规率最高，为 84.64%。这说明大部分 APP 在隐私政策中说明了在何种特殊情形或例外情况下，将采取无须征得用户同意等方式使用或处理个人信息。

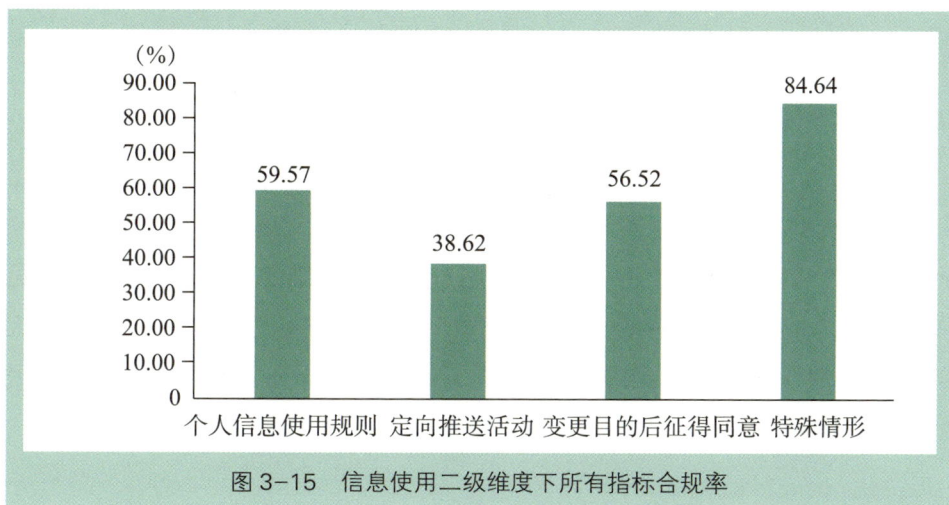

图 3-15　信息使用二级维度下所有指标合规率

六、对外提供

对外提供二级维度包含 3 项指标："共享转让""公开披露""收购兼并等变更"。在对外提供二级维度下的所有指标中（见图 3-16），合规率最高的是"共享转让"，为 71.23%。这说明大部分 APP 在隐私政策中写明了共享、转让个人信息的规则，包括共享转让个人信息的数据接收方的类型、共享转让的个人信息类型、共享转让的目的和必要性、共享转让前将采取的安全措施。

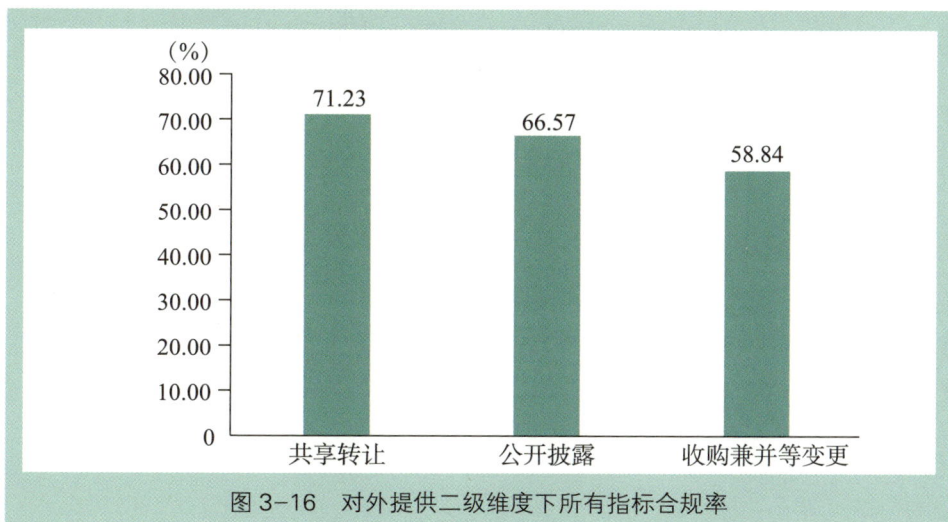

图 3-16　对外提供二级维度下所有指标合规率

七、用户权利

用户权利二级维度包含 6 项指标："查询访问权""删除权""更正权""撤回同意权""注销权""申诉机制"。在用户权利二级维度下的所有指标中（见图 3-17），合规率最高的是"查询访问权"，为 81.30%。这说明用户在使用大部分 APP 时，均可以查询和访问个人信息，并且大部分 APP 在隐私政策中说明了其操作方式。

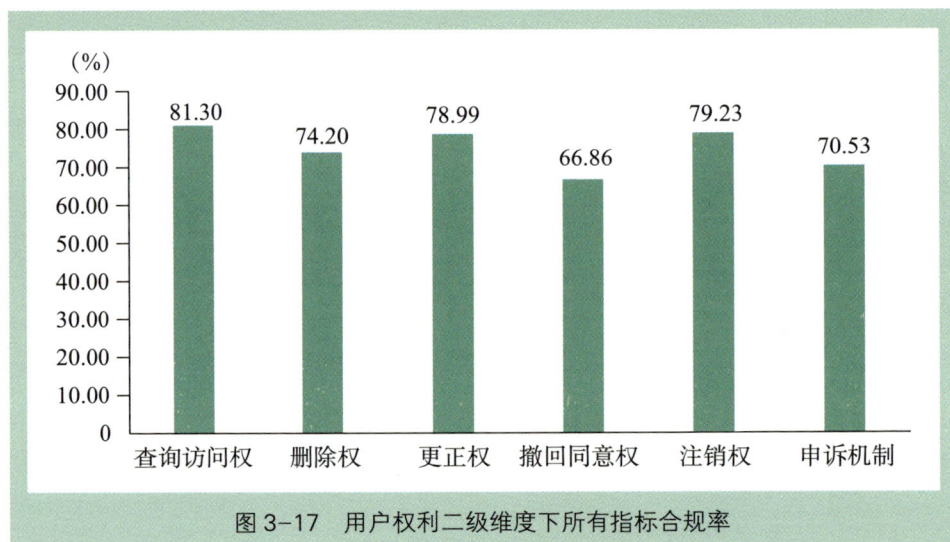

图 3-17　用户权利二级维度下所有指标合规率

第四章

互联网教育应用内容审查与实践

第一节　内容适配度

从不同领域教育 APP 的内容适配度整体得分情况（见图 4-1）来看，成人继续教育、高等教育两个领域的教育 APP 得分较高，职业教育和基础教育领域得分较低。这说明，成人继续教育领域的教育 APP 可满足不同职业的学习需求，针对性强，在学习内容上与学习者需求匹配度高；在高等教育阶段，学生可根据自身专业，选择不同的教育 APP 进行学习。

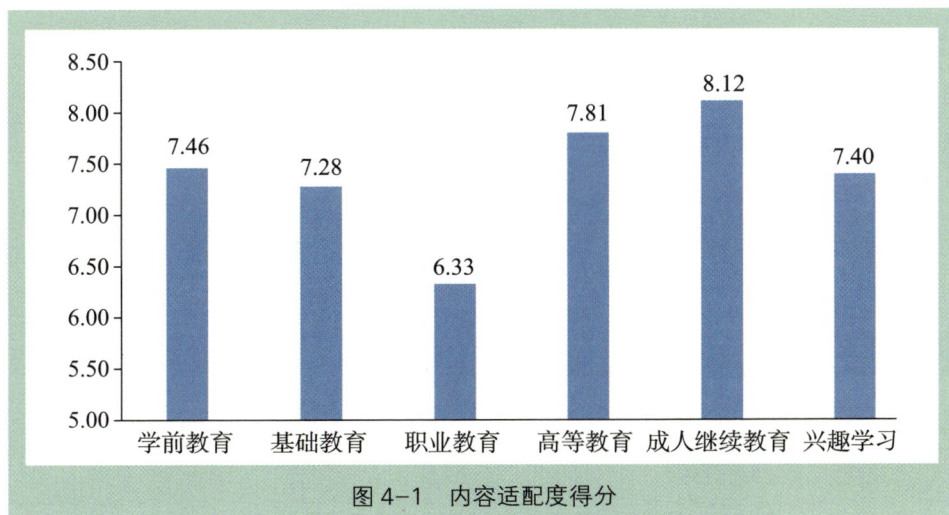

图 4-1　内容适配度得分

对被测的教育 APP 按照 5 个指标进行分类测评（见表 4-1）发现，"媒体设计恰当性"指标的整体得分较低，"适用性"整体得分较高，成人继续教育类 APP 在"针对性"方面得分最高。"媒体设计恰当性"方面，教育 APP 运用多种媒体设计产生了许多无关学习的内容，加重了学习者的认知负荷。相反，"适用性"方面，大部分教育 APP 能够根据具体学段，提供与之相对应的内容，且内容能够符合学习者的认知规律。

从内容适配度 5 个指标分类得分情况（见表 4-1）看，各类教育 APP 在"适用性""针对性""目标指向性""内容结构深度与广度"上表现较为均衡。这说明被测 APP 在内容适配度方面能够对应不同学段的学习需求，所提供的学习目标具体明确，学习者易于理解，其知识体系按学习者特征有逻辑地呈现，学习任务或一些复杂的信息按照从简单到复杂的顺序安排，知识点的呈现顺序符合学习者的认知结构，呈现过程简洁明确。目前教育 APP 在媒体设计方面仍有较大的提升空间，众多信息技术的叠加使得无关的背景和多余的细节增多，未能有效促进学习者的理解。

表 4-1　内容适配度得分情况

领域	适用性	针对性	目标指向性	媒体设计恰当性	内容结构深度与广度	均值
学前教育	7.67	7.35	7.59	7.22	7.49	7.46
基础教育	7.59	7.48	7.37	6.89	7.07	7.28
职业教育	6.57	6.24	6.24	6.10	6.50	6.33
高等教育	7.83	7.98	8.06	7.25	7.91	7.81
成人继续教育	8.19	8.33	8.20	7.59	8.26	8.12
兴趣学习	7.64	7.39	7.42	7.10	7.46	7.40

从各年度各类产品的内容适配度得分（见图 4-2）来看，职业教育类 APP 得分下滑，说明职业教育类 APP 有较大提升空间。基础教育类 APP 得分变化不大，说明发展相对稳定。学前教育类 APP 变化较大，前几年持续走低，在 2022 年呈现向好态势。

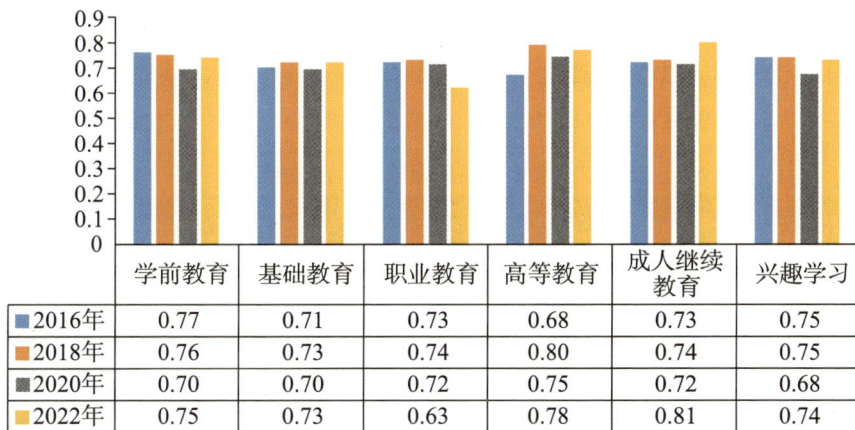

	学前教育	基础教育	职业教育	高等教育	成人继续教育	兴趣学习
■2016年	0.77	0.71	0.73	0.68	0.73	0.75
■2018年	0.76	0.73	0.74	0.80	0.74	0.75
■2020年	0.70	0.70	0.72	0.75	0.72	0.68
■2022年	0.75	0.73	0.63	0.78	0.81	0.74

注：为提高数据敏感性，计算互联网教育应用指数，此类数据经过归一化处理，采用［0，1］取值区间。

图4-2　各年度各类产品的内容适配度分区概况

第二节　教育类视频规范度

本研究项目组选取抖音、快手、微信视频号、哔哩哔哩、西瓜视频、小红书和微博7个自媒体平台的75位教育类视频发布者的970个视频为测评对象，具体分布情况如图4-3所示。

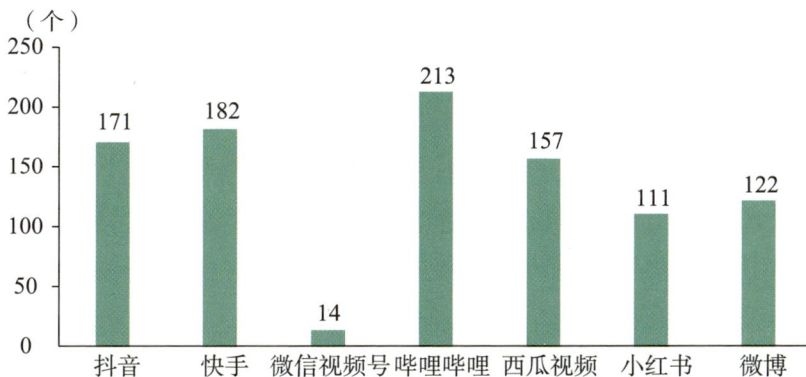

（个）

图4-3　自媒体平台教育类视频测评对象情况

本次测评涵盖语文、数学、英语、物理、化学、生物、政治、历史和地理9门学科，以及小学、普通初中与普通高中3个学段，具体数据如表4-2所示。

表4-2　教育类视频规范度测评数据统计

学段	语文	数学	英语	物理	化学	生物	政治	历史	地理	其他学科	总计
小学	35	32	28	—	—	—	—	—	—	—	95
普通初中	36	32	31	46	55	39	54	40	56	—	389
普通高中	38	35	34	48	50	46	56	71	35	—	413
其他	7	—	26	—	—	—	—	—	—	40	73
总计	116	99	119	94	105	85	110	111	91	40	970

一、违法违规与不良信息情况

本研究采用积分制对自媒体平台教育类视频的违法违规与不良信息情况开展测评，存在1项问题记1分。从整体情况来看，大部分视频内容不存在明显的违法违规与不良信息情况。但在广告泛滥、诱导消费方面的问题较为突出，譬如在视频中推销图书、呈现微信群二维码等。

二、教学目标

采用评分制对自媒体平台教育类视频的教学目标进行测评，最低分1分，最高分10分。从平台层面来看，微信视频号的教育类视频在教学目标测评上的得分最高，说明其教学目标更适切，且清晰、具体、可达成，如图4-4所示。

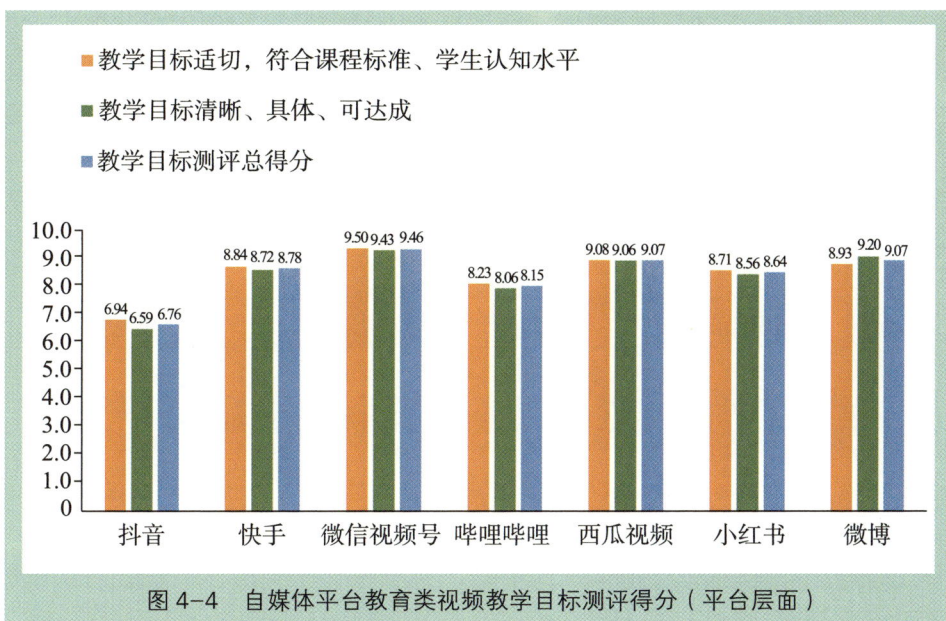

图 4-4　自媒体平台教育类视频教学目标测评得分（平台层面）

从学科层面来看，英语、生物在教学目标测评上的得分相对较高，物理、化学得分相对较低，如图 4-5 所示。

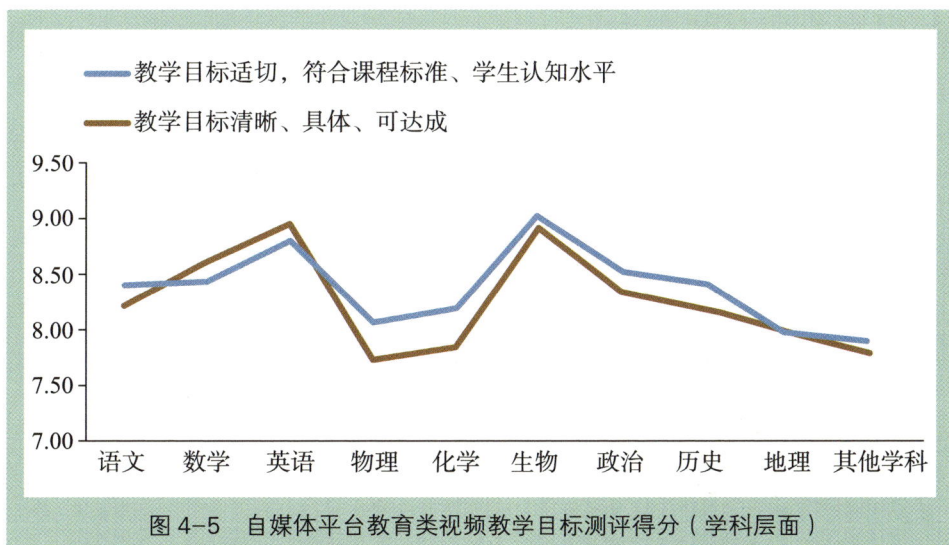

图 4-5　自媒体平台教育类视频教学目标测评得分（学科层面）

从学段层面来看，普通初中在教学目标测评上的得分最高，普通高中得分居中，小学最低，如图 4-6 所示。

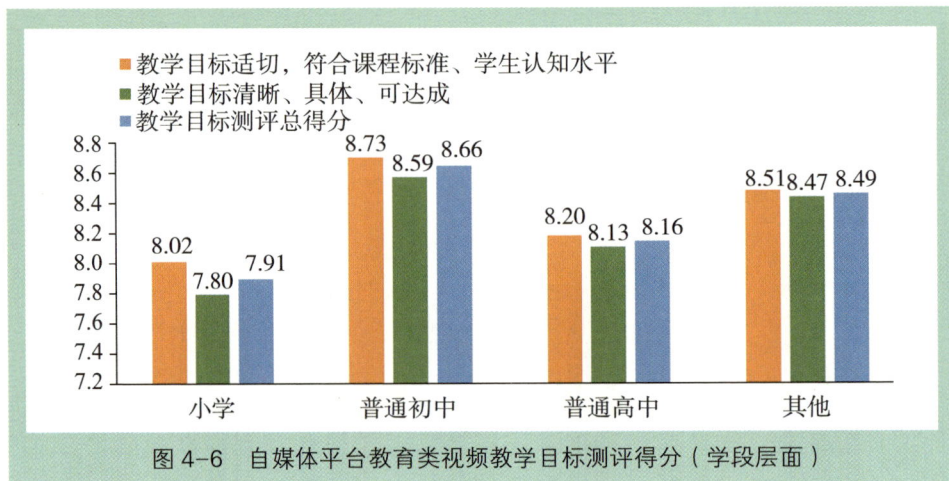

图 4-6 自媒体平台教育类视频教学目标测评得分（学段层面）

三、教学内容

本研究采用评分制对自媒体平台教育类视频的教学内容进行测评，最低分 1 分，最高分 10 分。从平台层面来看，各平台在教学内容测评上的得分相近，如图 4-7 所示。其中，抖音在"教学内容正确无误"方面得分略低，主要原因在于抖音具有自动生成字幕功能，部分视频发布者在制作视频时使用了该功能而未进行人工核对，导致视频中错别字较多。

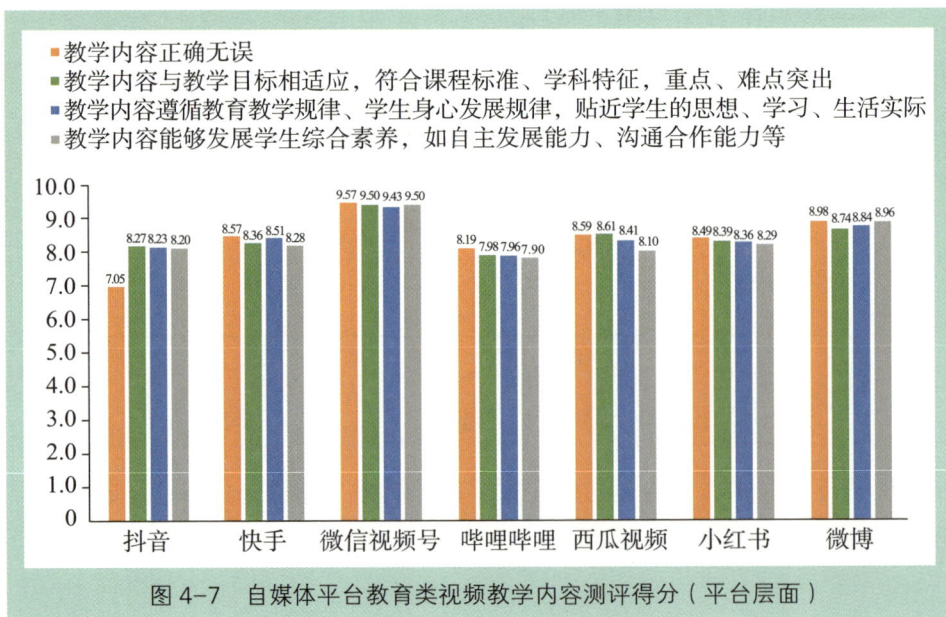

图 4-7 自媒体平台教育类视频教学内容测评得分（平台层面）

从学科层面来看，英语、生物、政治在教学内容测评上的得分相对较高，地理得分相对较低，如图 4-8 所示。

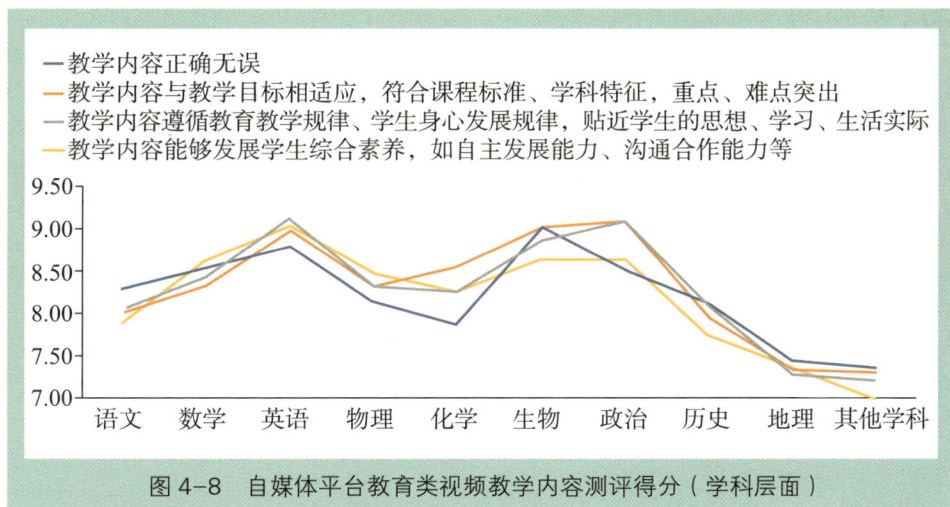

图 4-8　自媒体平台教育类视频教学内容测评得分（学科层面）

从学段层面来看，普通初中在教学内容测评上的得分最高，普通高中得分次之，小学得分最低，如图 4-9 所示。

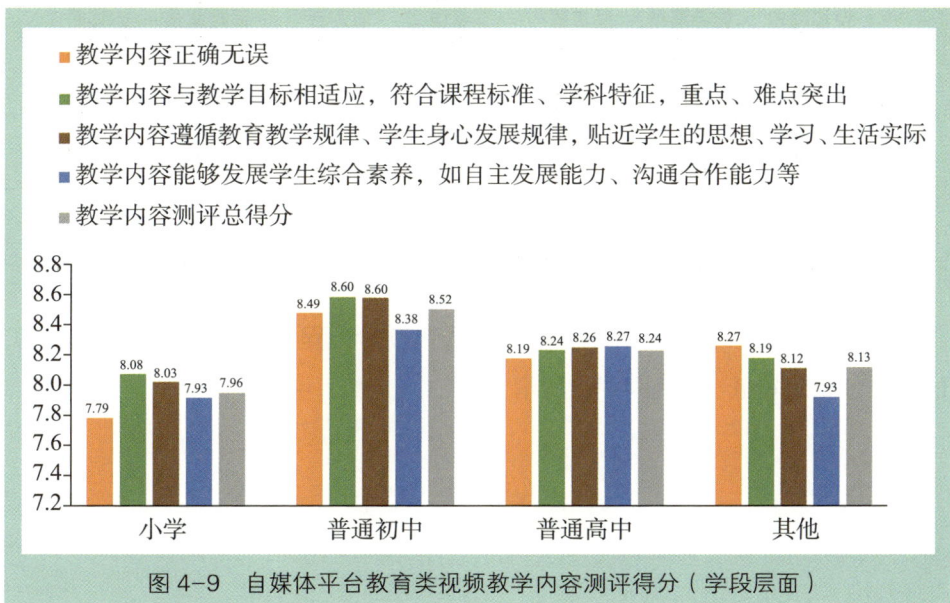

图 4-9　自媒体平台教育类视频教学内容测评得分（学段层面）

四、教学过程

本研究采用评分制对自媒体平台教育类视频的教学过程进行测评，最低分1分，最高分10分。从平台层面来看，各平台在教学过程测评上的得分相近，如图4-10所示。

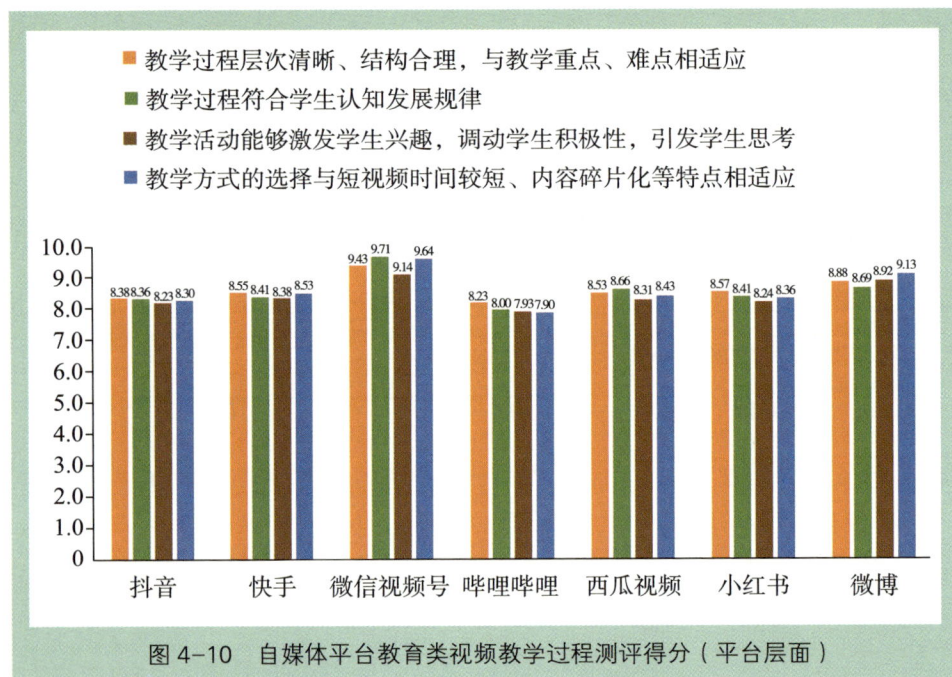

图 4-10 自媒体平台教育类视频教学过程测评得分（平台层面）

从学科层面来看，英语、生物、政治在教学过程测评上的得分相对较高，地理得分相对较低，如图4-11所示。

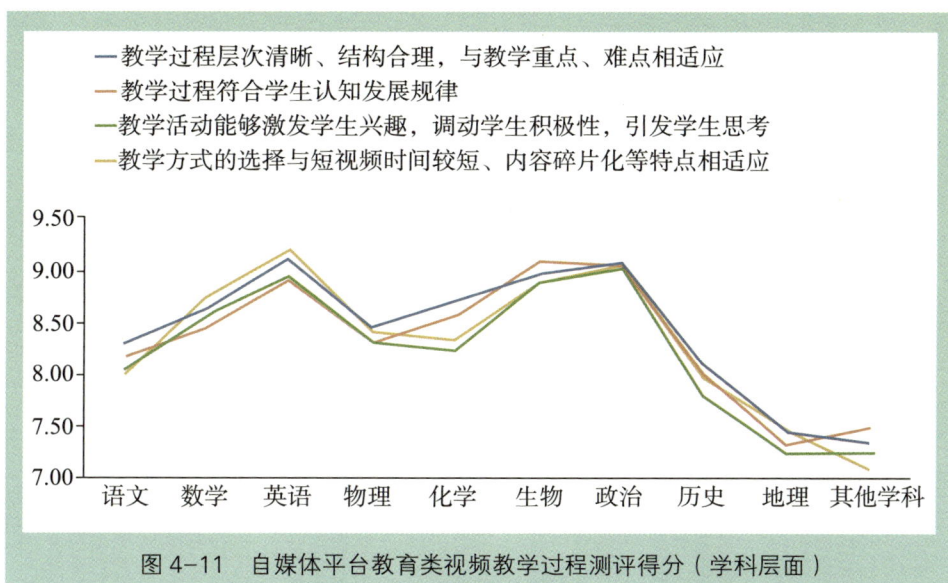

图 4-11　自媒体平台教育类视频教学过程测评得分（学科层面）

从学段层面来看，普通初中在教学过程测评上的得分最高，普通高中得分次之，小学得分最低，如图 4-12 所示。

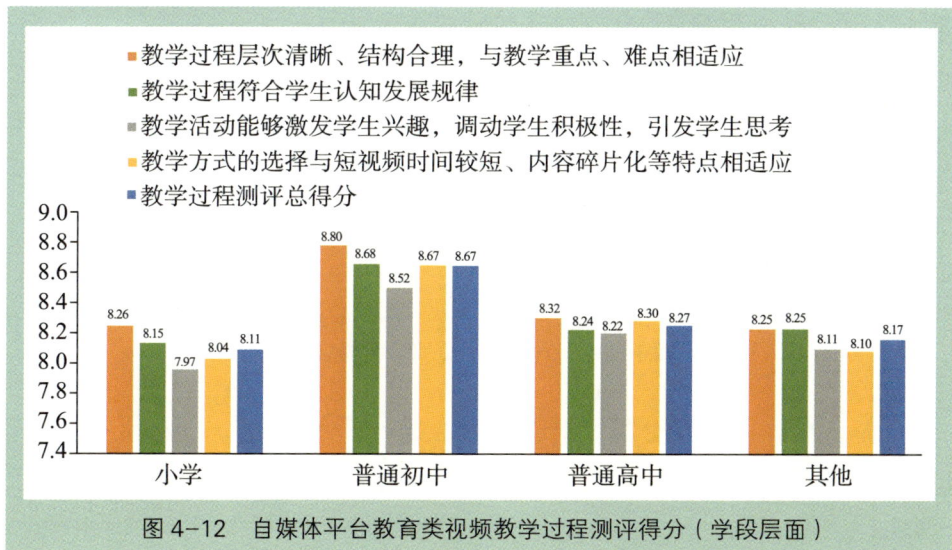

图 4-12　自媒体平台教育类视频教学过程测评得分（学段层面）

五、教师资质

本研究采用评分制对自媒体平台教育类视频的教师资质进行测评，最低分1分，最高分10分。从平台层面来看，各平台在教师资质测评上的得分相近，主要存在教师衣着不得体、奇装异服等情况，如图4-13所示。

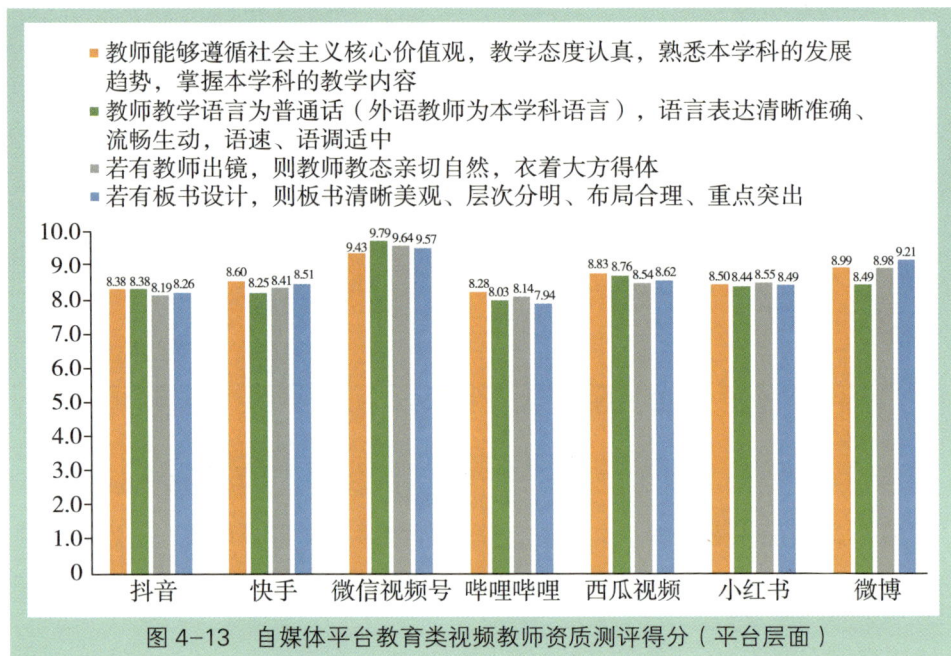

图4-13　自媒体平台教育类视频教师资质测评得分（平台层面）

从学科层面来看，英语、政治在教师资质测评上的得分相对较高，历史、地理得分相对较低，如图4-14所示。

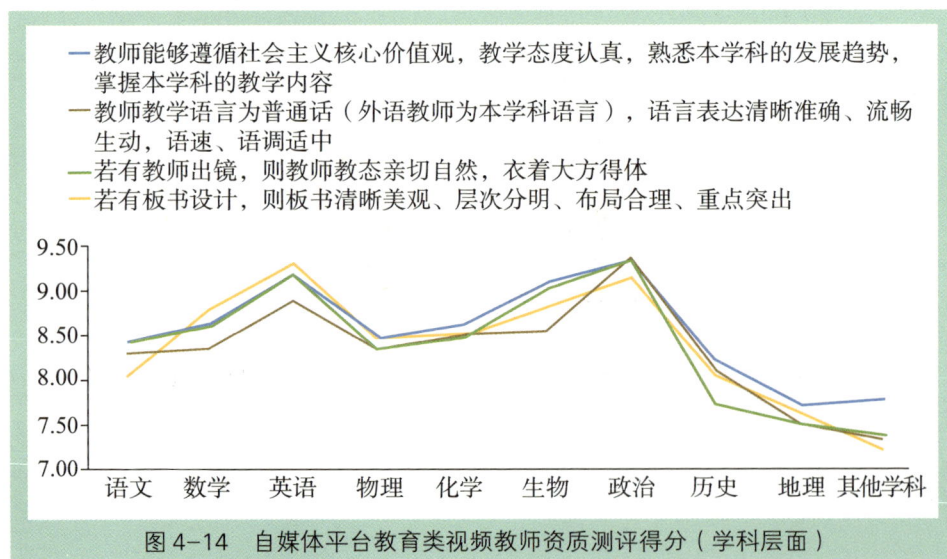

图4-14　自媒体平台教育类视频教师资质测评得分（学科层面）

从学段层面来看，普通高中在教师资质测评上的得分最高，普通初中得分次之，小学得分最低，如图 4-15 所示。

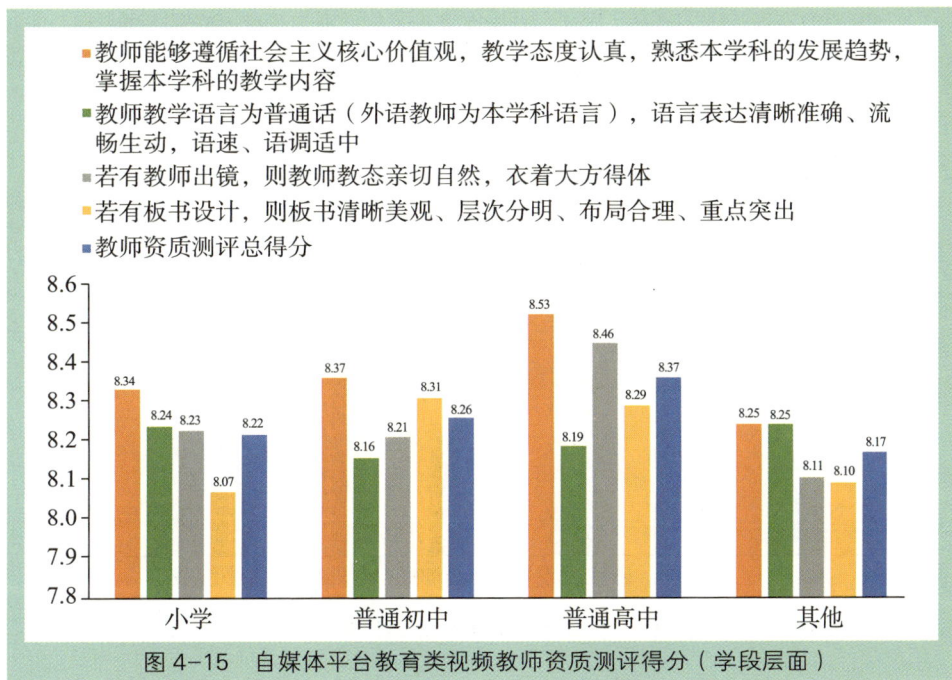

图 4-15　自媒体平台教育类视频教师资质测评得分（学段层面）

六、媒体设计

本研究采用评分制对自媒体平台教育类视频的媒体设计进行测评，最低分 1 分，最高分 10 分。从平台层面来看，各平台在媒体设计测评上的得分相近。所有平台在"注明素材来源与原始信息"方面都有所欠缺，如图 4-16 所示。

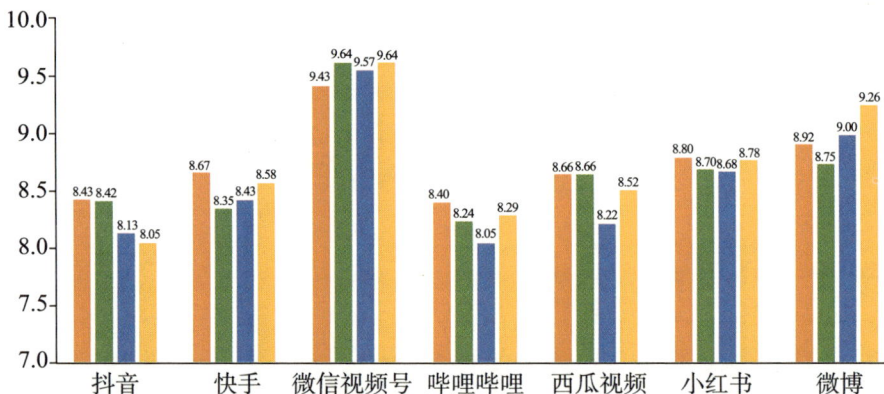

图 4-16 自媒体平台教育类视频媒体设计测评得分（平台层面）

从学科层面来看，历史、地理在"注明素材来源与原始信息"方面得分相对较低，主要原因在于其引用图片与视频素材较多，如图 4-17 所示。

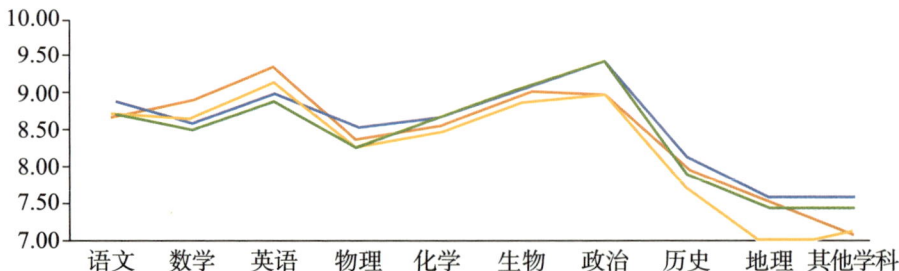

图 4-17 自媒体平台教育类视频媒体设计测评得分（学科层面）

从学段层面来看，普通初中在媒体设计测评上的得分最高，小学得分次之，普通高中得分最低，如图 4-18 所示。

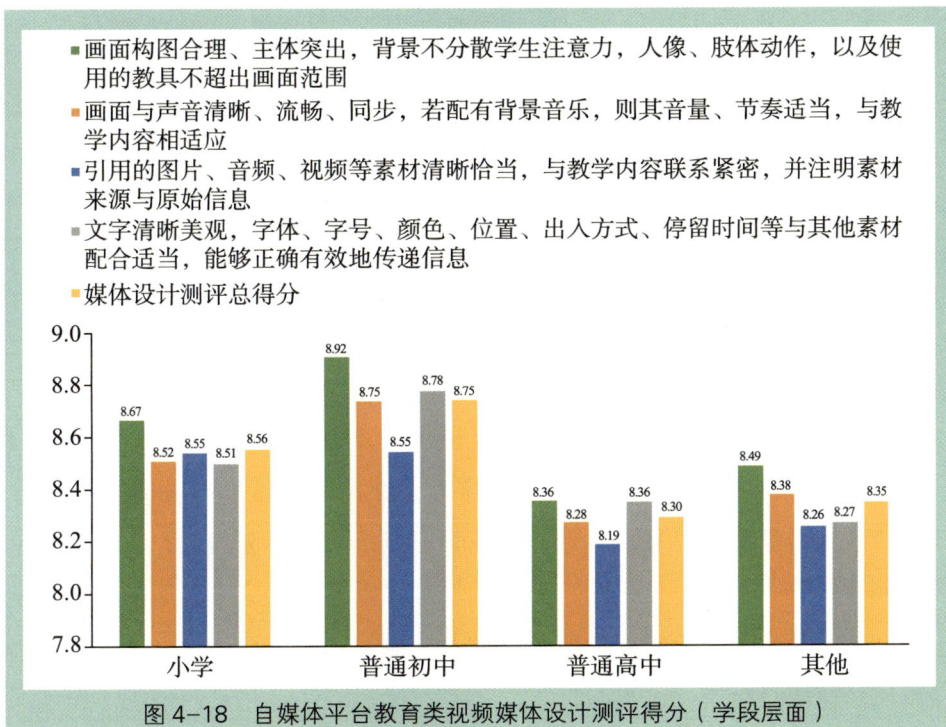

- ■ 画面构图合理、主体突出，背景不分散学生注意力，人像、肢体动作，以及使用的教具不超出画面范围
- ■ 画面与声音清晰、流畅、同步，若配有背景音乐，则其音量、节奏适当，与教学内容相适应
- ■ 引用的图片、音频、视频等素材清晰恰当，与教学内容联系紧密，并注明素材来源与原始信息
- ■ 文字清晰美观，字体、字号、颜色、位置、出入方式、停留时间等与其他素材配合适当，能够正确有效地传递信息
- ■ 媒体设计测评总得分

图 4-18　自媒体平台教育类视频媒体设计测评得分（学段层面）

第五章

互联网教育应用使用价值与实践

第一节 互联网学习认知

从各被测教育移动互联网应用程序的互联网学习认知得分（见图5-1）来看，成人继续教育、基础教育、兴趣学习三个领域得分偏低，整体平均分没有超过7分。由此可见，这三个领域教育移动互联网应用程序的互联网学习认知均有待提升，所涵盖的教育移动互联网应用程序在分享、交流、传播等方面存在薄弱环节。

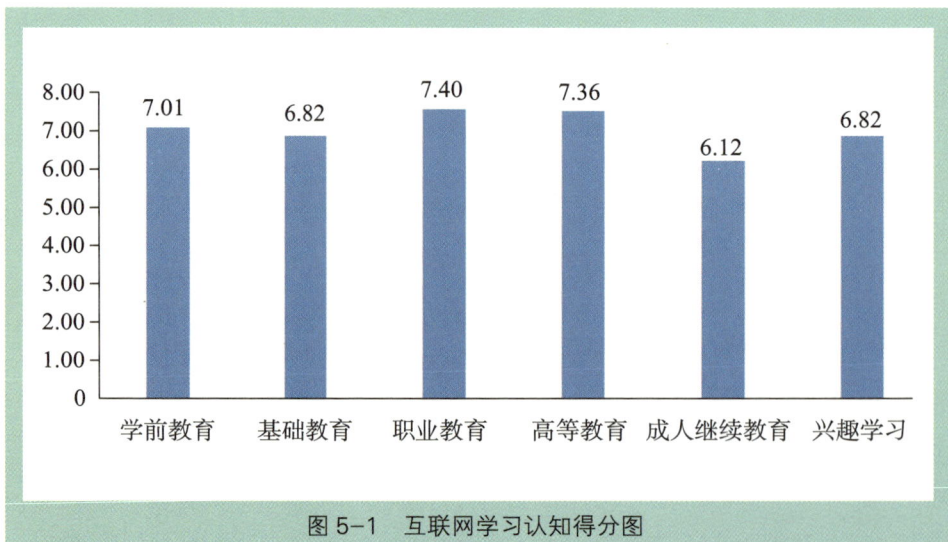

图5-1 互联网学习认知得分图

从五个二级维度对教育移动互联网应用程序进行测评后发现，各APP在

"创意性""即时反馈"二级维度上得分普遍偏低，说明当前教育移动互联网应用程序在即时反馈以及创意方面应该根据用户需求进行相应的改进、完善。在"学习引导"二级维度上，职业教育和高等教育领域得分较高，其他领域相对薄弱。在"一致性"二级维度上，职业教育领域得分最高。在"泛在学习"二级维度上，除成人继续教育领域得分偏低，其他领域得分适中。整体来看，各 APP 在互联网学习认知上存在较大的提升空间。

从互联网学习认知各二级维度得分情况（见表 5-1）看，均值偏低一部分是由于"创意性"和"即时反馈"二级维度得分较低。各二级维度得分均不是很高，这说明围绕互联网学习认知的改进有许多工作可做，尤其是促进即时反馈、增强教育产品创意性。

表 5-1　互联网学习认知得分情况

领域	创意性	学习引导	即时反馈	泛在学习	一致性	均值
学前教育	6.79	7.05	6.89	7.12	7.22	7.01
基础教育	6.56	7.06	6.56	6.88	7.04	6.82
职业教育	7.25	7.39	7.43	7.27	7.65	7.40
高等教育	7.33	7.35	7.18	7.51	7.44	7.36
成人继续教育	5.68	6.34	6.11	6.38	6.07	6.12
兴趣学习	6.58	6.80	6.74	6.94	7.04	6.82

例如，《简单课堂》（安卓版本 1.33）采用了讲座授课的模式。这是一种典型的互联网平台，通过讲座吸引学习者参与学习，规避了内容审核和交互服务的风险。但同时，这一模式也导致互联网学习认知的一致性差、教与学目标对应性降低、学习碎片化，且与当前基础教育阶段推行的系统化学习及培养学生核心素养的理念的适切性不足。

在互联网学习认知的学习引导和创意性方面，有些教育移动互联网应用程序采用了虚拟场景。如《松鼠 AI》（安卓版本 1.1.5）（见图 5-2），构建了立体的网络学习空间，通过游戏化学习场景令学习者进入学习状态，具有一定的创意性。

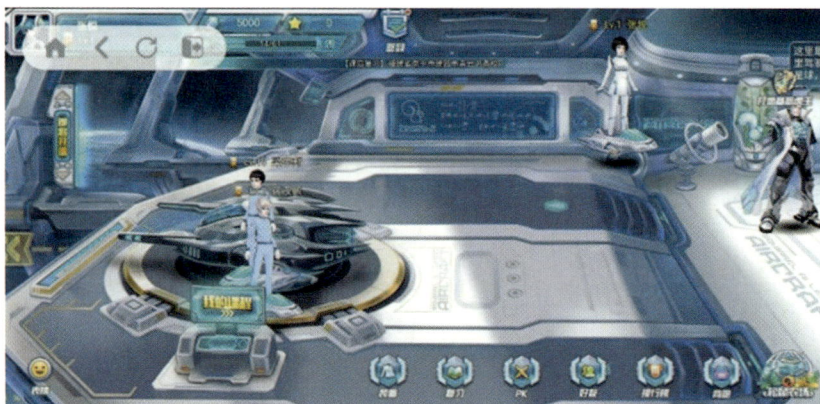

图 5-2 《松鼠AI》游戏化虚拟场景

从各年度各领域产品的互联网学习认知测评得分（见图 5-3）来看，学前教育、成人继续教育、兴趣学习领域的教育移动互联网应用程序得分总体呈下降趋势，基础教育类 APP 在该方面得分走势较为平稳。值得注意的是，高等教育类 APP 得分波动幅度较大，网络课程兴起的同时，学习者对教育 APP 的要求不断提高，尤其是高校学习者，更加注重教育 APP 的创意性、引导性、即时反馈等互联网学习认知相关特征。职业教育类 APP 前三次测评得分下滑明显，本次测评结果略有提升。

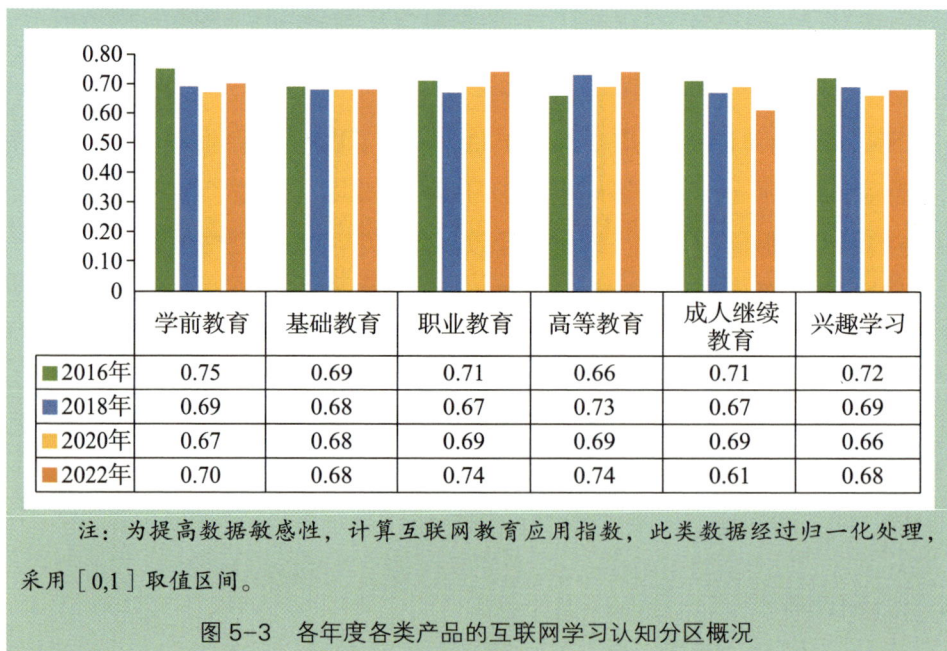

	学前教育	基础教育	职业教育	高等教育	成人继续教育	兴趣学习
2016年	0.75	0.69	0.71	0.66	0.71	0.72
2018年	0.69	0.68	0.67	0.73	0.67	0.69
2020年	0.67	0.68	0.69	0.69	0.69	0.66
2022年	0.70	0.68	0.74	0.74	0.61	0.68

注：为提高数据敏感性，计算互联网教育应用指数，此类数据经过归一化处理，采用 [0,1] 取值区间。

图 5-3 各年度各类产品的互联网学习认知分区概况

第二节 用户体验

一、用户体验现状调研

本次调研基于时空特征对教育移动互联网应用程序的用户使用场景进行了分类，分为课堂教学、学校业余时间、居家学习、校外公共场所四个类别。调研以问卷的形式开展，要求被测用户根据日常使用情况选择教育移动互联网应用程序的使用场景。完成数据收集和预处理后，项目组对各使用场景进行频次统计，某一使用场景频次占四个使用场景总频次的百分比为该使用场景的频率，结果发现，教育移动互联网应用程序使用频率较高的场景是居家学习，高达 83.41%；其次是课堂教学，为 67.74%；学校业余时间为 64.98%；校外公共场所仅为 39.17%，如图 5-4 所示。"双减"政策的推动以及中小学学校场景的限制压缩了教育移动互联网应用程序的校内使用空间，但是整体上教育移动互联网应用程序在各场景中的活跃度充足，体现出用户在教与学过程中的数字化需求。

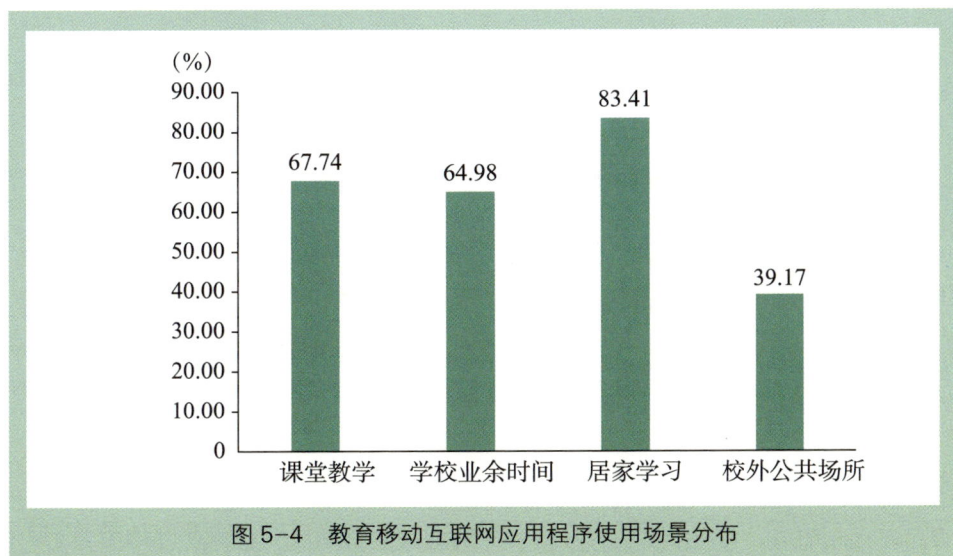

图 5-4 教育移动互联网应用程序使用场景分布

　　就教育移动互联网应用程序使用过程中常见的困扰用户的问题而言，呈现广告、诱导消费、推送与教育无关的内容、售后服务不到位等问题依然存在。其中，教育移动互联网应用程序使用过程中呈现广告的比例高达61.47%，诱导消费达38.07%，推送与教育功能无关的内容达35.78%，售后服务不到位达30.73%，如图5-5所示。整体来看，当前教育移动互联网应用程序商业化严重，与互联网电商产品的同质性难以在短期内改善，这可能是造成广告较多、诱导消费问题突出的主要原因。从教育移动互联网应用程序产品运行周期来看，不能提供高质量的商业服务，售后服务问题较为突出。

图5-5　教育移动互联网应用程序使用过程中常见的困扰用户的问题

　　就教育移动互联网应用程序的用户学习目标适配情况而言，不同用户体验到的学习目标适配度存在明显的差异，教师和学生之间差异明显，如图5-6所示。

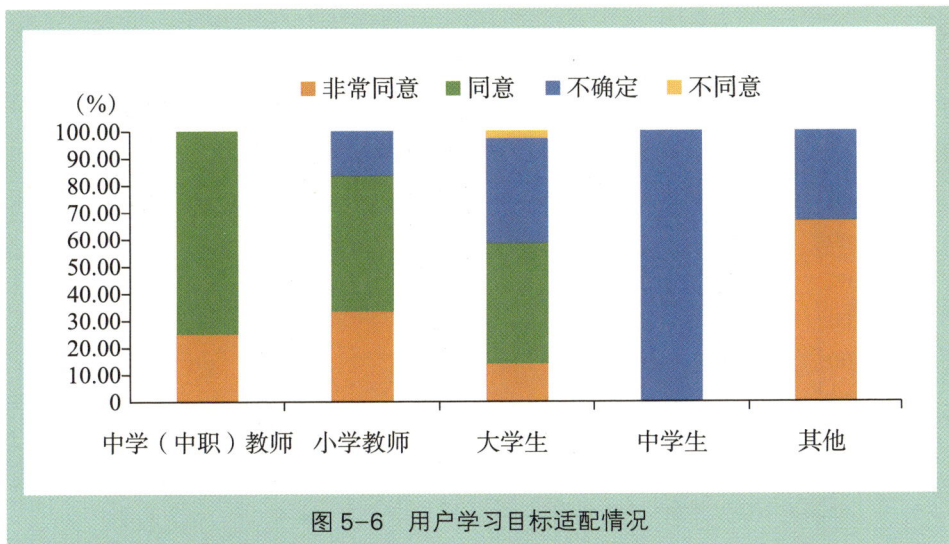

图 5-6　用户学习目标适配情况

　　就教育移动互联网应用程序用户学段适配情况而言，除大学生外，教师、中学生均能感觉到较好的学段适配，两群体之间差异性并不明显，如图 5-7 所示。

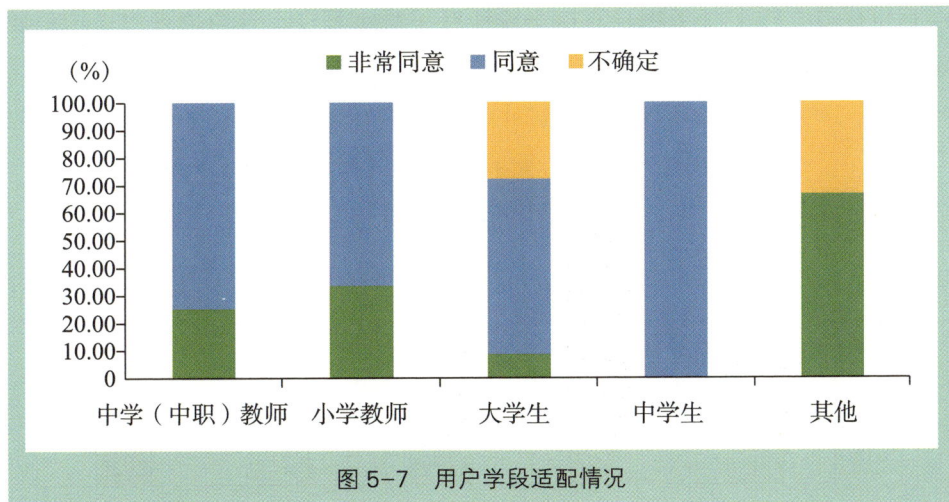

图 5-7　用户学段适配情况

　　就教育移动互联网应用程序使用便捷性而言，大学生群体中出现了意见分歧，有 2.78% 的大学生不认同其便捷性。其他用户未表现出明显分歧，在使用需求上的意见一致，如图 5-8 所示。

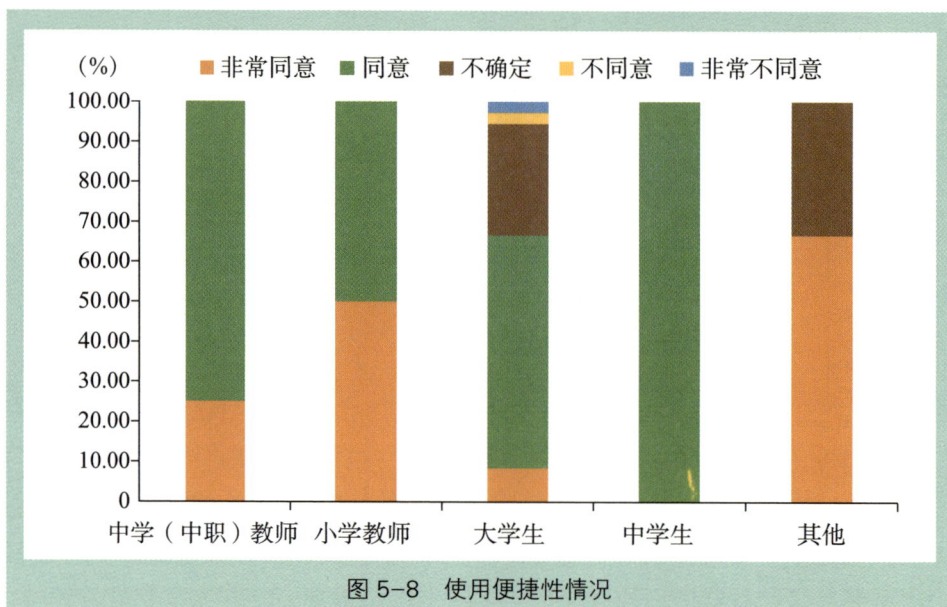

图 5-8　使用便捷性情况

　　教育移动互联网应用程序提供个性化学习支持是教育领域未来的发展趋势，但是从当前用户视角看，教育移动互联网应用程序在提供个性化支持方面有待提升，很多受访用户对这一说法持不确定态度。这也体现出了用户使用需求和教育移动互联网应用程序优化不足之间的矛盾，如图 5-9 所示。

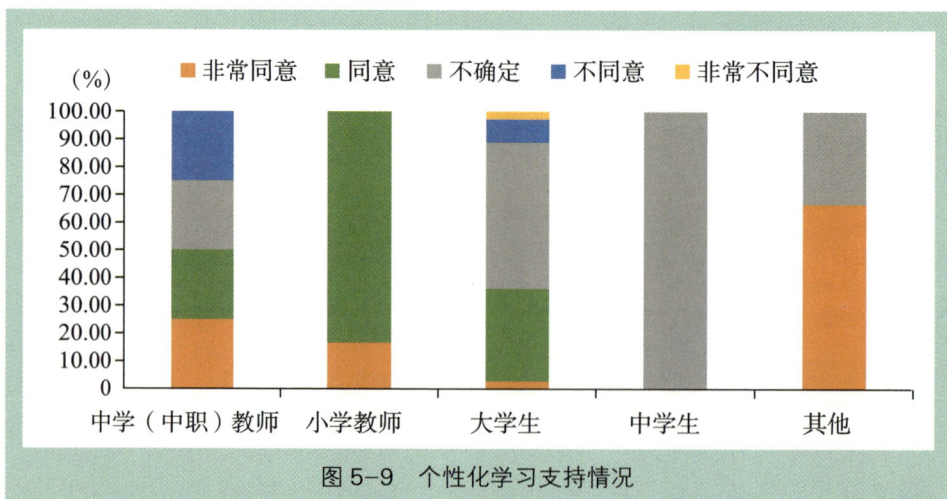

图 5-9　个性化学习支持情况

　　就教育移动互联网应用程序的资源共享而言，不同用户群体给出了不同的答案，中学生普遍认为教育移动互联网应用程度在资源共享方面表现较好，而中学（中职）教师、大学生群体中有一部分认为其资源共享不足，如图5-10 所示，项目组推测这种差异性是使用需求不同所致。

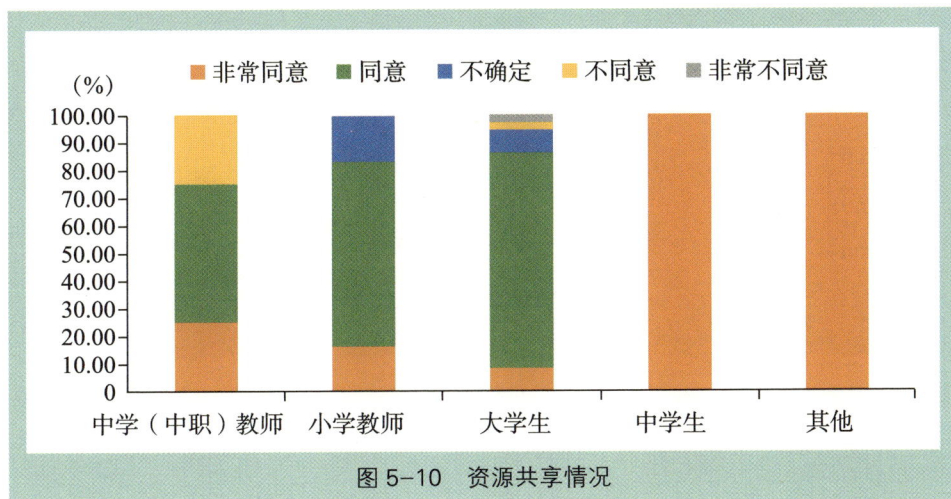

图 5-10　资源共享情况

综上，用户体验现状调研反映了教育移动互联网应用程序在教师教学支持方面有待提升。教育移动互联网应用程序在使用过程中会有呈现广告、诱导消费的现象发生，这令教育移动互联网应用程序用户的体验感变差。

二、产品体验

产品体验二级维度下主要有"易用性""媒体效果""学习指导""动机激发""操作帮助"5 个指标，测评发现，各领域 APP 的得分存在差异（见图 5-11）。职业教育、高等教育、兴趣学习领域的教育 APP 产品体验平均得分均超过了 7 分，学前教育和基础教育领域的教育 APP 产品体验平均得分低于 7 分，而成人继续教育领域平均得分低于 6 分。从整体上来看，教育 APP 产品体验仍有提升的空间。

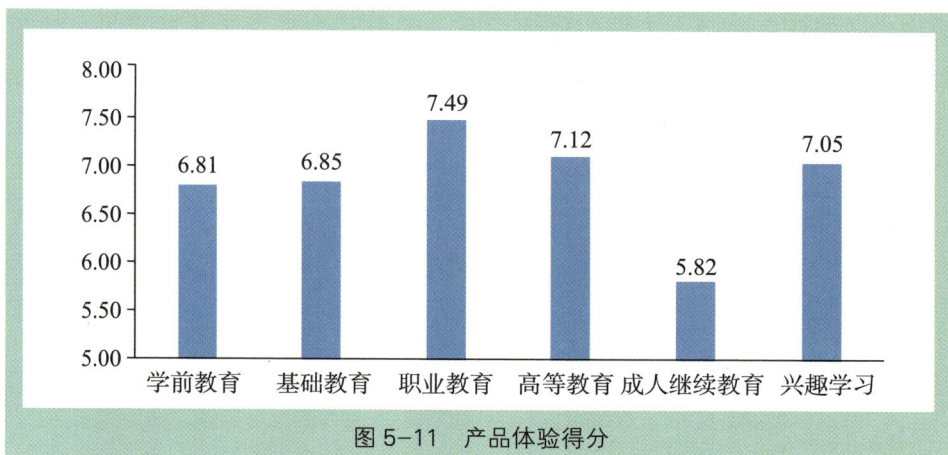

图 5-11　产品体验得分

从整体上看（见表 5-2），在"易用性"和"媒体效果"指标上，教育移动互联网应用程序得分较高，说明教育移动互联网应用程序操作界面方便快捷、简单易懂，学习者可以很快上手；开发者能运用媒体手段把抽象性和概括性的事物浅显化、直观化，清晰完整地呈现内容。在"学习指导""动机激发""操作帮助"指标上，教育移动互联网应用程序得分较低，说明教育移动互联网应用程序并不能调动学习兴趣和吸引学生专注于学习，需为学习者提供更加及时、个性化的帮助和指导。

表 5-2　产品体验得分情况

领域	易用性	动机激发	操作帮助	学习指导	媒体效果	均值
学前教育	7.49	6.82	6.43	6.00	7.31	6.81
基础教育	7.25	6.19	6.81	6.69	7.31	6.85
职业教育	8.15	7.24	7.54	6.98	7.56	7.49
高等教育	7.50	7.19	6.94	6.38	7.58	7.12
成人继续教育	6.21	5.52	5.33	5.52	6.52	5.82
兴趣学习	7.56	6.91	6.97	6.50	7.33	7.05

从产品体验 5 个指标分领域得分情况（见表 5-2）可以看出，"学习指导"指标下各领域教育移动互联网应用程序得分均不高。教育移动互联网应用程序用户体验整体得分较低，产品使用体验较差，有诸多方面需要提升。教育

移动互联网应用程序操作简单，同时叠加诸多技术，但并未高效激发用户学习兴趣。在使用过程中，大部分 APP 没有在线客服，或仅有类似功能按钮却无法使用，不能满足学习者在使用过程中对答疑解惑的需求。

在"动机激发"指标上，大多数教育移动互联网应用程序都采用了诸如积分、代币、成长值等形式调动用户的兴趣，以此维持用户持续学习的动力。例如，《纳米盒子》（安卓版本 8.2）就通过等级设计、虚拟动物卡通形象成长，吸引低龄学习者持续稳定地参与学习。

从各年度各类产品的产品体验得分（见图 5-12）来看，高等教育领域的各年度得分呈现出较大的差异性，从 2016 年的最低分一跃成为 2022 年的次高分，可见高等教育类 APP 在这几年间发展突飞猛进。学前教育和成人继续教育类 APP 在这几年间的得分下滑明显。基础教育、兴趣学习类 APP 的得分波动性不大，发展相对平缓。

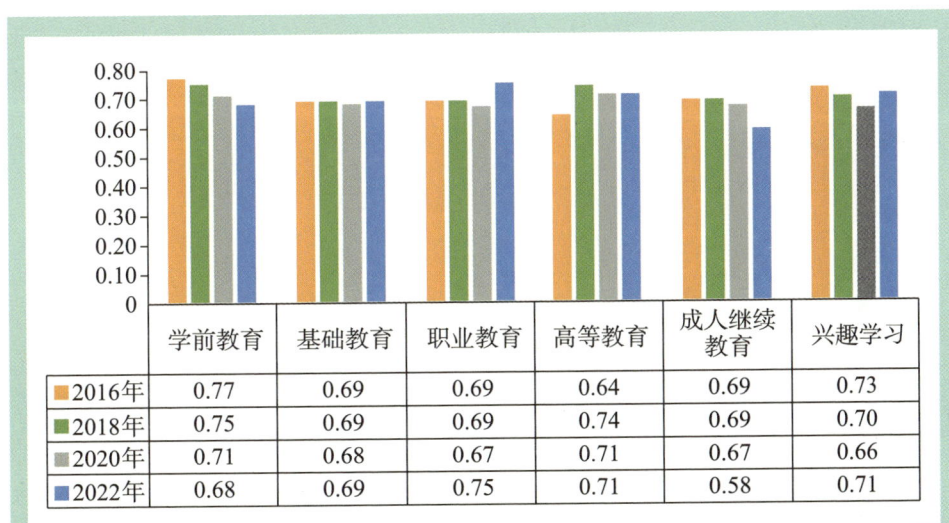

	学前教育	基础教育	职业教育	高等教育	成人继续教育	兴趣学习
2016年	0.77	0.69	0.69	0.64	0.69	0.73
2018年	0.75	0.69	0.69	0.74	0.69	0.70
2020年	0.71	0.68	0.67	0.71	0.67	0.66
2022年	0.68	0.69	0.75	0.71	0.58	0.71

注：为提高数据敏感性，计算互联网教育应用指数，此类数据经过归一化处理，采用 [0,1] 取值区间。

图 5-12 各年度各类产品的产品体验分区概况

三、友好性

友好性的测评主要包括"功能完备""交互流畅""教育价值""内容合理""适切易用""安全保护"6 个指标。观察图 5-13 可知，高等教育、职业教育、学前教育和兴趣学习领域的教育移动互联网应用程序友好性得分较高，基础教育领域得分较低，成人继续教育领域得分最低。基础教育作为整个教育体系的关键部分，其移动互联网应用程序的友好性程度应当被重视起来。各领域教育移动互联网应用程序应当不断完善自身各项指标，争取达到更高的水准。

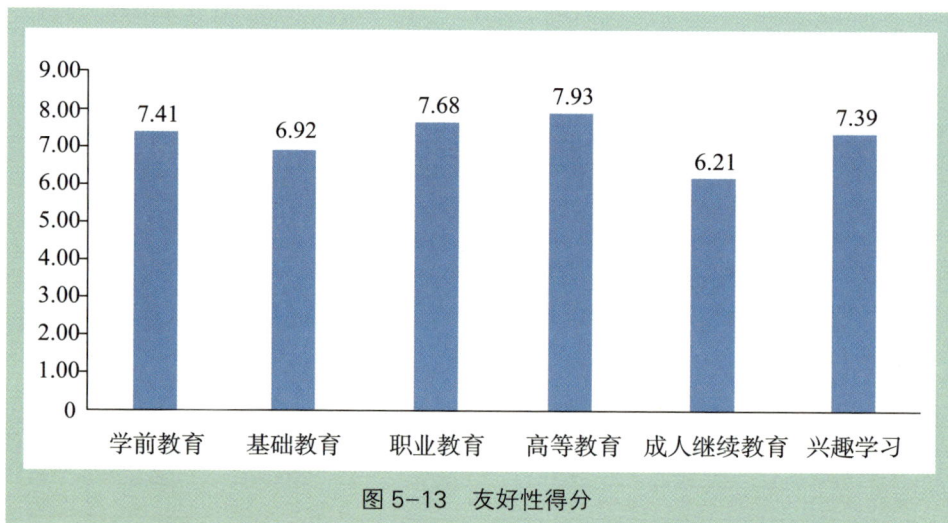

图 5-13　友好性得分

各领域教育移动互联网应用程序的友好性得分情况如表 5-3 所示，除了"功能完备"指标外，高等教育类 APP 在其余各项指标上均是最高分。完备的功能是一个教育移动互联网应用程序可以被高水平利用的基础，而基础教育和成人继续教育领域的教育移动互联网应用程序"功能完备"指标得分较低，应当引起重视。

从友好性 6 个指标分领域得分均值情况来看，基础教育和成人继续教育领域教育移动互联网应用程序的友好性有待提升，我们应该提高对基础教育和成人继续教育领域教育移动互联网应用程序的关注度，同时依据使用者学习需求不断完善相关教育移动互联网应用程序的功能。

表 5-3　友好性得分情况

领域	功能完备	安全保护	交互流畅	适切易用	教育价值	内容合理	均值
学前教育	7.41	7.53	7.41	7.18	7.35	7.59	7.41
基础教育	6.44	7.44	7.00	6.89	6.83	6.89	6.92
职业教育	7.67	7.22	7.67	7.67	8.06	7.78	7.68
高等教育	7.56	8.06	7.81	7.81	8.38	7.94	7.93
成人继续教育	5.86	6.14	6.14	6.00	6.43	6.71	6.21
兴趣学习	7.05	7.26	7.58	7.46	7.56	7.46	7.39

第三节　社会评价

本研究的社会评价主要来自对应用市场中教育移动互联网应用程序用户评论的分析，以及用户对教育移动互联网应用程序的打分。具体而言，用户评论分析采用自动分析方法，用户打分则直接采用应用市场上的用户评分。

一、分析对象

为从宏观上探究用户对当前市面上教育移动互联网应用程序的整体认可度，以及从微观上了解用户对本研究选取的 60 个典型教育移动互联网应用程序的评价，项目组将社会评价对象分为以下两类。

（一）3452 个教育移动互联网应用程序的用户评论

项目组使用爬虫程序，从应用市场中共爬取了 3452 个教育移动互联网应用程序的用户评论共 70289 条。研究者对这些用户评论进行情感分析和热点词提取，从整体上获知用户对教育移动互联网应用程序的总体满意度。为探究不同教育阶段教育移动互联网应用程序的用户满意度，本研究将教育移动互联网应用程序分为三类：早教类 APP、K-12 类 APP，以及高等教育类 APP。其中早教类 APP 共 1198 个，爬取评论数 18679 条；K—12 类 APP 共 798 个，爬取评论数 25386 条；高等教育类 APP 共 1456 个，爬取评论数 26224 条。分别对这三类教育移动互联网应用程序的用户评论进行分析，可获知不同教育阶段教育移动互联网应用程序的用户满意度，以及用户评论热点词。

（二）60 个典型教育移动互联网应用程序的用户评论与应用市场评分

本研究对选取的 60 个典型教育移动互联网应用程序的用户评论（共 4594 条）进行自动分析，获取其在应用市场中的评分，并进行深入剖析。

二、基于用户评论的自动分析方法

基于用户评论的自动分析包括评论的情感分析与热点词提取。具体而言，评论的情感分析将用户评论分为积极情感评论、中性情感评论和消极情感评论。积极情感评论是用户表达对教育移动互联网应用程序的喜爱、赞赏等情绪的评论；消极情感评论是用户表达对教育移动互联网应用程序的排斥、不喜欢等情绪的评论；中性情感评论为不带情感色彩的评论。热点词提取指从大量用户评论中自动提取、挖掘高频关键词。基于用户评论的自动分析流程如图 5-14 所示。

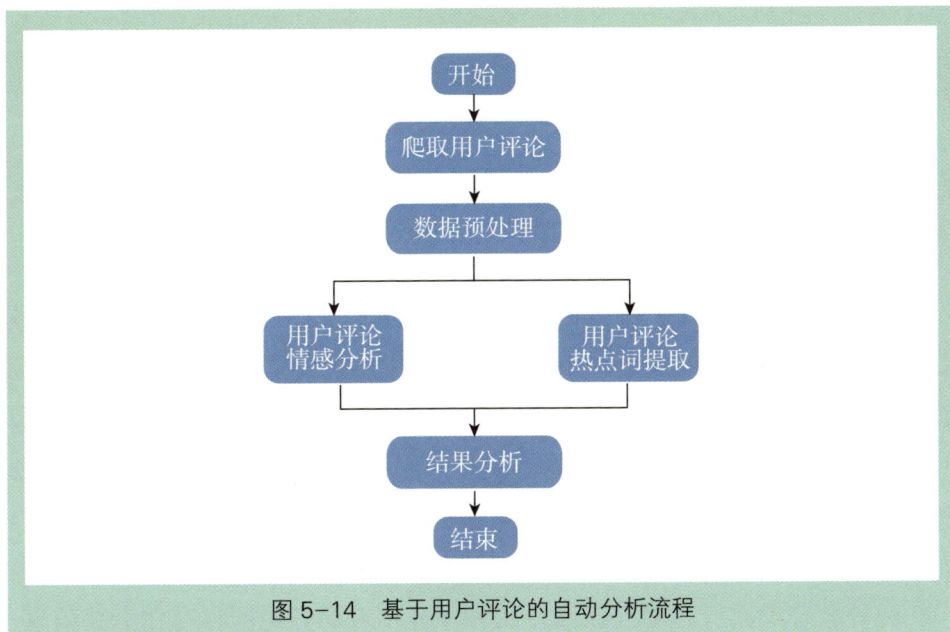

图 5-14 基于用户评论的自动分析流程

（一）数据预处理方法

1.删除无关信息

早教类教育移动互联网应用程序受众在表达情感时更偏向于使用各类表情，因而，评论中会存在较多自动分析时无法检测情绪的无意义表情以及复杂繁多的干扰性符号等，这些均属于无关信息。对于这部分内容，有必要对其进行标记和删除，以保证数据的有效性，提高评论文本的纯度。本阶段使用 Excel 中的替换功能，将评论文本中的表情符号、多余的标点符号等无关信息替换为空；使用筛选功能删除重复的评论；去除评论数少于 5 条的 APP（评论较少，参考价值较低，故删除）。最终得到 599 个早教类教育移动互联网应用程序的 15669 条可纳入分析的评论。部分去除无关信息后的评论如表 5-4 所示。

表 5-4　预处理后的评论

原始评论	去除无关信息后的评论
有一些动画片看不了，😭	有一些动画片看不了
好玩٩(⊙⊗♡)۶	好玩

续表

原始评论	去除无关信息后的评论
别说，挺好玩的 😈	别说　挺好玩的
加油！提高创意！！！！	加油　提高创意
有广告　真烦 🐌♡	有广告　真烦

针对 K-12 类教育移动互联网应用程序爬取到的评论也存在表情、符号等无关信息，同样需要进行处理。同时，有些教育移动互联网应用程序对应的评论数较少，参考性较低，对这类教育移动互联网应用程序做删除处理。同样使用 Excel 对 K-12 类教育移动互联网应用程序的评论进行无关信息的替换，删除评论数少于 5 条的 APP 以及重复的评论。最终得到 555 个 K-12 类教育移动互联网应用程序的共计 23622 条评论。

高等教育类教育移动互联网应用程序使用者的评论同样存在无关信息，同样需要对现有评论进行预处理。对高等教育类教育移动互联网应用程序评论中的表情和多余的符号进行替换，删除评论数少于 5 条的 APP 和重复的评论。最终得到 632 个高等教育类教育移动互联网应用程序的共计 24532 条评论以供后续分析。

2. 中文分词

本阶段主要对教育移动互联网应用程序的评论做进一步处理，以便后续情感分析的顺利开展。评论文本不能直接作为模型参数输入，要转化为模型能够学习的向量，故需要对教育移动互联网应用程序的评论文本进行中文分词。

中文分词是指根据特定的规则，把完整的语句切分成单独的字或词组。中文分词必须采用特殊的分词算法[1]。近年来我国学者在文本分词方面做了大量研究，例如王梦鸽提出了一个长短期记忆（Long Short Term Memory，LSTM）神经网络与条件随机场（Constant Ratefactor Field，CRE）相结合的中文分词模型[2]，该模型表现出比传统机器学习方法更好的性能，且更加通用。

---

[1]　李舰. 中文分词中的统计学 [J]. 中国统计，2020（10）：34-35.
[2]　王梦鸽. 基于深度学习中文分词的研究 [D]. 西安：西安邮电大学，2018.

目前使用较多的中文分词工具有支持 Java 语言的 NLPIR（Natural Language Processing & Information Retrieval）分词、清华大学 THULAC（THU Lexical Analyzer for Chinese）分词，以及支持 Java、C++、Python 等多种语言的 Jieba 分词工具，其中 Jieba 分词是比较经典、使用频率较高的工具。本研究使用简便高效的中文分词工具——Jieba 分词完成文本分词处理。具体的分词效果如表 5-5 所示。

表 5-5　分词后的评论

分词前的评论	分词后的评论
微信换了绑定电话号码就不给用了	微信 / 换 / 了 / 绑定 / 电话号码 / 就 / 不给 / 用 / 了
为什么安装了不能使用 直接闪退	为什么 / 安装 / 了 / 不能 / 使用 / 直接 / 闪退
太棒了 孩子学了很多生字呢	太棒了 / 孩子 / 学了 / 很多 / 生字 / 呢
喜欢这个游戏 超级的好玩 我建议你们下载	喜欢 / 这个 / 游戏 / 超级 / 的 / 好玩 / 我 / 建议 / 你们 / 下载
如何调整几岁的学习课程	如何 / 调整 / 几岁 / 的 / 学习 / 课程

3. 去除停用词

教育移动互联网应用程序的评论内容较为口语化，因此会频繁出现一些不具备特征意义的字词，例如"吗""所以"等，学者们将这种高频、低价值的词语命名为"停用词"。为了提高后续情感分析和热点词提取的效率和精度，本研究使用 Python 语言构建去除停用词模型，对所有的教育移动互联网应用程序评论文本进行深度清洗。去除停用词后的评论如表 5-6 所示。

表 5-6　去除停用词后的评论

分词后的评论	去除停用词后的评论
微信 / 换 / 了 / 绑定 / 电话号码 / 就 / 不给 / 用 / 了	微信　换　绑定　电话号码
为什么 / 安装 / 了 / 不能 / 使用 / 直接 / 闪退	安装　不能　使用　闪退
太棒了 / 孩子 / 学了 / 很多 / 生字 / 呢	太棒　孩子　学　生字
喜欢 / 这个 / 游戏 / 超级 / 的 / 好玩 / 我 / 建议 / 你们 / 下载	喜欢　游戏　好玩　建议　下载
如何 / 调整 / 几岁 / 的 / 学习 / 课程	调整　几岁　学习　课程

（二）情感分析技术

评论文本的情感分析，本质上是自然语言处理领域中的文本分类问题。目前，主流的情感分析技术有三种：基于情感词典的情感分析方法[①]、基于机器学习的情感分析方法[②]，以及基于深度学习的情感分析方法[③]。基于情感词典的情感分析方法主要存在三点不足。第一，该方法依赖情感词典，针对情感词典覆盖范围内的情感词语的分析较准确，但是在当今时代，信息更新速度飞快，新的网络用语、俚语等层出不穷，在线评论文本中时有新的网络用语出现，而基于情感词典的情感分析方法很难完成此类词语的分析。第二，该方法仅做局部分析。同一个词语在不同的上下文语境中可能会代表不同的含义，基于情感词典的情感分析方法不能顾全上下文语义。第三，基于情感词典的分析方法较难判定情感倾向模糊的表述。[④] 基于机器学习的情感分析方法也有局限性，它往往受限于情感的特征提取和分类器的选取。相比较前两者而言，基于深度学习的情感分析方法采用深度学习分类模型，例如卷积神经网络（CNN）、双向长短期记忆网络（BiLSTM）、注意力机制等，能够结合文本的上下文语义信息进行情感分类，通常会取得更好的情感分析效果[⑤]。近几年，在深度学习领域，与其他模型相比，BERT（Bidirectional Encoder Representation from Transformers）模型在各项自然语言处理（NLP）任务中均表现出更好的性能。

BERT 与其他的语言表征模型不同，其采用 Transformer Encoder 结构进行

① 张新香，段燕红. 基于学习者在线评论文本的 MOOC 质量评判：以"中国大学 MOOC"网的在线评论文本为例 [J]. 现代教育技术，2020，30（9）：56-63；罗玉萍，潘庆先，刘丽娜，等. 基于情感挖掘的学生评教系统设计及其应用 [J]. 中国电化教育，2018（4）：91-95；张思，陈娟，夏丹，等. 在线论坛中学习者兴趣与行为主题联合建模研究 [J]. 远程教育杂志，2022，40（1）：81-90.

② 李慧. 面向学习体验文本的学习者情感分析模型研究 [J]. 远程教育杂志，2021，39（1）：94-103.

③ 王保华，熊余，姚玉，等. 基于深度学习的学生教学评价情感分析 [J]. 电化教育研究，2021，42（4）：101-107；刘继，顾凤云. 基于 BERT 与 BiLSTM 混合方法的网络舆情非平衡文本情感分析 [J]. 情报杂志，2022，41（4）：104-110.

④ 郑翔，胡吉明. 基于主动学习的新媒体政务互动内容情感挖掘研究 [J]. 情报理论与实践，2022，45（4）：177-183.

⑤ 谢珺，王雨竹，陈波，等. 基于双指导注意力网络的属性情感分析模型 [J/OL]. 计算机研究与发展.（2022-03-31）[2022-12-15]. https://kns.cnki.net/kcms/detail/11.1777.TP.20220330.1814.004.html.

双向深层编码，应用遮蔽语言模型（Masked Language Model）和下一句预测（Next Sentence Prediction）方法，对大规模语料库文本进行无监督学习模型训练。BERT 模型可将任意位置的两个单词之间的距离转换成向量进行表示，被应用于多个自然语言处理的特定下游任务。在下游任务中，只需添加输出层，进行参数的微调，即可完成诸如分类、命名实体识别、机器翻译、阅读理解等自然语言处理任务。较之浅层网络单向编码而言，BERT 模型具有更强大的语言表征能力和特征提取能力，有效地解决了一词多义、长距离依赖等问题。

为此，本研究基于 BERT 模型进行在线评论文本的情感分析。先利用 BERT 预训练模型，将在线评论文本转换成具有上下文语义信息的词嵌入向量，再利用分类器，实现评论的情感分类。

（三）热点词提取技术

本研究采用 TF-IDF 算法提取用户评论中的关键词，对提取出的关键词进行分析，得出用户评论中的热点。TF-IDF 是在信息检索和数据挖掘过程中使用率较高的一种加权技术。其中词频（term frequency，TF）指的是指定单词在文件中出现的频率。词频的计算公式为：

$$TF_w = \frac{\text{在某一类中词条出现的次数}}{\text{该类中所有的词条数目}}$$

文本数据中会存在一些和主题相关性不高的词条，但它们会因为出现频次较多而被提取出来，例如"有点""太多"等词，单看这些词条并不能看出数据的特征，所以仅使用词频进行分析并不合理。文本数据中往往会存在一些出现频率不高，但是更能表达特征的词条，这些词条的权重应该更大一些，逆向文件频率（inverse document frequency，IDF）可实现这样的功能。

IDF 是反映某个词语总体重要性的一项指标。如果带有词条 w 的文档数量越少，*IDF* 越大，这就证明词条 w 具有很好的区分类别的能力，可以代表数据的某个特质。想要计算特定词条 w 的 *IDF*，可以用文档总数除以包含词条 w 的文档数，获得商，然后取商的对数。逆向文件频率的计算公式为：

$$IDF = \log\left(\frac{\text{语料库的文档总数}}{\text{包含词条} w \text{的文档数} + 1}\right)$$

特定文档中的高频词和该高频词在整个语料库中的低频可以产生高权重 *TF-IDF*，*TF-IDF* 即 *TF* 与 *IDF* 的乘积。因此，TF-IDF 算法倾向于过滤掉常用词，保留更具代表性的重要词。*TF-IDF* 的计算公式为：

$$TF\text{-}IDF = TF \times IDF$$

作为一项统计方法，TF-IDF 算法被用来评估词语对整个语料库中某个子语料库的重要程度。某个词语的重要性与它在子语料库中的出现频率成正比，而与它在整个语料库中的出现频率成反比。

近年来，TF-IDF 算法作为一个重要的研究课题受到越来越多的关注，它在文档上下文分类、文本索引和文档分类等多种形式的应用中不断改进。有研究者提出了一种基于 TF-IDF 算法的新型语义方法 STF-IDF，用于对语料库中非正式文档的词语重要性进行评分，以提高 TF-IDF 算法在非正式文本上的适度性能。[①] 国内众多学者根据网页的内容特点，结合中文自然语言的结构和中文关键词的特征，对经典的 TF-IDF 方法进行了改进。如张蕾等人曾提出一种经过改进的 TF-IDF 文本聚类算法[②]，大大提高了分类的准确率；王根生等人提出的将 word2vec、改进的 TF-IDF 和卷积神经网络相结合的文本分类模型[③]，比传统的机器学习文本分类算法有更佳的分类效果。

三、测评结果

（一）早教类教育移动互联网应用程序分析结果

1. 情感分析结果

对早教类教育移动互联网应用程序的评论文本进行情感分析后，得到积

---

① JALILIFARD A, CARIDÁ V F, MANSANO A F, et al. Semantic Sensitive TF-IDF to determine word relevance in documents[M]//THAMPI S M, GELENBE E, ATIQUZZAMAN M, et al. Advances in computing and network communications. Singapore: Springer, 2021：327-337.

② 张蕾，姜宇，孙莉 . 一种改进型 TF-IDF 文本聚类方法 [J]. 吉林大学学报（理学版），2021，59（5）：1199-1204.

③ 王根生，黄学坚 . 基于 Word2vec 和改进型 TF-IDF 的卷积神经网络文本分类模型 [J]. 小型微型计算机系统，2019，40（5）：1120-1126.

极情感评论数 9681 条，占总评论数的 61.78%；中性情感评论数 1922 条，占总评论数的 12.27%；消极情感评论数为 4066 条，占总评论数的 25.95%。根据上述早教类教育移动互联网应用程序评论文本的情感分析结果可以得知，如今市面上早教类教育移动互联网应用程序的用户体验整体较好；而消极情感评论数所占总评论数的比例不容忽视，说明还有部分产品的内容、功能等需要改进，用户体验有待提升。

2. 热点词提取结果

关键词满意度指用户对于在教育移动互联网应用程序中输入关键词后被推送教育资源的满意度，早教类教育移动互联网应用程序用户关键词满意度 Top5 以及不满意度 Top5 分别如表 5-7 和表 5-8 所示。从中可以看出，在学习者使用早教类教育移动互联网应用程序的过程中，用户对"填色""育儿""早教""画画"以及"故事"等关键词满意度较高，对"黑屏""客服""账号""网络"以及"会员"等关键词满意度较低。

表 5-7　早教类教育移动互联网应用程序关键词满意度 Top5

序号	关键词	评分
1	填色	0.91667
2	育儿	0.90265
3	早教	0.89147
4	画画	0.88235
5	故事	0.77560

表 5-8　早教类教育移动互联网应用程序关键词不满意度 Top5

序号	关键词	评分
1	黑屏	−0.65455
2	客服	−0.59444
3	账号	−0.40541
4	网络	−0.40244
5	会员	−0.29050

　　早教类教育移动互联网应用程序的用户大多是幼儿，主要的教育模式是游戏教学，从关键词满意度入手分析，可以看出填色、画画以及讲故事是幼儿容易接受的受教育手段，很大程度上促进了幼儿语言的发展和思维能力的提升，激发了幼儿的学习兴趣，故满意度较高。

　　就关键词不满意度而言，"黑屏"本身就属于消极词，用户满意度也低。用户对客服的不满意评价较多，可以总结为以下几点：客服响应慢、客服无法提供帮助，以及客服态度差等。对账号与网络的消极评价主要表现在软件体验方面——"不能""登录""别的""账号""网络""连接""不""上""APP""进入""不"，因此不满意度来自使用体验差。现在是知识付费的年代，大部分应用的充值会员可以学习更多精细的知识或是有更好的体验，但是也有很多开发商滥用手段收费——"支付""288""元""购买""永久""会员""一星期""显示""未解锁""骗钱"表明有不少用户深受会员乱收费的伤害，故关键词"会员"的满意度偏低。

（二）K-12 类教育移动互联网应用程序分析结果

1. 情感分析结果

　　对 K-12 类教育移动互联网应用程序的评论文本进行情感分析后，得到积极情感评论 13653 条，占总评论数的 57.80%；中性情感评论数 2671 条，占总评论数的 11.31%；消极情感评论数为 7298 条，占总评论数的 30.89%。根据上述 K-12 类教育移动互联网应用程序评论文本的情感分析结果可以得知，如今市面上 K-12 类教育移动互联网应用程序的用户体验整体较好，但与早教类教育移动互联网应用程序的用户体验相比还有差距。消极情感评论数所占的比例相比早教类教育移动互联网应用程序偏高，说明该阶段的教育移动互联网应用程序有不少内容、功能等亟须改进，用户体验有待提升。

2. 热点词提取结果

　　K-12 类教育移动互联网应用程序的用户评论关键词满意度 Top5 以及不满意度 Top5 分别如表 5-9 和表 5-10 所示。

表 5-9　K-12 类教育移动互联网应用程序关键词满意度 Top5

序号	关键词	评分
1	例句	0.87143
2	背单词	0.83768
3	知识点	0.81102
4	真题	0.78082
5	网校	0.76744

表 5-10　K-12 类教育移动互联网应用程序关键词不满意度 Top5

序号	关键词	评分
1	密码	−0.68548
2	验证码	−0.66667
3	网络	−0.57857
4	电话	−0.54662
5	录音	−0.53061

　　从上述表格中可以得出，K-12 类教育移动互联网应用程序的情感分析结果中，满意度最高的 5 个关键词是"例句""背单词""知识点""真题""网校"。从满意度最高的两个关键词可以得出，中小学生对英语学习类 APP 满意度较高。处于 K-12 教育阶段的中小学生，开始接触并逐渐深入学习英语。英语学科是中小学生需要耗费时间与精力去学习、去掌握的课程内容。此外，用户对"知识点"这一关键词的满意度较高，说明 K-12 教育阶段的教育移动互联网应用程序能较完整地导入学生所需知识点并进行结构化呈现，方便中小学生查阅学习。中学生面对升学压力需要不断地"刷题"，以巩固已有知识，查漏补缺，完善已有的知识体系。纸质试卷体积大且不方便携带，教育移动互联网应用程序只需要一部手机就可以随时随地做题。从情感分析中"真题"较高的满意度可以看出，现阶段相关教育移动互联网应用程序在对历年真题的收集、导入、划分阶段以及答题等方面做得较好，学生使用 APP 做

真题对提高学习成绩有一定的帮助。

由上述情感分析后所得关键词不满意度 Top5 可知，K-12 阶段用户不满意度最高的关键词是"密码""验证码""网络""电话""录音"。不同于幼儿，中小学生在使用教育移动互联网应用程序时能够自主登录，因此跟登录相关的功能体验，如密码、验证码等就会更多地反映在评论文本中。从情感分析的结果可知，登录相关关键词的情感指向偏消极，说明现阶段大部分教育移动互联网应用程序在登录功能的开发和管理方面有所欠缺。移动应用之所以能移动使用，离不开网络的支持，因此移动互联网应用程序使用顺畅与良好的网络信号息息相关。然而 K-12 类教育移动互联网应用程序的网络评价偏消极，部分教育移动互联网应用程序存在网络卡顿、无法连接网络甚至黑屏等问题，严重影响学生的使用体验。根据政策要求，使用教育移动互联网应用程序要进行实名认证，这本是出于保障消费者权益的目的，但是一些个人信息被不合规的教育移动互联网应用程序管理者滥用，衍生了一系列不良后果，比如恶意绑定家长账户、窃取教师和学生的基本信息等。其中，频繁打骚扰电话联系学生家长或教师、推销课程、诱导学生开通会员等现象频繁，"电话"这个关键词也因此成为不满意度排行中的高频关键词。前文提到英语学习类教育移动互联网应用程序备受中小学生青睐，要学好英语，只会读写还不够，还要敢说，因此不少英语学习类教育移动互联网应用程序开发了录音功能。录音涉及语音输入的智能应答系统，能够掌握此技术并进行深度开发的软件公司并不多，故而在情感分析结果中，大部分用户对录音功能表达了不满。

（三）高等教育类教育移动互联网应用程序分析结果

1. 情感分析结果

对高等教育类教育移动互联网应用程序的评论文本进行情感分析后，得到积极情感评论数 14314 条，占总评论数的 58.35%；中性情感评论数 2526 条，占总评论数的 10.30%；消极情感评论数为 7692 条，占总评论数的 31.35%。根据上述高等教育类教育移动互联网应用程序评论文本的情感分析结果可以得知，如今市面上高等教育类教育移动互联网应用程序的用户体验整体较好，与 K-12 类教育移动互联网应用程序的情感分析结果相似；消极情感评论数所占的比例相比 K-12 类教育移动互联网应用程序偏高，说明该阶段的教育移动互联网应用程序也有不少内容、功能等亟须改进，用户体验有待提升。

2. 热点词提取结果

高等教育类教育移动互联网应用程序的用户评论关键词满意度 Top5 以及不满意度 Top5 分别如表 5-11 和表 5-12 所示。

表 5-11 高等教育类教育移动互联网应用程序关键词满意度 Top5

序号	关键词	评分
1	题型	0.90598
2	资格证	0.86911
3	例句	0.83871
4	背单词	0.78448
5	题量	0.76336

表 5-12 高等教育类教育移动互联网应用程序关键词不满意度 Top5

序号	关键词	评分
1	验证码	−0.75314
2	密码	−0.74510
3	网络	−0.67647
4	电话	−0.64404
5	手机号	−0.62759

从上述表格中可以得出，高等教育类教育移动互联网应用程序的情感分析结果中，满意度最高的 5 个关键词是"题型""资格证""例句""背单词""题量"。高等教育阶段的学习者更加追求高效率的高质量学习，因此包含所有题型、拥有合适题量的知识输出模式的高等教育类教育移动互联网应用程序能较好地满足他们的需求。学习语言离不开单词和例句的"助

力"，它们可以使晦涩难懂的语法变得更好理解，高等教育类教育移动互联网应用程序对此类功能的开发处于一个较为成熟的阶段，因此学习者的使用体验也较好。高等教育阶段是学习和工作衔接的过渡期，不少工作对资格证都有一定要求，所以大部分的学习者对考取资格证有需求，高等教育类教育移动互联网应用程序中也相应地存在不少有助于考取资格证的功能，其相关使用体验在评论文本中频繁出现。调查结果表明，目前呈现在应用市场上的教育移动互联网应用程序在此方面都开发得较为完善，学习者的使用体验良好。

由上述情感分析后所得关键词不满意度 Top5 可知，高等教育阶段用户的消极评论中关键词集中在"验证码""密码""网络""电话""手机号"。整体来看，高等教育类教育移动互联网应用程序在登录方面（涉及验证码、密码、手机号等）的开发存在较大欠缺，用户在登录时总会遇到验证码发送、接收困难，密码输入有误、难以找回，以及登录过于依赖手机号等问题。虽然随着科学技术的发展、5G 网络的出现和 4G 的全面普及，我国在网络速度方面已经处于一个较高的发展水平，但是 APP 的开发水平和现有网络发展并不适配，教育移动互联网应用程序的使用体验也因此不佳，故而高等教育类教育移动互联网应用程序中的网络问题需要引起开发者的重视。目前市面上的部分教育移动互联网应用程序存在个人信息泄露的问题，个别不法商家购买这些非法个人信息对用户进行电话骚扰，影响了用户对教育移动互联网应用程序的印象，造成了消极评价。

（四）60 个典型教育移动互联网应用程序的评论文本情感分析结果

对于选取的 60 个典型教育移动互联网应用程序，本研究爬取评论共4594 条，其中积极情感评论 2540 条，占 55.29%；中性情感评论 688 条，占14.98%；消极情感评论 1366 条，占 29.73%。

（五）应用市场评分

本研究对 60 个典型教育移动互联网应用程序在应用市场中的评分进行了统计和分析。应用市场中用户评分满分为 5.00 分。60 个 APP 整体的得分情况如图 5–15 所示。用户评分的最高分为 4.90 分，最低分为 1.10 分，得分集中在 3.00—4.60 分，平均分为 3.54 分，中位数为 4.10 分，评分的上四分位数为 4.75 分，评分的下四分位数为 2.05 分。

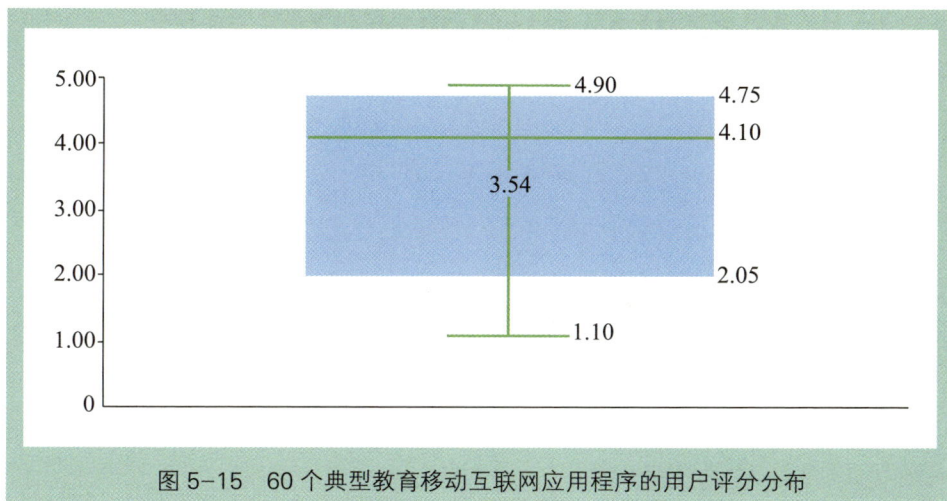

图 5–15　60 个典型教育移动互联网应用程序的用户评分分布

第六章

互联网教育应用测评结论与展望

第一节　互联网教育应用的国际趋势

一、西方主要发达国家

（一）欧盟数字化转型

欧盟早在 2010 年出台的《欧洲发展战略 2020》中就将"数字欧洲"（Digital Europe）战略确定为欧洲的重要发展战略之一。欧盟对教育数字化转型的政策指引与战略规划主要来源于"数字教育行动计划"（Digital Education Action Plan，DEAP）。2018 年 1 月，欧盟发布《数字教育行动计划（2018—2020）》（DEAP 2018），呼吁更好地利用数字技术开展教育教学，发展数字能力和技能，通过数据来改进教育。2020 年 9 月，欧盟又发布了《数字教育行动计划（2021—2027）》（DEAP 2021）①，强调数字化转型和绿色转型，提出发展欧洲高质量、包容性的数字教育的一系列措施，促进高性能数字教育生态系统发展和增强数字化转型能力，使教育系统能够真正适应数字时代。同年，新一届欧盟委员会出台了"欧洲教育区 2025 行动计划"，也强调提高教育质量，加速教育数字化转型。2022 年，欧盟发布《重新思考数字时代的

---

① European Union. Digital Education Action Plan（2021–2027）[R/OL].[2022–12–11]. https://education. ec.europa.eu/sites/default/files/document-library-docs/deap-communication-sept2020_en.pdf.

教育》，提出为学校配备笔记本电脑、电子书、虚拟现实装备、语音助手等设施，以助力教师发挥巨大应用潜能，提高教学效率。

（二）德国 ICT 建设

德国的数字化时代起始于 20 世纪 90 年代，经过三十余年的发展，信息通信技术（Information Communications Technology，ICT）基础设施的建设推动着德国数字化转型。2010 年《欧洲数字议程》的颁布拉开了欧洲范围内以5G、大数据、区块链、云计算、智能化等为代表的数字技术推动经济增长的序幕。2014 年 8 月，德国联邦政府以《数字化行动议程（2014—2017）》确立了德国实施数字化改革的初步方案。2016 年，德国发布《数字战略 2025》，首次就数字化发展做出系统安排。同年，德国联邦教育与研究部新一轮《教育、科学和研究国际化》战略颁布，意味着德国联邦政府希望进一步借助数字技术，推动教育和科研领域的国际合作，为德国的科技创新和产业转型开辟新的发展路径[①]。德国联邦政府颁布《面向数字化知识社会的教育行动》，各州文教部长联席会颁布《数字化世界中的教育》，数字化教育成为德国中长期（至 2030 年）教育改革的重点内容。2017 年，德国发表声明《共同建设数字化世界中的高质量职业学校》，强调职业学校要推进数字化设施建设[②]。2019年，德国启动"学校数字协定"，计划未来五年联邦政府将每年投入 5 亿欧元用于学校信息化平台建设。在新冠疫情期间，德国追加 15 亿资金投入推进数字技术研发，全面覆盖学校宽带网络，不断完善网络基础设施，以实现教学方式变革，推动教育教学数字化。2021 年，德国发起"数字教育倡议"，引领数字化基础设施、个性化数字教育产品设计等顶层设计和创新研发，完善数字化教育使用机制，不断推进教育数字化的发展进程。从当年 4 月起，德国联邦政府投资 1.5 亿欧元支持以用户为导向的平台样本模型开发，着手建设以用户为中心、联结各平台的国家级数字教育平台，资助"AI 校园"在线开放

[①] 王翠英，吴海江，楼世洲. 德国以数字技术推动教育国际化发展战略分析 [J]. 教育科学，2021，37（6）：86-93.

[②] 李文静，吴全全. 德国"职业教育 4.0"数字化建设的背景与举措 [J]. 比较教育研究，2021，43（5）：98-104.

免费学习课程。

（三）法国教育数字化建设

1997年8月，法国制定了"信息社会的政府行动计划"，提出了教育系统在应用信息与通信技术上的两大使命：要使每个青年毕业时能够掌握未来个人生活和职业生活所需要的信息与通信技术；利用丰富的多媒体资源开展教学活动。2002年1月，由法国总理直接领导的信息技术战略委员会发表了一份题为《学校与信息社会》的建议书，指出"学校是信息社会的基石"，"构建信息社会的国家战略会赢得双倍的国际竞争力"。

2015年，法国推出了"数字化校园"教育战略规划，旨在推进教育数字化系统覆盖全国中小学校。2017年9月，法国开启了为学生全面配备可移动数字化学习设备的计划，旨在构建智能化教与学环境，推进基础设施建设与信息化教育装备水平。"数字化校园"教育战略规划从培训、资源、设备和创新四大方面提出了一系列具体措施，不仅给予地方政府财政支持、扶持试点学校、补贴相关经费，还调动社会各界积极参与。2021年，在新冠疫情带来的危机影响下，法国出台了"教育数字领地"项目，旨在对教师和家庭的数字设备、教育内容和培训系统进行全方位部署，以适应当地需求和环境，促进教育体系的转型，应对21世纪的挑战。此外，为了促进远程学习和混合学习，法国国家教育、青年和体育部向学生、教师和学校提供"数字工具包"，其中包含免费培训内容、教学软件和多样化的教学资源，家长亦可接受此类数字教学的培训，以发展"数字化与家长的关系"。

（四）美国教育数字化转型

1992年，美国田纳西州推出田纳西增值评价系统，通过对学生的成绩进行连续多年追踪分析来评估学区、学校、教师效能，引导教师关注学生成长状态，并为其提供针对性指导，俄亥俄州、宾夕法尼亚州以及北卡罗来纳州等地相继效仿，并结合当地教学实情开发、实施增值性教学评价项目。自1996年，美国教育技术办公室已推行6项国家教育技术计划（NETP）。美国肯特州立大学于2001年开发了标准化信息素养技能评估系统，旨在评估高校学生的信息素养，该项目被美国图书馆研究联合会认可，在美国全国范围内使用。2013 年，时任总统奥巴马提出"连接教育计划"，让高速网络联通学校。截至 2019 年，99% 的美国公立中小学接入光纤，生平均网速超 670kbps。NETP 2016 提出的重点已经不是要在学习中使用技术，而是如何用技术来改进学习，以确保每个学生都获得高质量的学习体验；NETP 2017[①] 则提出重塑技术在教育中的作用，鼓励平等获得技术以缩小"数字鸿沟"。 2020 年 1 月发布的《2020 年十大信息技术议题：向数字化转型》报告，指出了美国教育数字化转型的动力及新技术，其中的十大议题可总结为优化、持续和创新三个主题。

教育信息化开始于欧美国家，美国作为世界经济强国，在信息技术发展方面走在世界前列，早在 20 世纪 60 年代就开始了计算机辅助教学。80 年代中期之后，随着微型计算机的普及，更多的计算机进入美国校园。

1996 年是美国信息技术教育发展史上一个具有重要意义的年份，这一年，时任总统克林顿提出了雄心勃勃的"教育信息技术发展计划"：在 2000 年以前把每一间教室和每一个图书馆（包括所有中小学的教室和农村的图书馆）都连到互联网上，要"让每一个青少年八岁能阅读、十二岁能上网、十八岁上大学，让每一位成年美国人都能进行终身学习"。同年，美国教育部也发表了美国历史上第一份有关信息技术教育的报告《让美国学生为 21 世纪做好准备：面向技术素养的挑战》，提出信息技术教育的国家目标，即全美国所有的教师都要接受训练，教师帮助学生学会运用计算机和信息高速公路方面的需要都得到支持；所有的教师和学生都能够在课堂中运用现代多媒体计算机；每一间教室都要被连上信息高速公路；将有效的软件和在线学习资源作为每一门学校课程的内在组成部分。围绕着这一目标，美国大大加快了教育信息化的步伐。[②]

随着美国 1996 年制定的信息技术教育目标的实现和信息技术基础设施的

---

① Reimagining the role of technology in education：2017 national education technology plan update[EB/OL].[2022−12−20]. https://en.unesco.org/icted/content/reimagining-role-technology-education-2017-national-education-technology-plan-update.

② 洪明 . 欧美国家教育信息化的现状与趋势 [J]. 比较教育研究，2002（7）：17−20.

初步完善，美国又开始在新的起点上制定新的国家目标。《电子化学习：将世界级的教育置于儿童的指尖》是由美国国际教育技术协会在 2000 年发表的又一份重要报告。该报告提出了五个新的"国家教育技术目标"：所有的学生和教师都能够在课堂、学校、社会和家里接触信息技术；所有的教师都应当能有效地运用技术帮助学生达到学业高标准；所有的学生都必须具备技术和信息素养方面的技能；研究和评估应促进下一代的技术在教学和学习中的应用；以数字化内容和网络的应用来改造教学和学习。①

（五）英国数字化设施建设

2017 年 2 月，英国发布《数字战略》，表明教育技术行业已是英国教育战略部署的重要部分。2019 年 4 月，英国教育部出台了《认识科技在教育方面的潜力：为教育提供者和技术产业制定的战略》，通过构建数字基础设施、培养信息素养与技能、支持有效的设备采购、保护网络信息安全与防御风险、促进教育科技产业发展、支持创新以应对科技挑战、提升教育部门数字服务水平等七个方面的行动指南赋能教育，以提升教师工作效率，支持更好的教学，提高学生的学业成绩，促进教育教学发生根本性变革②。2021 年，英国政府投入资金用于光纤宽带建设，为 1084 所学校和网速缓慢的其他公共建筑提供千兆位宽带服务，以改善教育设施，使学校从快速网络中受益，让 5G 和未来网络发挥巨大潜能。英国教育部投资启动"连接教室"试点，支持教室技术升级，改善教学环境和设施，并运用更多设备帮助教师备课和授课。

英国是欧洲各国中把计算机用于教育的先行者。早在 1978 年，英国教育与科学部就制定了第一个促进在学校教育中运用计算机等微电子技术的计划。1988 年，英国通过了《教育改革法》，明确规定在 5—16 岁义务教育阶段须开设 10 门必修课，其中"技术"课程包含了信息教育的目标。1996 年，英国教育部对国家课程进行了修改，修改后的课程内容增加了"信息技术"教育课程，而且把它列于非常重要的位置。1998 年，政府以立法的形式规定，政府

---

① 洪明 . 欧美国家教育信息化的现状与趋势 [J]. 比较教育研究，2002（7）：17-20.
② 尤陆颖 . 英国：科技赋能教育 [N]. 中国教师报，2022-03-30（3）.

投入的教育经费中的 6% 必须作为学校专款专用的计算机购置费，以保证英国中小学都能连接互联网；同时，英国全面启动国家学习信息系统，并建立英国教育传播与技术署，出台了一系列战略规划，不断推进信息技术与学科整合。2000 年，英国颁布了中小学信息技术的 8 级水平标准和针对少数学生的高水平标准《信息技术能力——2000 课程标准》。为了解决部分成人信息通信技术欠缺的问题，尤其是为了帮助弱势地区的成人学习信息技术，覆盖全英国的"英国在线中心"将"全国学习网计划"作为"知识社会"教育培训的重要基础设施。国家学习网络基金二期投入了 1.05 亿英镑，使全英国的 3.2 万所中小学 2002 年接入互联网，并投入巨资专门用于资助教师的信息技术培训，在教育管理和学校管理中加速无纸化进程。[①]

（六）俄罗斯现代化的数字教育系统

2016 年，俄罗斯联邦政府批准《现代数字教育环境建设项目（2016—2025）》，并将其作为教育领域的优先项目，旨在推进国家数字经济战略，解决教育区域发展不平衡等问题。该项目强调利用现代信息技术扩大网络学习空间、开发在线学习资源、为公民创造更多接受教育的机会。俄罗斯启动"数字化教育环境"项目，提出在 2024 年前让所有学校接入高速互联网，建立师生可使用的基础设施和数字平台，为学校配备笔记本电脑、扫描仪等，创设在俄罗斯全境接受优质教育、开展公平竞争的环境。2017 年，《俄罗斯联邦数字经济规划》对俄罗斯数字经济的发展路线进行了规划，预期在数字教育和智慧城市等领域建成 10 余个数字平台，培育 500 余家开发数字技术、数字平台和提供数字服务的中小企业等。2018 年，俄罗斯在《俄罗斯国家教育方案》中，将"创建数字化教育环境——在校园推广数字化技术"作为联邦专项计划之一，打造俄罗斯联邦现代数字化教育环境，提供信息资源库与"一站式"服务，促进教学中的数字技术使用。2019 年，俄罗斯联邦政府启动了"数字教育环境"项目，包含基础设施、资源与服务、社交网络与交流平台三个组成部分。2021 年，俄罗斯教育部推出了"教育数字化转型"战略文

---

① 黄荣怀，王运武 . 教育信息化 [M]. 北京：科学出版社，2018：82.

件，提出到 2030 年实现三分之一的课程使用现代数字教育应用进行教学，大约 50% 的学生家庭作业将由人工智能检查的战略目标。

（七）新西兰 ICT 教育策略框架

新西兰教育部 2005 年底提出的"ICT 教育策略框架"中对使用者（教师或学生）有效应用 ICT 提出了三个关键要素：连接（connectivity）、内容（content）、信心与能力（confidence & capability）。"连接"指使用者与互联网、课堂、家庭与机构等的广泛连接；"内容"指提供各种有用的教育信息资源，包括新西兰国家历史文化的数字博物馆；"信心与能力"则被视为关键点，指使用者具备将信息转换为知识和在教学与学习过程中有效运用 ICT 的信心与能力。该国教育部在"2006—2010 学校数字化行动计划"中明确指出：教师是教育实现数字化的关键。数字化学习环境下的有效教学将取决于为教师提供探究 ICT 各种教育应用的机会和提高使用 ICT 的自信与能力、教育系统中各个层面领导对教师的支持，以及提供丰富且高质量的教育资源。[①] 新西兰自 2018 年起在全国范围内试点"学生公平数字接入计划"，以使学生获得稳定的校园互联网连接，确保低收入家庭学生接入学校互联网。

二、亚洲国家

（一）日本 ICT 教育

早在 1986 年，日本就提出要培养学生的"信息活用能力"。1990 年，日本文部省提出为所有学校配备多媒体硬件和软件，训练教师在教学中使用多媒体，支持先进技术的教育应用计划。1999 年 12 月，日本颁布了"新千年计划"，该计划是日本国家、社会信息化的整体规划，对于教育信息化制定了相关的政策，明确提出了教育信息化的目标，即到 2001 年，所有公立小学、

---

① 张际平 . 信息通信技术与教师专业发展：UNESCO 2006 亚太教育技术地区研讨会综述 [J]. 中国电化教育，2007（1）：28-31.

中学、高中学校连接互联网，所有公立学校教师都能够有效利用计算机；到2005年，所有学校连接互联网，所有学年课程教学中的教师和学生都能够有效利用计算机。

2001年，日本提出数字日本（e-Japan）战略，其中就有关于 ICT 教育的战略目标，该目标提出到2005年底实现100%学校宽带接入，中小学教师与学生可以在任何一间教室随时上网，并可以基于网络进行任何一门学科课程的教学。从2006年开始，日本提出了"信息技术新的革新战略"，为了适应新的战略，日本提出了高水准在职教师 ICT 培训内容与目标：面向信息的社会与教育、ICT 教育的技术与教学方法、创建 ICT 课程、信息技术相关的道德规范、学校网络的设计、ICT 课程的设计与教材的开发、ICT 评价与咨询顾问。[①]

数字日本战略提到为实现到2005年所有小学、初中、高中各个年级各个学科的教学指导中都能够有效利用计算机的目标，进一步配备计算机教室，日本于2000—2005年进行计算机整备计划，在进一步配备计算机教室的基础上，加强设置和配备普通教室和特别教室的计算机系统，推进利用光纤和非对称数字用户线路（ADSL）的联网基础设施更新换代。[②]

2018年，日本发布《面向教育系统信息化的环境设置装备五年计划（2018—2022年）》，规划每天每个学生至少用人手一台的数字终端上一节课、任课教师人手一台计算机、大型电子显示屏100%配备、超高速互联网和校园无线网100%配备、整合型校务支持系统100%配备、专职 ICT 技术支持员每4所学校配备一名。2019年，日本的《数字程序法》提出数字化"三原则"改革，即数字优先（Digital First）、只一次（Once Only）、一站式连接（Connected One Stop）。

（二）泰国 ICT 教育基础设施

泰国2000—2010年国家信息技术政策中将"数字化教育"作为五个国家

---

① 张际平. 信息通信技术与教师专业发展：UNESCO 2006 亚太教育技术地区研讨会综述 [J]. 中国电化教育，2007（1）：28–31.
② 王保中，黄松爱. 日本基础教育信息化：当前的举措与成果 [J]. 外国教育研究，2006（5）：46–51.

战略之一。其中，ICT 教育基础设施是"数字化教育"战略的重要内容。为了实施"数字化教育"战略，泰国教育部会同信息技术部共同设立了许多研究项目，如"学习伙伴"（Partners In Learning）、"英特尔未来教学"（Intel Teach to the Future）等。在这一战略的推动下，泰国的基础教育学校在 2006 年全部实现互联网的高速连接，学生与计算机比已低于 20∶1。[①]

（三）韩国教育信息化

韩国教育信息化历经基础设施建设阶段、数字教育资源开发阶段、个性化学习提升阶段、技术与教育融合阶段、智慧教育发展阶段五个阶段后，目前正在推进第六阶段（2019—2023 年）的规划，主题是创建以人为中心的智能化未来教育环境。韩国基于全国教育服务系统建立教学中心和家庭网络学习支持系统，提供包括高等教育信息共享、教师能力发展等在内的综合服务。

韩国政府一向重视教育信息化硬件设施的建设。1997 年韩国政府专门制定了相关设施发展的三年规划（1997—1999 年），随后于 1998 年、1999 年两次进行了修订，最终制定了教育发展五年规划（1999—2003 年）。在中小学校相关硬件设施的建设上，韩国政府采取了如下措施。首先，韩国教育人力资源部大力推动各级中小学计算机房设施的建设。到 2000 年为止，共有 10064 所中小学建立了计算机房。通过上述努力，韩国中小学生的计算机普及率由每 23.8 人拥有 1 台计算机（1999 年）上升到每 16.7 人拥有 1 台计算机（2000 年）。同时，韩国向总数达 34 万余人的中小学教师队伍分发了个人电脑。另外，为了弥补由于个人条件的不同而产生的 ICT 学习方面的差距，韩国政府免费向低收入家庭的学生提供 ICT 教育。其次，韩国政府从 1997 年就开始实施"教学环境升级计划"，该计划旨在使得韩国中小学教学能够利用多媒体设施与互联网。最后，韩国政府也非常重视各级中小学校园网络系统的建立。在韩国政府的支持下，韩国各级中小学校园网络系统的建设取得了很大进展。韩国政府期望通过校园网络把学校的信息化设施连接起来，从而培养学生利

---

① 张际平．信息通信技术与教师专业发展：UNESCO 2006 亚太教育技术地区研讨会综述 [J]．中国电化教育，2007（1）：28-31．

用 ICT 的能力，并且通过分享教育资源来提高教育质量。①

（四）新加坡教育数字化

新加坡从 1997 年起每隔 5 年出台新一轮教育技术发展规划，其最新规划强调发展技术丰富的学校环境，支持开展高质量的教学活动。新加坡教育部提出到 2024 年实现所有初一学生人手一台数字化学习设备，到 2028 年实现所有中学生人手一台个人电脑。受新冠疫情影响，新加坡已加速落实中学生数码学习计划。

（五）印度在线教育

印度《国家教育政策 2020》提出，在新冠疫情期间发展在线教育，包括采用在线开放课程作为临时措施，采用网络学习空间发放课程材料和课程相关信息，进行直播式授课，以及采取在一系列虚拟实验室讲授科学课程等举措。全印度技术教育委员会（AICTE）于 2022 年 1 月推出了一个门户网站"帕拉克"（PARAKH），该网站拥有超过 145 万个评估项目，涵盖多个学科，旨在提高学生和毕业生的整体能力，包括核心学科、新兴领域和更高层次的思维能力。

第二节　互联网教育应用的相关法律法规

一、国内关于互联网教育应用的相关法律法规

互联网教育应用的规范以互联网应用、在线教育和移动互联网教育应用的管理为主。互联网应用管理以 APP、音视频、网络直播等为规范对象，以

---

① 李世宏 . 试析韩国教育信息化的发展特点 [J]. 外国教育研究，2003（12）：15-18.

妨害个人信息安全、传播历史虚无主义等不良信息、打"擦边球"和危害青少年身心健康等违法违规乱象为治理内容，力求构建绿色互联网生态。在线教育管理要求扩大教育资源供给，从基础设施建设、线上线下教育融通、培育优质在线教育资源等方面规范在线教育发展，同时，要求将学科类校外培训机构统一登记为非营利性机构，监管学科类校外培训收费，做好文化艺术类校外培训管理相关工作。教育移动应用管理从完善学习类 APP 内容要求、审查标准和监管办法，加强对教育移动应用乱象的治理、监督、管理，以及做好备案管理、审核等方面进行规范。

2011 年 1 月 8 日修订的《互联网信息服务管理办法》第四条规定"国家对经营性互联网信息服务实行许可制度；对非经营性互联网信息服务实行备案制度。未取得许可或者未履行备案手续的，不得从事互联网信息服务"。

（一）我国关于经营性互联网信息服务的相关许可制度

经营性互联网信息服务许可证（ICP 证）是增值电信业务种类中的 B25 类，由各地通信管理局负责。一般情况下，营利性在线教育企业所提供的互联网信息服务均属于经营性互联网信息服务。2017 年 7 月 3 日，工业和信息化部发布《电信业务经营许可管理办法》，提出工业和信息化部及各省、自治区、直辖市通信管理局是经营许可证的审批管理机构，并对经营许可证的申请、审批、使用、规范、变更、撤销、吊销和注销、监督检查等做出明确规定。与教育相关的许可有网络出版服务许可、网络文化经营许可、信息网络传播视听节目许可、教育部办学许可等。

网络出版服务许可是经营网络出版服务业需要的证件。2016 年国家新闻出版广电总局、工业和信息化部公布《网络出版服务管理规定》，对网络出版服务秩序进行规范，促进网络出版服务业健康有序发展。其中第七条明确规定"从事网络出版服务，必须依法经过出版行政主管部门批准，取得《网络出版服务许可证》"。

网络文化经营许可是从事经营性互联网文化活动需要的证件。2017 年，文化部发布《互联网文化管理暂行规定（2017 修订）》规定，"申请从事经营性互联网文化活动经批准后，应当持《网络文化经营许可证》，按照《互联网信息服务管理办法》的有关规定，到所在地电信管理机构或者国务院信息产业主管部门办理相关手续"。业内通常以申请网络文化经营许可中的"网络表演"作为直播形式的准入牌照，但文旅部办公厅于 2019 年发布了《关于调整〈网络文化经营许可证〉审批范围进一步规范审批工作的通知》，指出"网络表演是以网络表演者个人现场进行的文艺表演活动等为主要内容"，且明确列举了教育类、培训类直播不属于网络表演。目前教育培训类直播除遵守网信办相关直播要求外，是否需要准入资质尚无明确要求。

信息网络传播视听节目许可是从事互联网视听节目服务需要的证件。2007 年 12 月 20 日，国家广播电影电视总局、信息产业部发布《互联网视听节目服务管理规定》，明确规定从事互联网视听节目服务应当取得广播电影电视主管部门颁发的《信息网络传播视听节目许可证》或履行备案手续。

教育部办学许可针对学历教育，举办学历教育需要取得教育部办学许可。针对学历教育的学科辅导类培训，并不需要此类办学许可。2019 年 7 月 12 日教育部等六部门《关于规范校外线上培训的实施意见》，2019 年 8 月 10 日教育部等八部门《关于引导规范教育移动互联网应用有序健康发展的意见》，以及 2019 年 9 月 19 日教育部等十一部门《关于促进在线教育健康发展的指导意见》等，均对线上教育的开展提出了要求。

（二）我国关于非经营性互联网信息服务的相关备案制度

我国针对非经营性互联网信息服务制定了相关法律和政策。2005 年 2 月，信息产业部发布的《非经营性互联网信息服务备案管理办法》明确，拟从事非经营性互联网信息服务的，应当通过信息产业部备案管理系统如实填报《非经营性互联网信息服务备案登记表》，履行备案手续。2016 年 11 月 7 日，第十二届全国人民代表大会常务委员会第二十四次会议通过《中华人民共和国网络安全法》，其中第二十一条明确规定，国家实行网络安全等级保护制度，网络运营者应当按照网络安全等级保护制度的要求，履行安全保护义务，保障网络免受干扰、破坏或者未经授权的访问，防止网络数据泄露或者被窃取、篡改。网络安全等级保护的备案成为目前教育部门对在线教育机构和 APP 检查的重点。

目前教育部对线上校外培训机构和教育移动互联网应用程序实行备案制。2021 年 8 月 30 日，教育部办公厅等三部门《关于将面向义务教育阶段学生的学科类校外培训机构统一登记为非营利性机构的通知》明确，对于现有面向义务教育阶段学生的学科类校外培训机构，根据线下非营利性学科类培训机构、线下营利性学科类培训机构、线上学科类培训机构以及终止培训机构等不同情况，采取相应办法予以办理。2021 年底前完成面向义务教育阶段学生的学科类校外培训机构统一登记为非营利性机构的行政审批及法人登记工作，培训机构在完成非营利性机构登记前，应暂停招生及收费行为。

各省市在此背景下，也根据当地情况制定了相关备案政策。如 2021 年 9 月，北京市教育委员会等五部门发布《关于做好义务教育学科类培训机构登记为非营利性机构相关工作的通知》，统筹推进已备案的线上义务教育学科类培训机构登记为非营利性机构工作。2022 年 2 月 16 日，北京市教委发布《关于进一步做好教育移动互联网应用程序备案及管理工作的通知（征求意见稿）》，规定中小学学科培训类教育移动应用的提供者必须是取得省级教育行政部门办学许可、经民政部门登记依法成立，从事线上义务教育阶段学科培训的非营利法人。中小学学科培训类教育移动应用需经省级教育行政部门进行内容审核（主要包括：课程资源、教学内容、教师资质、收费方式等），审核通过或者取得相关许可后方可提供服务。面向学龄前儿童培训的教育移动应用一律停止运行。教育移动应用备案的基本条件包括：符合"双减"政策规定，体现素质教育导向；所提供的内容不得有消极信息、不良信息，不得出现游戏链接和广告等；建立覆盖个人信息收集、存储、传输、使用等环节的数据保障机制，收集使用未成年人信息应当取得监护人同意、授权，不得泄露、出售或向他人提供个人信息，切实履行保护个人信息的法律责任，保障学生和家长的信息安全。面向学龄前儿童培训的教育移动应用一律停止运行。

2021 年 11 月，广东省教育厅等六部门《关于印发广东省现有线上学科类培训机构由备案改为审批工作方案的通知》，提出要对线上学科类培训机构实施审批，确保证照齐全、规范运营。未经许可不得以任何线上方式从事有偿性学科类培训。教育移动应用提供者应当建立覆盖个人信息收集、储存、传输、使用等环节的数据保障机制，储存 100 万人以上个人信息的线上校外培训 APP，应通过个人信息保护影响评估、认证或合规审计。12 月，广东省教育厅公示了线上学科类校外培训机构备案改为审批名单，学而思、作业帮、企鹅辅导、掌门教育等公司在内的 14 家在线教育机构均为"拟通过审批"状态。

二、国外关于互联网教育应用的相关法律法规

2018 年 5 月，欧洲议会出台了新的《欧洲通用数据保护条例》（以下简称《条例》），确立了保护数据隐私、恰当使用消费者信息、泄露预警、赋予数据主体更多权利等原则。《条例》替代了 1995 年颁布的《数据保护指令》，启动了新一轮数据安全治理行动。

教育信息属于《条例》列出的"特殊类型数据"，需要加强管理。教育信息涉及学生、家长和教职员工，涵盖了从姓名、年龄、联系方式到民族、照片、身高、血型等各类数据，特别是涉及未成年人。

根据《条例》要求，学校需要清晰了解数据储存是哪个部门完成的，或者是第三方完成的，抑或是双方共同完成的，以便确认如何保护和处理数据，以及由谁来保护和处理数据。学校须任命专人负责数据保护，在与第三方订立合同时必须明确按照《条例》要求保护个人数据，数据保护负责人有责任对员工开展相关的知识培训。学校教职员工必须了解违规内容，发现问题及时上报；教师如想要引入新的学科专用软件或新的处理系统，须按照明确流程通知数据保护负责人。

在此框架下，欧盟多个国家就本国教育信息数据保护做出规定。2018 年底法国宣布对向未成年人提供教育教学内容的平台建立信用评级制度，要求服务商在产品开发和设计阶段就落实未成年人信息保护要求，将未成年人数据使用和处理过程文档化。同时，法国教育部成立了"数据保护工作组"和"数据伦理及专业委员会"，为地方教育机构和学校选择平台服务商提供指导性建议，进一步规范了地方教育机构及学校与第三方服务商签署合作协议的流程和内容，特别是要求在处理未成年人个人数据时，必须获得父母或其他

监护人的同意，网络平台等数据控制者有责任举证其获得了同意。

《条例》生效后，不少国家已对违反行为采取了执法措施。比如挪威奥斯陆市政府就接到了 200 万挪威克朗的罚款通知，因为该市教育部门开发的家校合作软件对于个人数据的安全保护不足，在启动程序之前缺乏漏洞测试。

2018 年，英政府以《条例》为基础发布了《英国数据保护法案》，以及针对教育数据的保护文件《数据保护：学校工具包》。后者提出了增强数据保护意识、建立高水平的数据地图、明确记录处理数据的请求及处理时限等 9 条建议。

教育数据开发及服务方面，2017 年，法国教育部在初中推行了一项"在校完成作业"计划，学生可以自愿选择放学后是否接受免费的个性化辅导，回家前完成作业。为配合这项计划，法国国家远程教育中心开发了"数字化小助手"，即时回答学生的提问，并有针对性地推送练习。芬兰在体育教育中使用了一款儿童专属运动传感器，手环与无线网络连接，实现实时信息交互，可以高效、密集、快捷地收集到学生身上的各类数据，通过云处理做大数据分析，以图文形式反馈在终端，让师生可以及时了解自己的体育运动情况，并根据学校制定的发展要求强化优点，明确改进方向。

第三节　互联网教育应用的技术演进

互联网教育应用的产生与发展依赖于计算机技术、互联网技术、多媒体技术、通信技术、人工智能技术、大数据技术等多项技术的发展与融合。计算机技术的发展使计算机从"巨型机"走向"微型机"，从"台式机"走向"移动机"，从官方走向个人，使个体越来越便捷地使用计算机中的应用。互联网技术的发展使应用从本地形式走向 Web 形式，从静态形式走向动态交互，本地与 Web 两种形式以并行方式融合其他技术不断向前发展。多媒体技术使信息的表现形式从文本、数据到图形、图像，从直观呈现到虚拟现实，逐渐多样化、虚拟化，也使互联网教育应用的呈现形式丰富多彩。通信技术，尤其是移动通信技术，使信息的传输速度逐渐加快、传输内容逐渐多元化，使互联网教育应用的使用更流畅、体验更好。人工智能技术使信息的处理走向智能化，使互联网教育应用的自适应性越来越强。大数据技术使信息汇集由点到面、由少到多，使互联网教育应用可以通过大量数据全面了解用户情况，实现个性化推荐等功能。

各技术在自身发展的同时，不断融合其他技术的前沿成果，推动互联网教育应用向前发展。

一、互联网技术推动教育应用进入互联网时代

如今，互联网已经成为教育创新实践的重要支撑空间。互联网不仅具有媒介的传播功能、平台的共享功能，还是一个跟物理空间和人类社会关系空间相对应的全新的信息空间。互联网的功能与空间通过互联网应用体现。互联网应用，英文为"Internet Application"，指在各种终端设备上使用的、能够实现某些特定功能、能进行网络连接的程序。其中，终端包括电脑端、笔记本电脑、平板电脑、手机等。除电脑客户端外，其他均为移动终端，所涉及的应用均称为移动应用；特定功能的程序指用于检索信息的浏览器，用于办公的 Office、钉钉，用于直播的快手、哔哩哔哩，用于学习的学堂在线、网易云课堂，用于娱乐的优酷、腾讯视频，以及各类游戏，等等。

互联网始于阿帕网，经历了传输控制协议 / 网际协议（Transmission Control Protocol/Internet Protocal，TCP/IP 协议）、商业浏览器、Web1.0、Web2.0、移动互联、智能物联网等关键阶段，从萌芽逐步走向成熟，为互联网应用奠定技术基础。

（一）阿帕网的产生与 TCP/IP 协议的发展推动互联网的产生

互联网的初始形态为阿帕网（APAR），其诞生于 20 世纪 50 年代末、60 年代初的包交换技术。英国国家物理实验室的负责人唐纳德·戴维斯

（Donald Davies）1966 年提出了基于"分组交换"（即包交换）的全国性数据网络，对美国麻省理工学院林肯实验室的项目负责人拉里·罗伯茨（Larry Roberts）（他发表了第一篇关于阿帕网设计的论文①）采纳包交换技术②产生了直接影响。1968 年，加利福尼亚大学洛杉矶分校以史蒂夫·克洛克（Steve Crocker）为首的松散组织，开始开发用于阿帕网通信的主机一级的协议。1969 年 10 月 29 日，他们与斯坦福研究所成功发出了第一个信号，互联网以其前身阿帕网在美国诞生。

20 世纪 70 年代至 80 年代，互联网开始走向实用，以网络控制协议（NCP）、TCP/IP 协议的发展为主线，出现了邮箱、多人参与的游戏等应用，推动了美国国家科学基金会网络（National Science Foundation Net，NSFNet）的建立。1970 年 3 月，史蒂夫·克洛克对网络控制协议进行描述，并领导团队完成该协议，以使网络用户可以开发应用程序。1973 年，温顿·瑟夫（Vinton Cerf）和罗伯特·卡恩（Robert E. Kahn）在论文中详细描述了 TCP 协议（传输控制协议）的设计，经过多位研究人员的进一步探索和多国的测试，TCP/IP 协议于 1982 年成为互联网的重要协议。1986 年，NSFNet 的主干网建成③，各地掀起联网的高潮，推动互联网向前发展。

（二）Web 发展促进互联网多元化发展

网络的发展建立在万维网（WWW）、超文本标记语言（HTML）的基础上，并在政策推动下逐步发展。1989 年，欧洲科学家蒂姆·伯纳斯－李成功开发出世界上第一个 Web 服务器和第一个 Web 客户机，12 月将其正式定名为万维网。1991 年 8 月，万维网推出超文本标记语言的开发。1991 年，艾伯特·戈尔（Albert Gore）起草的《高性能计算与通讯法案》在美国国会通过，推动了美国互联网的发展。美国政府于 1992 年制定了"信息高速公路"战略。

---

① ROBERTS L G. Multiple computer networks and intercomputer communication[C]. Proceedings of the first ACM symposium on Operating System Principles, New York: ACM, 1967.
② DAVIES D W, BARTLETT K A , SCANTLEBURY R A , et al. A digital communication network for computers giving rapid response at remote terminals[C]. Proceedings of the first ACM symposium on Operating System Principles, New York: ACM, 1967.
③ 方兴东，钟祥铭，彭筱军. 全球互联网 50 年：发展阶段与演进逻辑 [J]. 新闻记者，2019（7）：4-25.

1993 年 9 月，时任美国总统克林顿和副总统戈尔发布报告，号召加快国家信息高速路建设。在一系列政策的推动下，北美、欧洲、东亚等地区迎来了网络建设的高潮。同年，浏览器问世。网景（Netscape）公司成立并发布了第一款商业浏览器。

1994 年开始，互联网从学术走向商业化，从研究走向社会，因受限于技术发展，网络速度、使用体验等有待提高，应用形式有待多元化。地下光缆数在 1998 年到 2001 年期间增加了 5 倍。Web 浏览器、网上商城、在线社交网站、网络电影、搜索引擎、音频文件共享等互联网应用纷纷进入人们的日常生活。2000 年开始，博客正式步入主流社会视野，网民开始成为内容的生产者。2003 年，聚友（Myspace）成为最流行的社交网络。2004 年，面向大学生开放的脸谱网（The Facebook）推出。2005 年，大众可以通过优兔（You-Tube）免费分享网络在线视频。2006 年，推特（Twitter）诞生。

同时期，我国也开启了互联网的建设。1994 年，国家计划委员会正式批复"中国教育和科研计算机网 CERNET 示范工程"建设项目①。1997 年网易成立，1998 年搜狐和新浪成立，中国的互联网时代开启。阿里巴巴、腾讯、百度、网易、携程、盛大、京东等都在这段时间诞生。1999 年 1 月，李彦宏等人创立搜索引擎百度，中国互联网的基本模式——"门户 + 社区 + 电商 + 社交 + 游戏 + 文娱 + 搜索"成型，并引领超过 20 年的浪潮。2004 年 12 月 25 日，国家发展改革委、教育部等八部委联合宣布中国第一个下一代互联网主干网 CERNET2 正式开通，使中国教育和科研计算机网成为世界上规模最大的学术性计算机网络，我国在下一代互联网技术开发方面走在了世界的前列②。

（三）CERNET 开启我国教育应用的互联网时代

中国教育和科研计算机网（CERNET）于 1994 年开始建设，由主干网、地区网、校园网三层结构构成，具有网络规模庞大、独立自主建设、技术水平先进、网络资源丰富、建设速度快等特征③。中国教育和科研计算机网发展

---

① 余胜泉 . 中国教育改革开放 40 年：教育技术卷 [M]. 北京：北京师范大学出版社，2019.
② 南国农 . 发展现代远程教育：中国之路 [J]. 中国远程教育，2005（2）：5-8.
③ 吴建平 . 中国教育和科研计算机网 CERNET 现状和发展 [J]. 通信学报，1997（12）：73-77.

· 177 ·

主要分为两个阶段。1994—1996 年为第一阶段，该阶段主要目标是建成全国主干网，与互联网进行连接，建立 CERNET 网络中心、地区中心、网络的管理机制和初步应用。1996—2000 年为第二阶段，该阶段主要目标是建成各地区网，连接全国大部分高校入网，提供丰富的资源和服务①。

（四）CERNET2 和 CEBsat 推动中国现代远程教育网络平台建设

CERNET2 与中国教育卫星宽带传输网（CEBsat）高速连接所构成的"天地合一"的中国现代远程教育网络平台覆盖全国，为我国现代远程教育提供了网络支撑环境。

CERNET2 是中国下一代互联网示范工程中最大的核心网和唯一的学术网，是目前所知世界上规模最大的采用纯 IPv6 技术的下一代互联网主干网②。CERNET2 的建成，有力地推动了我国高校重点学科的建设和发展，提高了高校的科技竞争实力，为国民经济和社会发展做出巨大的贡献。

中国教育电视台"卫星教育多媒体传输平台改造工程项目"于 2003 年 1 月 17 日通过验收。中国教育电视台经过数字化改造，建成了宽带多媒体传输平台，实现了与 CERNET 的高速连接。截至 2005 年，CEBsat 覆盖全国及周边国家和地区，具有 8 套数字电视节目、3 套 IP 流媒体节目、8 套数字音频广播节目、25 套 IP 数据广播节目的传输能力；学校的多媒体课程可通过 CERNET 传送到中国教育电视台，而后通过传输平台进行广播，内容涉及高校远程教育、基础教育同步课堂、农村实用技术、农村党员培训、军队士官远程教育、空中课堂等教育节目，接收人数超过 200 万人。

二、移动通信技术促进移动互联网教育应用的发展

移动互联网是当前信息技术领域的热门话题之一，体现了"无处不在的

---

① 安树兰.中国教育和科研计算机网 [J].情报理论与实践，1995（3）：47-48.
② 王海燕，任儆，徐建东.校园网接入 CERNET2 的技术实现 [J].中国电化教育，2005（5）：96-98.

网络、无所不能的业务"的思想，正在改变着人们的生活方式和工作方式。移动互联网使得人们可以通过随身携带的移动终端（智能手机、平板电脑等）随时随地，甚至在移动过程中获取互联网服务[①]。目前，移动通信技术经历了从 1G 到 5G 的演变，正逐步走向 6G。

（一）1G 实现语音通信

第一代移动通信技术（1G）诞生于 20 世纪 80 年代前后，主要用于解决语音通信问题。1978 年，美国贝尔实验室成功研制高级移动电话系统（Advanced Mobile Phone System，AMPS），建成了蜂窝状移动通信系统，其他工业化国家也相继开发出蜂窝式移动通信网[②]。1G 采用模拟信号传输、模拟式的调频（FM）调试，主要系统为 AMPS。语音的传输速率为 2Kb/s，且具有语音品质低，信号不稳定，涵盖范围不够全面等特征[③]。

（二）2G 使手机能发短信、上网

第二代移动通信技术（2G）诞生于 20 世纪 90 年代，主要实现了手机发短信、上网的功能。该技术从模拟调制发展到数字调制，开始引入数据业务，支持窄带的分组数据通信，可以传输的速率峰值为 384Kb/s，声音质量较佳，比 1G 多了数据传输服务，具备很强的保密性[④]。1987 年欧洲成立全球移动通信系统协会（Global System for Mobile Communications Association，GSMA）用于研发 2G，并推出了基于时分多址（Time Division Multiple Access，TDMA）的全球移动通信系统（GSM）。中国加入 GSM 体系，建立了中国联通 GSM 网和中国移动 GSM 网。同时，美国推出了码分多址（Code Division Multiple Access，CDMA）的标准。2G 技术推动了教育的信息化应用，如 CAI 课件、带语音的静态页面课件、互联网阅读工具、动态网站等。

[①]　罗军舟，吴文甲，杨明.移动互联网：终端、网络与服务 [J].计算机学报，2011，34（11）：2029-2051.
[②]　解梅.移动通信技术及发展 [J].电子科技大学学报，2003（2）：111-115.
[③]　张沛.5G 核心技术发展与应用分析[M]// 唐维红.移动互联网蓝皮书：中国移动互联网发展报告（2021）.北京：社会科学文献出版社，2021：121.
[④]　同③.

（三）3G 支持图片、视频传输和海量 APP

第三代移动通信技术（3G）诞生于 21 世纪初，能够支持图片、视频传输和海量 APP，传输速率提高到了 21M/s。最早的 3G 标准为 IMT-2000。2000 年 5 月，欧洲、美国分别推出了 WCDMA、CDMA 标准。我国也在同时期自主研发了 TD-SCDMA 标准。2007 年，WiMAX 标准推出。教育应用包括多媒体教学系统、网络精品课程、微课、慕课、可编辑博客、博客、分享服务、学习追踪等。

（四）4G 满足高质量视频图像跨界面快速传输

第四代移动通信技术（4G）诞生于 2008 年，集 3G 与无线局域网（WLAN）为一体，可以在一定程度上实现数据、音频、视频的快速传输，传输速度是 3G 的 50 倍，达到了 1Gb/s。4G 技术的应用为移动视频、在线游戏、云计算应用、增强现实技术导航、远程医学等快速发展提供了技术支撑。4G 标准主要有中国提出的 TD-LTE 和欧洲提出 FDD-LTE。教育应用包括可移动实验、微信平台、创客教育、虚拟现实（VR）教学 / 训练、游戏化教学等。

（五）5G 促进互联网教育应用更加高速、高效传输

第五代移动通信技术（5G）是继 4G 之后移动宽带技术发展的新里程碑，是多种无线接入技术演进集成后解决方案的总称[①]。5G 具有超高速率、低时延、低功耗、大规模连接、高可靠性等特点[②]。2019 年 6 月 6 日，工信部正式向中国移动、中国联通等 4 家企业颁发 5G 商用牌照，标志着我国 5G 正式商用。2020 年，5G 成为新基础设施建设的重要内容之一。5G 作为新一代移动通信技术的引领者，将使行业产生巨大变革，深刻改变人们的生产方式和生活方式。5G 的关键应用包括 5G 边缘计算、网络切片技术，以及工业互联网（IIOT）、终端节点技术、5G 定位技术、5GV2X 车联网技术

---

① 佚名 . 5G：开辟移动通信新纪元 [J]. 电子世界，2015（19）：15.
② 杨俊锋，施高俊，庄榕霞，等 . 5G+ 智慧教育：基于智能技术的教育变革 [J]. 中国电化教育，2021（4）：1-7.

等关键技术。

国际电信联盟（ITU）定义了 5G 的三大类应用场景，即增强移动宽带（eMBB），为移动互联网用户提供更加极致的应用体验；超高可靠低时延通信（uRLLC），面向工业控制、远程医疗、自动驾驶等对时延和可靠性具有极高要求的垂直行业应用需求；海量机器类通信（mMTC），主要面向智慧城市、智能家居、环境监测等以传感和数据采集为目标的应用需求。5G 在教育领域的应用场景主要有两点：一是强化智慧学习环境。利用 5G 网络切片技术构建全连接教育专网，部署整合计算、存储、AI、安全能力的教育边缘云，提供具备管理、安全等能力的应用智能平台，建设智慧校园并打造多样化教育应用。二是优化配置优质教育资源，促进教育公平。5G 商用的推进，促使包括欠发达偏远地区、乡村地区等更多区域接入互联网，支撑大容量的直播课程资源，助力欠发达地区全面使用"互联网＋教育"平台共享优质教育资源，推进在线教育资源的普惠。基于 5G 优势，"专递课堂""名师课堂""名校网络课堂"三个课堂的应用基础条件得以改善。

三、多媒体技术使互联网教育应用的内容多样化

多媒体技术指具有集成性、实时性和交互性的计算机综合处理声、文、图信息的技术。一般指将文本、音频、图形、图像、动画和视频等多种媒体信息，通过计算机进行数字化采集、编码、存储、传输、处理和再现等操作，使多种媒体信息建立起逻辑连接，并集成为一个具有交互性的系统的技术[①]。多媒体技术的发展趋势是逐渐把计算机技术、通信技术和大众传播技术融合在一起[②]，并逐步走向虚拟化。

---

① 陆芳，梁宇涛，郭芬，等.多媒体技术及应用 [M].2 版.北京：电子工业出版社，2011.
② 季怡，龚声蓉，刘纯平，等.多媒体应用技术 [M].2 版.北京：人民邮电出版社，2018.

（一）图形、图像构成互联网教育应用的基础

多媒体技术最早起源于 20 世纪 80 年代中期，以研究开发为重心。1984 年，美国苹果公司在研制麦金塔电脑（Macintosh），即苹果电脑时，为了增加图形功能，方便用户使用，创造性地使用了位图（Bitmap）、窗口（Window）、图符（Icon）等技术，开发了图形用户界面，同时引入鼠标作为交互输入设备，图形用户界面从此风行。1985 年，微软公司推出了具有多任务图形操作环境的"视窗"（Windows）操作系统，使用鼠标驱动的图形菜单，用户界面友好。1986 年，荷兰飞利浦（Philips）公司和日本索尼（Sony）公司联合推出了交互式紧凑光盘系统（Compact Disc Interactive，CD-I），同时公布了 CD-ROM 的文件格式，对大容量存储光盘的发展产生了巨大影响，并经过国际标准化组织认可成为国际标准。大容量光盘的出现为存储表示声音、文字、图形、图像等的高质量数字化媒体提供了有效的手段。1987 年，苹果公司推出了超级卡（Hypercard），其以卡片为节点，每一卡片不仅描述字符，还包括图形、图像与声音，这使得 Macintosh 成为当时能处理多种信息媒体的计算机。与多媒体硬件产品开发几乎同时进行的是多媒体系统的开发工作，比较著名的有施乐公司（Xerox）的多媒体会议系统、苹果公司的多媒体辅助教育项目、美国布朗大学的超媒体系统以及美国麻省理工学院多媒体实验室在"未来学校""未来报纸"等方面所做的开创性工作。

（二）虚拟现实技术推动互联网教育应用的虚拟化

虚拟现实是以计算机技术为核心，结合相关科学技术，生成与一定范围真实 / 假想环境在视、听、触感等方面高度近似的数字化环境，用户借助必要的装备与数字化环境中的对象进行交互作用、相互影响，可以产生亲临对应真实环境的感受。虚拟现实具有沉浸感（Immersion）、交互性（Interaction）、构想性（Imagination）和智能化（Intelligence）等 4 个特征。

虚拟现实技术萌芽于 19 世纪 60 年代。1965 年，美国计算机图形学之父伊凡·苏泽兰（Ivan Sutherland）提出了虚拟现实的基本思想和经典描述，并在 1968 年组织开发了第一个头盔显示器和头部位置追踪系统。20 世

纪 80 年代陆续出现了一些比较典型的虚拟现实系统。例如，美国国家航空航天局虚拟行星探测实验室完成的虚拟界面环境工作站（The Virtual Interface Environment Workstation，VIEW），涵盖了数据手套、头部追踪器等设备，提供手势、语言等交互手段[①]。1987 年，詹姆斯·福利（James D. Foley）对虚拟现实的含义、接口硬件、人机交互界面、应用和未来前景做了全面的论述[②]，虚拟现实的概念和理论初步形成。1989 年，VPL 公司的拉尼尔（Jaron Lanier）提出用"Virtual Reality"一词表示虚拟现实，并且把虚拟现实技术开发为商品，推动了虚拟现实技术的发展和应用[③]。20 世纪 90 年代开始，随着各类技术的不断发展成熟，虚拟现实逐步从实验室研究转向更广泛的应用，包括军事、科学与工程环境的模拟与仿真、教育与训练、医学、商业、艺术与娱乐等多个领域，如达特茅斯医学院所开发的一种"交互式多媒体虚拟现实系统"、休斯敦大学和美国国家航空航天局约翰逊空间中心研究人员建造的"虚拟物理实验室"[④] 等。在我国，截至 2023 年 2 月，有接近 55% 的职业学校教师开展混合式教学，探索运用虚拟仿真、数字孪生等数字技术和资源创设教学场景，解决实习实训难题。国家职业教育智慧教育平台已有 215 个示范性虚拟仿真实训基地培育项目分布全国。

四、人工智能技术推动互联网教育应用的智能化

人工智能是利用机器学习和数据分析方法赋予机器模拟、延伸和拓展类人的智能的能力，本质上是对人类思维过程的模拟。

① 王梅艳 . 虚拟现实技术的历史与未来 [J]. 中国现代教育装备，2007（1）：108-110.
② Foley J D. Interfaces for advanced computing[J]. Scientific American，1987，257（4）：126-135.
③ 邹湘军，孙健，何汉武，等 . 虚拟现实技术的演变发展与展望 [J]. 系统仿真学报，2004，16（9）：1905-1909.
④ 何克抗 . 多媒体教育应用的发展趋势 [J]. 中国医学教育技术，1998（3）：130-132.

（一）人工智能螺旋上升发展 ①

自 1956 年达特茅斯会议提出"人工智能"一词以来，距今已有 60 多年。其间共经历三次发展浪潮。

第一次浪潮为 1956 年至 1966 年，标志是在美国达特茅斯会议上确立人工智能术语，开创人工智能研究领域。这一时期的研究重点是符号推理与机器推理。70 年代后，硬件计算能力不足和数据局限性等问题，使一些人工智能研究项目遭到质疑，同时美国和英国政府相继中断了对人工智能探索性研究的资助，其发展进入第一个"寒冬期"。

第二次浪潮为 1976 年至 1986 年，多国设立大型项目促进人工智能的发展。这一时期出现了语音识别、语音翻译计划及日本第五代计算机。90 年代后期，由于难以将人工智能技术成功应用于实际生活，经过短暂发展后的人工智能又一次进入滞缓的"寒冬期"。

第三次浪潮为 2006 年至今，标志是杰弗里·欣顿（Geoffrey Hinton）提出的深度学习技术及 ImageNet 竞赛中图像识别技术的突破，尤其是美国 BRAIN 计划、欧盟类 BRAIN 计划、中国《新一代人工智能发展规划》的制定，使新一代人工智能受到广泛关注，相应研究取得了实质性进展，应用范围和前景广阔。

从历史来看，人工智能的发展总体上呈螺旋上升的态势，如图 6-1 所示，每一次进步离不开技术的发展和国家政策的影响，技术的进步与发展反过来影响国家政策的出台。长远来看，科学技术和国家政策仍将是人工智能持续发展的影响因素。

---

① 关成华，黄荣怀. 面向智能时代：教育、技术与社会发展 [M]. 北京：教育科学出版社，2021：120-121.

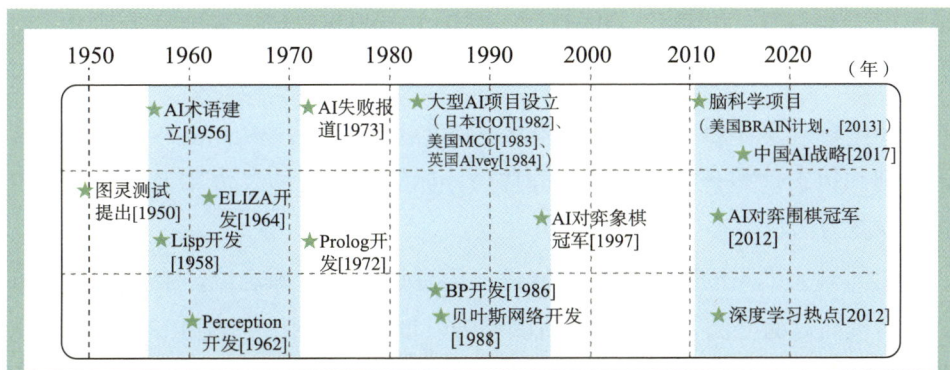

注：图灵测试：测试机器是否具备人类智能的方法。
　　Perception：神经网络的"感知机"学习算法。
　　Lisp：一种函数式程序设计语言。
　　BP 算法：神经网络中的反向传播学习算法。
　　ELIZA：一种自然语言处理程序。
　　贝叶斯网络：基于概率推理的图形化网络。
　　Prolog：一种逻辑编程语言。
　　深度学习：基于对数据进行表征学习的方法。
　　BRAIN 计划：美国白宫资助的神经系统科学计划。
　　机器学习：能通过经验自动改进的计算机算法。

图 6-1　人工智能发展概貌①

（二）人工智能核心技术及互联网教育应用

通常来讲，人工智能的核心技术包括计算机视觉、机器学习、机器人、语音识别等技术。其中，**计算机视觉**指计算机从图像中识别出物体、场景和活动的能力。**机器学习**指的是计算机系统无须遵照显式的程序指令，而只依靠数据来提升自身性能的能力，核心在于从数据中自动发现模式。**机器人**指将机器视觉、自动规划等认知技术整合至极小却高性能的传感器、制动器以及设计巧妙的硬件中，它有能力与人类一起工作，能在各种未知环境中灵活处理不同的任务。**语音识别**主要关注自动且准确地转录人类语音的技术。

以人工智能为核心的技术从数据采集（语音识别、图像识别、传感器等）、数据处理（语义识别、大数据、自适应、认知计算、情感计算等）和人

---

① 刘德建，杜静，姜男，等. 人工智能融入学校教育的发展趋势 [J]. 开放教育研究，2018，24（4）：33-42.

机界面（AR/VR、机器人、3D 打印）三个方面与教育行业开展深度结合，使人工智能对教育的服务能力大幅增强，但目前大部分智能教育公司仍处于发展初期阶段。教育机器人是机器人应用于教育领域的代表，是人工智能、语音识别和仿生技术在教育中应用的典型，以培养学生的分析能力、创造能力和实践能力为目标。[①]

中国科大讯飞的阿尔法蛋，能进行语音识别、声源定位，能准确辨识方位、实现面对面交流，还能进行抗噪静音、低分贝识别。美国 RoboKind 公司的智能机器人 Milo 有被动学习的能力，其内部系统具有侦测脸部、追踪动作、辨识对话、与人交谈、分析互动的功能，可以参与教学的决策、判断学生的表达是否正确。日本日立公司的 EMIEW3 机器人具有多人互动的能力，可以与其他同型号机器人共享资讯。国内多数教育机器人产品处于预置规则等级，如乐聚（深圳）机器人技术有限公司的 AELOS 机器人可按照用户之前设定好的程序执行任务，用户能够用基于 C++ 语言自主开发的可视编程 PC 端教育软件，可视化编程每个动作；上海元趣信息技术公司的"小 8"机器人能和多人闲聊，支持语音点播、更新优质内容且同步至云端，能满足儿童的不同需求[②]。

联合国教科文组织在 2021 年 11 月发布的《一起重新构想我们的未来：为教育打造新的社会契约》（*Reimagining our futures together*：*A new social contract for education*）中讲到，数字技术具有巨大的变革潜力，但我们尚未研究清楚如何发挥其潜能。为充分发挥技术的赋能作用，消解互联网教育应用在内容、信息扩散、算法探测等环节可能存在的问题与风险，以下五类关键技术发挥着重要作用。

第一，多场景、多模态的互联网教育应用内容审查技术，运用算法、模型等对教学资源进行审查和监测，实现对多源多模态信息的高效管理。具体包括：融合多源语义特征与事件特征的多模态内容语义结构分析技术，构建基于图文、音视频多模态信息的无监督预训练模型，解决教学资源数据结构

① 黄荣怀，刘德建，徐晶晶，等. 教育机器人的发展现状与趋势 [J]. 现代教育技术，2017，27（1）：13-20.
② 高博俊，徐晶晶，杜静，等. 教育机器人产品的功能分析框架及其案例研究 [J]. 现代教育技术，2020，30（1）：18-24.

不一、难以关联融合和深度推理等问题；基于多源知识库搜索推理链路，结合语义特征与事件特征的跨模态内容分析结果，利用双代理（Agent）强化学习模型解决分类问题，实现可解释性的审查结果和线索取证等。

第二，可溯源的个人信息保护审查技术，解决信息处理策略不当、传播规则超约等问题，保护个人隐私数据。具体包括：研制面向主流操作系统环境的多维个人信息动态检测技术，搭建个人信息保护检测审查平台，实现对互联网教育应用的敏感个人信息监控；研发基于模糊语义下的文本特征动态提取技术和多维信息关联技术，研制自动化页面／链接检测工具，监测、筛查存在广告、虚假宣传、欺诈等问题的页面。

第三，智能算法倾向性自动化诊断技术，在教育理论和规律的指导下，利用技术手段解决以往智能算法诊断自动化程度低、智能算法倾向性指标缺失等问题。具体包括：基于文本挖掘、跨时空学习行为特征表示技术，利用深度学习挖掘文本及学习行为轨迹的语义信息，协同生成个体学情标签体系；研制基于可解释性方法的多级算法透明度模型，分析基于指定数据集的响应或预测变量之间交互模型决策逻辑，及基于单数据点及其周围局部子区域的模型决策逻辑，设计融合教育学内涵的算法倾向性指标体系等。

第四，适应性认知发展评估与人机协同诊断技术，通过智能人机协同诊断，全方位测评学生的学习数据。具体包括：利用 VR/AR 技术构建面向感知觉、注意、记忆、思维、想象等认知发展过程的虚实融合测评场景，通过语音识别、语音单元分割、提取语音的梅尔频谱倒谱系数特征等测评其语音类数据；通过利用 Yolo 及 MMPose 等神经网络模型识别出学生的情感动作特征与序列模式；采用基于记忆增强网络和时空图神经网络等技术，评估学生在测评任务中的表现并进行自动化评价等。

第五，风险监测和预警处置技术，通过构建全周期预警体系架构，解决跨域监测难、溯源定位慢、闭环治理松等问题。具体包括：推动移动插件化技术与软件开发工具包（SDK）动态扩展分析技术融合应用，增强数据加密、技术对抗、安装包脱壳等瓶颈区的施测能力；构建多因子空间相似度对齐技术和 SANDBOX 监控技术双控机制，保障跨平台集成新需求实现；构建"事前预警—事中监测—事后优化"的全生命周期治理体系等。运用智能技术保障在线教育健康有序推进是教育高质量发展的重要基础，选取适切的技术手段监测互联网教育应用中的内容、信息、算法等，使之契合教育规律，与学生的认知发展路径相吻合，将有利于构建良好的学习生态。

五、大数据技术推动互联网教育应用的全方位、个性化

大数据是以体量（Volume）巨大、类型（Variety）繁多、存取速度（Velocity）快、价值密度（Value）低为主要特征的数据集合。从国家信息化发展战略全局来看，大数据是信息化进程中可被利用的海量数据集合，是信息社会的数据资源总和，包括互联网数据、政府数据、行业数据等。大数据作为新一代信息系统架构和技术，能对大量形式多样的数据进行采集、存储和分析，帮助人们从信息社会海量数据中发现新知识、创造新价值、提升新能力、形成新业态，提升认识世界和改造世界的能力。

中国已将大数据作为战略资源并上升为国家战略。2015年8月，《促进大数据发展行动纲要》发布，提出全面推进大数据发展，加快建设数据强国。2018年4月，教育部发布的《教育信息化2.0行动计划》的八大实施行动中，提出实施教育大资源共享计划，利用大数据技术采集、汇聚互联网上丰富的教学、科研、文化资源，为学校、学习者提供海量、适切的学习资源服务；提高利用大数据支撑保障教育管理、决策和公共服务的能力等，助力教育教学、管理和服务的改革发展。

基于大数据技术促进教育改革和创新发展成为时代发展的趋势。教育大数据的关键技术主要包括四类：教育数据挖掘技术、学习分析技术、数据可视化技术、决策支持技术。目前，教育大数据主要应用在教育治理、教育教学、个体学习等场景。**教育大数据是学校现代化治理的重要工具**，可在管理效率提升、教学效果改善、团队能力汇聚等方面，全方位支持学校的发展。**教育大数据也是进行差异化教学的重要工具**。利用大数据完整和精细地记录学生学习过程、学习行为，采集学习过程数据并进行分析，帮助教师精准掌

握总体和个体的学习情况和效果①，开展规模化的授课和差异化指导，有助于实现因材施教。**教育大数据驱动个性化学习实现**。利用教育大数据技术对学习者的个体特征和学习状况进行全面分析，精细刻画学生特点、洞察学生学习需求，推荐与学习者特征相适配的资源，创设个性化的学习环境和个性化课程，将能够助力个性化学习活动的开展。

第四节　互联网教育应用测评结果展望

一、加强互联网教育应用监管方的监管力度

教育移动互联网应用程序的监管开始于 2018 年教育部办公厅发布的《关于严禁有害 APP 进入中小学校园的通知》。未来可以进一步优化监管策略，提高监管水平，建立长效监管机制，以促进优质资源共享和学生的个性化教育。

（一）互联网教育应用监管工作的影响

就教育 APP 的健康发展而言，短期看，需靠专项行动治理教育 APP 乱象；长远看，需建立长效机制。《关于引导规范教育移动互联网应用有序健康发展的意见》提到，以构建常态化的治理体系为关键，建立政府管理、企业履责、专家献策、学校把关、家长监护、社会监督、行业自律等多主体参与、职责明晰的综合协同治理体系。

1. 对互联网教育企业的影响

互联网教育应用的监管使企业运营数据透明化。《关于规范校外线上培训

---

① 张力玮，郭伟 . 教育大数据：开启教育新时代的钥匙：访首都师范大学远程教育研究所所长、数字化学习实验室主任方海光教授 [J]. 世界教育信息，2018，31（9）：56-60，66.

的实施意见》中关于培训内容数据备份、用户行为日志留存、直播教学影像留存等规定客观上促使企业提升培训内容质量、规范企业在互动教学过程中的行为、提升在线教师教学水平。这不仅是教育监管部门对用户群体的权益保护，也是对企业产品质量实施动态监督的一种手段。再深入分析不难发现，用户使用数据、培训内容数据等信息一直以来只有企业掌握，产品用户或各级教育部门很难获知企业产品背后真实的情况。一旦产品的数据对教育监管部门公开，并接受随时监督或审查，那么企业的发展将更加平稳，向好向优。从另一个角度说，监管部门也可以通过这些透明的用户行为数据判断互联网教育应用的优劣。

互联网教育应用的监管使企业经营内容受限。《关于规范校外线上培训的实施意见》要求校外线上培训内容不得超纲、进度不能提前、时间不能过长、收费限时限额等，一定程度上制约了一些企业既有的不良经营策略。调整现有教育产品的结构是企业的当务之急，对经营内容亟须重新设计。

2. 对学校教学管理工作的影响

互联网教育应用的监管规范了学校在职教师工作内容。《关于规范校外线上培训的实施意见》禁止企业聘用中小学在职教师，这一举措规范了教师任职的工作方向与责权内容，促使教师将全部精力投入学校教育本职工作当中，政策出台有助于学校有效管理教师职业行为。

互联网教育应用的监管降低了学校信息化建设的难度。广东省针对校园APP和校外线上培训产品的进校管理办法，即校外教育产品的审批准入由省级教育部门统一进行管理，通过黑白名单的公示，缩小并明确学校选择信息化建设的备选方案范围，大大减轻了学校单独甄别、选择、监管教育项目入校的负担，同时也帮助学校降低了自主采购进校产品的决策风险。

互联网教育应用的监管或将改写B端产品进校的规则。由省级教育行政部门建立并主管的校外线上培训机构黑白名单机制，可以有效地促进企业的线上培训内容朝着标准化、规范化的方向转变。随着黑白名单公示制度建立，线上培训产品将被置于公共监督之下，这对以往产品信息较隐蔽的教学培训产品来说是不小的挑战，相关企业必须确保产品在师资来源、教学内容质量、配套服务等方面绝对合规并保持良好运行状态。

　　值得注意的是，由省级教育主管部门负责线上教育培训企业审查备案并运营黑白名单的政策意见，已在部分省份落实并实施。2019 年 5 月底，广东省教育厅发布的《广东省面向中小学生校园学习类 APP 管理暂行办法》中就明确指出"广东省校园学习类 APP 内容审查工作由广东省教育厅统一负责实施，各地市、县（市、区）、学校不需要逐级审查"。该举措指明由省一级教育主管部门负责对进校培训内容、应用进行统一管理和准入审批，地市、区县、学校三级教育只需从白名单开列的产品名录中选择产品或方案即可。广东省教育厅颁布的新管理办法，促使相关企业注重提升培训内容质量，以质取胜。

（二）互联网教育应用监管工作面临的挑战

　　教育 APP 平台门槛低、受众广，特别是近年来的爆炸式增长，给教育等主管部门、相关监管部门带来了新挑战。部分 APP 应用商店、教育 APP 运营企业的安全主体责任落实不到位，部分小众网课服务应用采取二维码的推广方式脱离监管；部分 APP 技术能力和管理制度不足。"互联网 +"政策的实施为从事网络教育的企业注入了新活力，部分企业 3—5 年即完成从初创到累计用户超过 1000 万的发展历程。但部分 APP 前期准备不充分，网络安全技术防护措施及安全管理制度难以满足企业发展规模需要，抵御网络攻击、防范信息窃取能力不足，存在一定安全隐患。

（三）建立互联网教育应用长效监管机制

　　建议设立教育移动互联网应用程序质量监管与监测中心，开展教育移动互联网应用程序第三方质量认定，加强教育移动互联网应用程序质量监管和监测，建立常态化教育移动互联网应用程序备案与动态退出机制。加大对无视用户个人隐私和数据安全教育、内容适配度较差的教育移动互联网应用程序运营者的惩处力度，促进教育移动互联网应用程序有序运营。本研究中，被测教育移动互联网应用程序在内容和功能安全、软件稳定性和软件兼容性等维度上均呈现较好水平，但不同手机终端的用户体验仍有差异。建立教育移动互联网应用程序资质认定和退出机制，有利于教育移动互联网应用程序市场的有序健康发展。建议面向行业和从业人员开展专门针对教育移动互联网应用程序领域的资质认证和职业技能认证，提高行业门槛，带动软件质量提升。

针对教育移动互联网应用程序在内容和功能上存在的问题，应建立风险预警机制、白名单和黑名单制度。当前，教育移动互联网应用程序相对比较独立，跨平台、跨终端、跨场景的智能互联性较弱，未来应着手提升教育移动互联网应用程序的连接、感知、交互处理能力，增强教育移动互联网应用程序的智能互联特性，以服务教育教学改革与创新人才培养。其中将涉及的相关技术包括内容监测技术、业务安全检测技术、移动网络安全监测技术。其中，内容监测技术应用于文本检测、图片检测、视频检测、音频检测、人工审核、智能审核管理系统等；业务安全检测技术应用于行为式验证码、号码认证、实人信息认证、营销反作弊、设备指纹系统等；移动网络安全监测技术应用于手游智能反外挂、安卓应用加固、iOS 应用加固、IoT 安全编译器、SDK 加固、安全组件、DDoS 高防服务、渗透测试服务、Web 应用防火墙等。

二、推动互联网教育应用提供方的行业自律

（一）部分互联网教育应用存在消费诱导与广告推广等教育无关内容

本次测评发现，大部分自媒体平台教育类视频内容符合基本要求，未发现明显违法违规与不良信息，极少数视频在教学内容正确性方面存在问题，例如出现错别字等情况。此外，从现有情况来看，自媒体平台教育类视频中广告营销、素材引用等方面有待规范，某些视频存在广告泛滥、诱导消费等行为，某些视频引用的图片、音频、视频等素材未注明素材来源与原始信息，进一步加强广告与版权审查是值得关注的问题。

教育移动互联网应用程序使用过程中常常引起用户反感的问题主要是广告泛滥、诱导消费、出现与教育无关的内容、售后服务不到位等，约 41% 的用户反映了该类问题，可见此类问题是影响用户体验的主要问题。本次抽样的大部分 APP 未发现明显的不良内容，被测 APP 总体符合内容层面要求。极少数 APP 存在不适合青少年的内容。整体来看，在内容和功能安全上，各类

教育移动互联网应用程序均未取得满分，表现为教育无关的短视频、抽奖、诱导消费、续费、会员充值等不良现象的广泛存在，具体包括：注册后用户受到广告营销骚扰，如推销电话、推销广告等；各类营销行为泛滥，如 APP 内的层层诱导式抽奖，诱导用户关注 APP 以外平台（微信公众号、微信群），邀请好友进行兑奖、抽奖等，或告知用户只能通过微信渠道获得特定信息等；APP 内的代币系统普遍存在，未发现代币与人民币互兑，代币主要用于抽奖、兑换商品、课时等，部分商品价值高于市场价。对教育移动互联网应用程序各类功能，应形成更详细的分类界定和管理标准，必要的和应禁止存在的功能应有明确界定依据。此外，应明确教育移动互联网应用程序、公众号和小程序的各自定位，制定平台间互相跳转规范。对广告营销等行为加以规范和限制。

（二）部分互联网教育应用存在违规采集数据的现象

根据本研究的统计，在调查的教育移动互联网应用程序中，个人隐私与数据安全总体平均分超过 7 分。满分 APP 有 6 个，分数在 9 分以上的 APP 数量较往年增多。在各二级维度中，合规率最高的为条款状态，说明多数教育移动互联网应用程序能够按照国家颁布的相关法律法规，为用户呈现较规范的隐私政策。有超过 9 成的教育移动互联网应用程序在隐私条款公开性与独立性、便于访问方面达到合规标准。与去年相比，用户权利合规率提高最多，提高了 8 个百分点。调查结果表明，目前我国执行的教育移动互联网应用程序隐私保护的备案机制、上架审核机制等初见成效。但从测评的结果来看，教育移动互联网应用程序个人隐私与数据安全的整体合规率仍有待提升，测评分数为 6—7 分的占 23.47%，6 分以下的占 24.11%。说明仍有近 5 成的教育移动互联网应用程序在隐私保护方面存在违规现象。

多种教育 APP 通过线上答题器、多媒体课件展示、互动式小黑板等功能，采集各类用户数据，但均存在不同程度的超范围采集个人信息、未经用户同意采集个人信息的情况。公安机关网安部门在检查过程中发现，部分 APP 隐私协议未明示或明示过于复杂、晦涩；部分 APP 存在读取通话记录及短信内容、收集用户通讯录及位置信息等超范围采集用户信息的违法违规行为；部分 APP 通过 HTTP 非加密协议进行传输，后台数据保存也未严格加密，极易造成数据泄露。

（三）加强互联网教育应用网络安全风险防范

互联网教育应用中无关内容和违规现象频现的根源在于企业因追逐利益，在设计时欠缺某些方面的考虑或故意为之。为此，可从以下几个方面提高企业的整体安全水平，增强风险防范。

第一，建立完整、系统的在线教育公共服务体系。该体系服务于教育移动互联网应用程序产业发展，将推动形成教育移动互联网应用程序产业生态链，提升教育移动互联网应用程序质量。当前，教育移动互联网应用程序企业趋向于追逐利益，未来需要平衡商业性和公益性，避免过度商业化运作。教育移动互联网应用程序企业肩负教育使命，需要提高行业自律，为学习者营造安全、经济、实用的移动学习环境，为学习者提供丰富的移动学习资源。

第二，提高行业准入门槛。《关于规范校外线上培训的实施意见》提高了行业准入门槛，是行业健康发展的有效保障。政府对互联网教育行业的监管全面升级。动态监控机制的建立，规范了线上教育内容的教学时长、教学内容、教学师资等学习环境或要素。

第三，加强知识产权保护。为优质教育资源共享提供保障，避免投入大量经费研发的教育移动互联网应用程序面临侵权问题，未来需要加强对教育移动互联网应用程序资源的知识产权保护，例如对教育移动互联网应用程序的商标保护、专利保护等。

三、提升互联网教育应用使用方的数字素养与技能

随着互联网与教育的融合不断加深，用户必须具备基本的数字素养，尤其是个人数据和隐私保护方面的素养。

（一）互联网教育应用使用过程中存在信息安全和工具依赖等问题

一是用户信息安全问题。由于网络教育平台的技术壁垒和成本要求比较低，除正规商业企业以外，许多小型企业和没有教育机构资质的个人也受利益的驱动，开始从事在线教育平台的研发，这致使在线教育类 APP 规模迅速增长。然而，一些企业或者开发者受资金和技术的限制，研发出来的产品在操作、技术支持、应用安全等方面存在诸多缺陷，特别是一些研发者的技术滞后，无法保证用户的信息安全。网络教育平台的常用营销手段是促使用户将产品分享到微信"朋友圈"或其他社交网络，如果没有及时得到朋友的帮助或支持，用户将无法继续下一步操作，这种方式显然不利于学习的连续性以及学习者的学习热情。我们在研究时发现，有个别 APP 需要学生时刻上传自己的个人信息或者教育内容，一旦发生数据泄露，将造成庞大的学生数据信息流向公共领域，从而成为各种类型的电信诈骗的重要信息来源。因此，大量教育 APP "入侵"学校势必会给学生的信息安全带来隐患。

二是网络教育平台内容的安全隐患问题。国家关于互联网安全方面的法律制度明确规定，不得制作、复制、发布和传播淫秽、色情、赌博、暴力、教唆犯罪等信息。然而，在实际运转中，为了追求商业利益、抓人眼球，一些高风险的网络教育平台在内容上编辑"三俗"、谣言、恶搞、色情等内容以制造感官刺激，或故意炒作校园热点话题，这给社会舆情和学生的健康发展带来挑战。网络教育平台可以实现直播并且随时现场互动，一些教育 APP 省去了电视内容的审查中间环节，成为许多突发事件的扩散器。

三是工具依赖问题。由于大多数教育应用程序都是营利性质，它们常常使用商业游戏中的某些元素甚至是非学习行为来提高用户的在线率和使用率。研究发现，一些教育 APP 需要用户点击"经验瓶"以获得更多"经验"，提高"等级"。"等级"的提高源于用户学习的发展和深化，但实际上这种方式增加了学习之外的行为。此外，由于系统设置"经验瓶满则体验结束"，用户不得不经常登录 APP 并点击"经验瓶"以避免其填满而结束体验，这一设计的目的是增加用户访问应用程序的时间和频率，但它对学习本身没有任何帮助。许多用户只是登录应用程序，点击"经验瓶"而不执行任何学习任务。

四是**经济安全问题**。有的 APP 通过游戏和阅读收费、会员收费、提供平台与第三方开展合作等形式实现商业收益；有些打着课程学习、兼职、实习、创业、贷款等名义，骗取大学生支付不合理的课程费、押金、佣金、培训费等。通过对付费类教育 APP 价格的统计发现，付费类教育 APP 的价格从几十元到几千元不等，区间跨度大，很多家长对学校要求安装的 APP 存在的收费现象持抵制态度。

（二）提升师生数字素养与技能

互联网教育应用使用过程中可能出现的一系列问题要求师生使用时保持警惕，避免遭受不当内容的伤害。为此，需要提高师生的数字素养。

教师数字素养一直以来是各国关注的重点。联合国教科文组织 2011 年发布了《教师信息与通信技术能力框架》，详细描述了教师运用信息技术进行有效教学应具备的能力，此后多次修订完善，现囊括 18 项教育信息与通信技术能力。欧盟 2017 年发布的《欧洲教育工作者数字能力框架》，将教育者的数字能力分为六个领域：专业化参与、数字资源、教学与学习、评价、赋权学习者、帮助学习者发展力，使各级各类教育工作者能够全面评价和发展其数字能力。"欧洲公民数字能力框架"提出要掌握五种关键的数字能力，即信息和数据素养、沟通和协作能力、数字内容创作能力、数字安全能力和问题解决能力。2020 年的《欧洲公民数字能力框架的自我反思工具》从知识、技能和态度三方面来衡量公民数字能力水平；2020 年的《数字教育行动计划（2021—2027 年）》，明确提出要建立"欧盟数字技能认证"制度，强化教师数字技能评估。美国"国家教育技术规划"强调重视师生信息素养的提升。

学生数字素养引起各国高度关注，日益成为培养学生成才的必备素养。新加坡通信与信息部 2018 年 6 月发布《数字化就绪蓝图》，强调数字素养是人们融入数字社会的关键，要鼓励学生提高数字素养，增强数字参与，融入数字社会。德国联邦政府和联邦各州为教师教育提供资金，促进"教师教育数字化"项目的研究和开发。英国将核心素养作为基础性要求，强调通过计算机课程培养学生的计算思维和创造力。英国政府网站推出名为 Cyber Explorers 的交互式网络安全学习平台，免费教授全国 11—14 岁儿童基本的数字技能和网络安全概念。芬兰历来重视学生数字素养的发展,"国家人工智能战略"强调编程和计算机思维教育有助于学生习得数字素养和能力。此外,很多大学也开始对学生信息素养框架进行建构和补充,以适应不断变化的社会大环境和发展的新兴技术。英国英格兰地区注重如何在数字世界中苗壮成长,苏格兰地区实施了在不断发展的数字世界中发挥潜力的措施,英格兰和苏格兰确定了真正的数字政府所需的一些因素和特征,强调"数字教育及技能"。

(三)加强优质互联网教育应用在学校中的试推广

当前,我国尚未形成完善的教育移动互联网应用程序质量评价标准,教育移动互联网应用程序质量评价标准体系也亟待研制,从而为测评和分析教育移动互联网应用程序提供依据。应大力培育和扶持优质教育移动互联网应用程序,选取有条件的地区开展教育移动互联网应用程序试推广,形成示范效应。通过建设示范区、示范校,形成相关研究成果,辅助主管部门、学校对 APP 的使用进行合理选用、统筹管理,切实减轻中小学生的学习负担,并且形成经验进行推广。同时,淘汰违法违规、管理混乱、内容有害的教育移动互联网应用程序,构建良性竞争的市场和清朗的网络空间。

构建互联网教育应用大数据查询平台,支持各级决策。建立教育移动互联网应用程序在线查询平台,提供各类教育移动互联网应用程序多维度综合评价功能。同时开展网络安全培训,面向从业人员开展法律法规、职业道德等培训,面向中小学校长、教师、家长等开展法律法规、上网技能、安全防护、信息甄别等培训,能有效提高相关人员的网络安全意识,完善各 APP 的个人隐私和数据安全保护。

附录1* 2016年互联网教育应用测评名单

序号	名称	序号	名称	序号	名称	序号	名称
1	爱课程	21	粉笔公考	41	朗播	61	腾讯课堂
2	爱语吧	22	好大学在线	42	乐创教育	62	天下网校
3	奥鹏慕课	23	好课网	43	乐学高考	63	天音快乐学堂
4	八戒教育	24	好学教育	44	美院帮	64	同桌100
5	百度传课	25	好知网	45	萌码网	65	统一教育网
6	百度高考	26	盒子鱼英语	46	咪咕学堂	66	万门大学
7	百度优课	27	嗨学网	47	米盒	67	万门中学
8	宝宝巴士	28	沪江网校	48	喵爪	68	网易公开课
9	宝贝英语说	29	华图教育	49	魔力学院	69	网易云课堂
10	贝瓦网	30	环球网校	50	慕课网	70	微课圈
11	铂略财务咨询	31	叽里呱啦	51	纳米盒	71	微课网
12	财金通网校	32	极客学院	52	牛班	72	为学
13	成长保	33	计蒜课	53	牛客网	73	唯医网
14	葱课	34	开心药师	54	青榄教育	74	文霸
15	弹琴吧	35	考虫教育	55	上海STEM云中心	75	悟空识字
16	顶你学堂	36	考拉网	56	尚课网	76	小伴龙
17	多贝网络课程	37	可可英语	57	实验楼	77	心教育
18	多纳学英语彩色的世界	38	口袋故事听听	58	手艺网	78	新东方在线
19	儿歌多多	39	酷学习	59	数学加	79	星天乐园
20	番茄魔方	40	跨考在线	60	速算盒子	80	邢帅教育

---

* 本书附录1—4所示互联网教育应用名称多为测评时的名称，部分应用或已更名、下架。

续表

序号	名称	序号	名称	序号	名称	序号	名称
81	熊猫国学	89	英语魔方秀	97	元子育儿	105	作业帮直播课
82	学吧课堂	90	优才学院	98	猿辅导	106	1 号教室
83	学而思网校	91	优答	99	知子花教育	107	21 世纪教育
84	学堂在线	92	优学院	100	智慧树在线教育	108	51 学院
85	洋葱数学	93	有道口语大师	101	智学网	109	ChineseSkill
86	腰果公考	94	有道学堂	102	中国大学 MOOC	110	K 学界
87	亿童	95	有谱－爱学习	103	中考必备		
88	英语流利说	96	于斯课堂	104	自化创意		

附录2　2018年互联网教育应用测评名单

序号	名称	序号	名称	序号	名称	序号	名称
1	宝宝超市	21	学霸1对1	41	优达学城	61	医学教育网
2	成长保	22	学霸君	42	智慧树网	62	英盛网
3	叽里呱啦	23	学吧课堂	43	中国大学MOOC	63	中大网校
4	兔兔儿歌	24	学而思网校	44	帮考网	64	中公网校
5	小伴龙	25	洋葱数学	45	独角兽网校	65	中华会计网校
6	幼师口袋	26	一起作业	46	对啊课堂	66	中业网校
7	101教育	27	溢米辅导	47	粉笔网	67	51Talk
8	阿凡题	28	猿辅导	48	高顿网校	68	Tutorabc
9	昂立嗨课堂	29	云课	49	虎课网	69	VIPKID
10	北京四中网校	30	掌门1对1	50	华图教育	70	阿卡索外教网
11	超级课堂	31	智学网	51	环球网校	71	百词斩
12	吃掉物理	32	中学学科网	52	驾校一点通	72	北外网课
13	德智教育	33	作业帮	53	金程网校	73	盒子鱼英语
14	东方优播	34	作业盒子	54	京佳教育	74	考满分
15	简单学习网	35	MOOC中国	55	课观教育	75	朗播网
16	科学队长	36	好大学在线	56	万学金路	76	洛基英语
17	乐学高考	37	华文慕课	57	秀财网	77	魔力耳朵
18	立思辰跨学网	38	考虫	58	学尔森	78	魔力学院
19	数学加	39	万门大学	59	腰果公考	79	雅思哥
20	网易100分	40	学堂在线	60	医邻网	80	英语流利说

续表

序号	名称	序号	名称	序号	名称	序号	名称
81	云海螺英语	89	课工场	97	弹琴吧	105	天下网校
82	早道网校	90	扣丁学堂	98	番茄魔方	106	万学教育
83	51CTO 学院	91	麦子学院	99	蓝铅笔	107	文都网校
84	编程猫	92	慕课网	100	美院帮	108	新东方在线
85	创客学院	93	柠檬学院	101	于斯课堂	109	邢帅教育
86	大讲台	94	职坐标	102	部落窝教育		
87	黑马程序员	95	Finger	103	顶你学堂		
88	极客学院	96	Wake	104	沪江网校		

附录 3　2020 年互联网教育应用测评名单

序号	APP 名称	序号	APP 名称	序号	APP 名称	序号	APP 名称
1	宝宝巴士儿歌	16	猿辅导	31	扇贝单词	46	核桃少儿编程
2	叽里呱啦	17	掌门1对1	32	洛基英语	47	创客学院
3	小伴龙	18	作业帮	33	魔力耳朵	48	课工场
4	智慧树	19	学霸君学生	34	51Talk	49	粉笔教育
5	斑马	20	高思教育	35	DaDa英语	50	华图教育
6	迈思星球	21	三好网	36	平安好学英语	51	能力天空
7	吃掉物理	22	家教帮	37	VIPKID	52	医学教育网
8	东方优播	23	晓黑板	38	阿卡索英语	53	e会学
9	高途课堂	24	学科网	39	盒子鱼英语	54	华图在线
10	家长帮	25	化学实验加试	40	iTEST爱考试	55	钉钉
11	简单课堂	26	小盒学生	41	沪江网校	56	腾讯课堂
12	纳米盒	27	一起作业	42	美院帮	57	超星学习通
13	松鼠AI	28	希沃白板	43	弹琴吧	58	学堂在线
14	学而思网校	29	英语趣配音	44	动因体育	59	中国大学MOOC
15	洋葱学院	30	英语流利说	45	编程猫Nemo	60	好大学在线

附录 4 2022 年互联网教育应用测评名单

序号	APP 名称	序号	APP 名称	序号	APP 名称	序号	APP 名称
1	企业微信	23	快快查字典	45	名师名课	67	圣才电子书
2	钉钉	24	E 听说	46	淘客网	68	口语易
3	21 世纪教育	25	科米课堂	47	画画吧	69	安全教育平台
4	广州班主任	26	樊登读书	48	艺术测评	70	百词斩
5	天天跳绳	27	微软数学	49	课代表	71	学而思网校
6	美丽科学	28	小小优趣	50	心海教育	72	学而思培优
7	洋葱数学	29	NB 物理实验	51	奇奇学	73	考研帮
8	新解新教材	30	翼课学生	52	课观教育	74	伴鱼绘本
9	国家数字图书馆	31	思维导图	53	星空漫步	75	高途课堂
10	智乐园	32	掌门 1 对 1	54	Raz A-Z	76	乐教乐学
11	菁优网	33	家慧库	55	每日交作业	77	博雅小学堂
12	青椒课堂	34	中华珍宝馆	56	新东方	78	步步阅读
13	101 教育	35	三元人格	57	新东方云教室	79	学科网
14	美术宝	36	E 课堂	58	猿题库	80	爱奇艺奇巴布
15	七彩阳光	37	格式工厂	59	猿辅导	81	爱奇艺知识
16	高分说	38	幼师口袋	60	小盒学生	82	班级优化大师
17	点个猫	39	乐乐课堂	61	小盒课堂	83	开言英语
18	哔哩哔哩	40	藏书馆	62	有道少儿词典	84	大鹏教育
19	承儒	41	人教点读	63	有道乐读	85	少儿趣配音
20	UMU学习平台	42	有家有校	64	iTEST 爱考试	86	口袋童年
21	班级小管家	43	中小学语文学习	65	外研随身学	87	到梦空间
22	螺蛳大语文	44	鸿合多屏互动	66	升学 e 网通	88	喜鹊儿

续表

序号	APP 名称	序号	APP 名称	序号	APP 名称	序号	APP 名称
89	刷题神器	112	孩子通家长端	135	高思教育	158	芝士网学生版
90	小学同步课堂	113	纳米盒	136	家教帮	159	驰声听说在线教师
91	波比英语	114	知到	137	魔力耳朵	160	开课啦直播
92	洪恩识字	115	青书学堂	138	VIPKID 英语	161	郑州教育
93	可可宝贝	116	7kid 家长端	139	美院帮	162	掌中学园
94	华图在线	117	普通话学习	140	e 会学	163	亿谷智慧教育
95	拉勾教育	118	普通话考试	141	迈思星球	164	子贵校园
96	天天练	119	艺术升	142	U 校园学生版	165	子贵课堂
97	状元共享课堂	120	悟空数学	143	畅想谷粒	166	易上学
98	雨课堂	121	悟空拼音	144	习讯云	167	易学仕在线
99	深蓝法考	122	在浙学	145	课程伴侣	168	缴付通
100	研修宝	123	易校园	146	幼升小全课程	169	宁财缴费
101	体适能	124	编程狮	147	PU 口袋校园	170	乐陪校园
102	小步在家早教	125	101 教育 PPT	148	Civa 爱点读	171	爱上学家长版
103	雅思考满分	126	今日校园	149	普通话测试	172	百词斩爱阅读
104	GRE3000 词	127	爱作业	150	小盒老师	173	薄荷阅读
105	托福考满分	128	一笑而过	151	七天学堂	174	智汇 e 校园
106	UMU 互动	129	233 网校	152	有道背单词	175	汇学邦
107	家长空间	130	宝宝识字卡	153	有道卡搭	176	网易云课堂
108	人教口语	131	翼课学生	154	外研随身学职教版	177	一米阅读老师
109	少年得到	132	可可英语	155	学海优学	178	一米阅读
110	洪恩双语绘本	133	家长帮	156	一起学	179	学而思轻课
111	日语考级	134	简单课堂	157	一起学网校	180	直播云

续表

序号	APP 名称	序号	APP 名称	序号	APP 名称	序号	APP 名称
181	中移智慧校园	204	超级课堂	227	华莘学堂	250	幼视通
182	广东和教育	205	美师优课	228	懂了么	251	牛客
183	广西和教育	206	微课掌上通	229	潭州课堂	252	手机研修
184	狸米课堂	207	河小象写字	230	A 佳教育	253	神墨学堂
185	校内外	208	河小象美术	231	小佳学习	254	万方数据
186	掌阅课外书	209	校信	232	口语无忧	255	维词
187	校比邻	210	智学网校	233	阿凡题搜题	256	人人通网络学习空间
188	移动图书馆	211	七天网络	234	教育收费	257	希望谷
189	米熊	212	魔题库	235	优彼致愿	258	新东方在线
190	同桌 100	213	IS 智慧平台	236	智慧云人人通	259	易甲普通话
191	语经慧	214	智象识字	237	叫叫识字大冒险	260	大塘小鱼
192	爱学	215	在线直播课堂	238	优师云	261	云朵课堂
193	尚德机构	216	顺势智能英语	239	云习	262	云舒写
194	尚德自考	217	拓普教育	240	师训宝学员端	263	土豆雅思
195	清北网校	218	家长空间教师版	241	校本	264	云教材
196	最最日语	219	我的网校	242	京版云	265	凤凰英语
197	出口成章老师	220	优教信使	243	柏杜法考	266	微知库
198	古古识字	221	完美校园	244	嗨学课堂	267	人卫慕课
199	扇贝口语	222	五岳阅卷	245	精进学堂	268	人卫图书增值
200	扇贝编程	223	河南专技在线	246	宥马运动	269	人卫教学助手
201	扇贝阅读	224	指点天下	247	全阅读英语	270	医考学堂
202	习惯第一步	225	兔盯儿	248	鲸小爱英语	271	鲸鱼学堂
203	乐桃	226	金牌君	249	可可学霸	272	掌上高考

序号	APP 名称	序号	APP 名称	序号	APP 名称	序号	APP 名称
273	腾讯英语君	296	静安早教	319	自然拼读－悟空英语系列	342	恐龙
274	外研通	297	好医术	320	课桌	343	E 英语宝老师
275	起范儿	298	掌门优课	321	之江汇教育广场	344	羊驼雅思
276	优慕课	299	掌门少儿	322	课后网	345	羊驼日语
277	知子学堂	300	掌门好老师	323	空中课堂	346	军职在线
278	江苏和教育	301	珠峰无线	324	学子斋课堂	347	V 校
279	浙江和教育	302	小通优课	325	爱多分教师端	348	掌通校园学校
280	扇贝单词英语版	303	悦器社	326	聚创云课堂	349	掌通校园
281	洪恩故事	304	极课家长帮	327	依盛校园	350	今托管
282	超级校园	305	极课同学	328	书香博士	351	翼课教师
283	孺子牛	306	极课教师助手	329	福建助学	352	翼课家长
284	鑫考云校园	307	学乐云教学	330	泉家共成长	353	大卫熊英语
285	高考倒计时	308	学乐云家校	331	幸福路	354	希沃品课
286	Mlabs	309	56 学生	332	巅峰训练	355	希沃授课助手
287	e 校翼家	310	华海教育	333	眯宝贝	356	同步学
288	云成绩	311	日语 U 学院	334	91 学生端	357	小艺帮
289	云阅卷	312	韩语 U 学院	335	优学通	358	校视通
290	慧知行高中版	313	学服通	336	河南校讯通	359	独秀学堂
291	慧知行初中版	314	棒小孩成长记	337	治趣	360	乐学有道
292	慧知行小学版	315	向上网	338	智慧校园	361	诵读帮
293	闽豆家园家长端	316	多鹿	339	阅达教育	362	综合素质评价
294	黄浦早教	317	灯塔家长	340	贝壳网	363	爱班级
295	虹口早教	318	悟空识字	341	快点听	364	木马课堂

续表

序号	APP 名称	序号	APP 名称	序号	APP 名称	序号	APP 名称
365	世纪守护	388	齐鲁工惠	411	之了课堂	434	得到
366	优课优信	389	考途	412	U 校园	435	叫叫
367	妙懂初中地理	390	不挂科	413	中公题库	436	疯狂背单词
368	Civa 机器人	391	希沃白板	414	好分数	437	同花顺学投资
369	导学号	392	米加小镇：世界	415	知鸟	438	粉笔四六级
370	宝宝巴士儿歌	393	环球网校	416	CCtalk	439	斑马
371	叽里呱啦	394	作业精灵	417	驾考宝典	440	有道精品课
372	小伴龙	395	流利说	418	欧路词典	441	宝宝巴士
373	英语趣配音	396	中华会计网校	419	百度翻译	442	纸条
374	平安好学英语	397	畅言普通话	420	超级课程表	443	学信网
375	阿卡索英语	398	小猿口算	421	一起作业	444	云班课
376	动因体育	399	墨墨背单词	422	粉笔职教	445	复兴壹号
377	编程猫 Nemo	400	WELearn	423	学堂在线	446	学习通
378	核桃少儿编程	401	新华字典	424	学习公社	447	半月谈
379	课工场	402	儿歌多多	425	法宣在线	448	智学网
380	能力天空	403	作业帮家长版	426	中公教育	449	驾校一点通
381	医学教育网	404	沪江开心词场	427	公考雷达	450	不背单词
382	沪江网校	405	小猿搜题	428	粉笔教师	451	学小易
383	晓黑板	406	宝宝巴士世界	429	每日英语听力	452	凯叔讲故事
384	腾讯课堂	407	星火英语	430	优学院 2.0	453	学习强国
385	全球学术快报	408	题拍拍	431	有道翻译官	454	大学搜题酱
386	驾考一点通	409	绚星	432	掌上华医	455	云课堂智慧职教
387	网易有道词典	410	批改网	433	广西餐安	456	掌通家园

续表

序号	APP 名称	序号	APP 名称	序号	APP 名称	序号	APP 名称
457	全历史	461	中国法律法规及司法解释精选汇编	465	云上智农	469	基础英语口语
458	儿歌点点	462	考虫	466	智学网学生端	470	作业帮口算
459	C语言编译器	463	洋葱学园	467	上学易		
460	中国大学MOOC	464	作业帮	468	墨墨生词本		

附录 5　2022 年教育移动互联网应用程序人工测评问卷和量表

用户体验——教育移动互联网应用程序测试与评估

感谢您能抽出几分钟时间来参加本次调研，现在我们开始吧！

1. 所测教育移动互联网应用程序名称：［填空题］_____

2. 学号：［填空题］_____

3. 内容适配度（请填 1—10 数字打分）。［矩阵打分题］

项目	打分
学段对应性	
通俗易懂	
认知适配	
目标适切	
合规设计	
策略运用	
目标明确	
目标具体	
易于理解	
交互自然	
认知负荷	
最简呈现	
逻辑合理	
结构明显	
内容规范	
层次分明	

4.用户体验（请填1—10数字打分）。[矩阵打分题]

项目	打分
操作便捷	
软件稳定	
登录方便	
噪声干扰	
专注力吸引	
学习黏性	
兴趣调动	
便于检索	
即时帮助	
在线客服	
重难点指导	
个性化指导	
答疑解惑	
直观呈现	
清楚表达	
视觉友好	

5. 平台支持度（请填 1—10 数字打分）。[矩阵打分题]

项目	打分
策略适配	
策略效能	
交互与创新	
重点突出	
耦合适切	
排版科学	
美感自然	
诊断评价	
通俗易懂	
便于反馈	
资源支持	
人员支持	
情感支持	
评价支持	
界面结构	
导航图标	
色彩搭配	
反馈支持	
互动流畅	
认知清晰	

6.互联网学习认知（请填 1—10 数字打分）。〔矩阵打分题〕

项目	打分
策略创新	
组合创新	
方法创新	
内容创新	
导航导览	
脚手架	
误差纠正	
进度跟踪	
功能名示	
沟通机制	
反馈跟踪	
练测反馈	
内容审查	
学习分析	
异步学习	
同步学习	
无缝学习	
实时学习	
在线协作	
数据共享	
目标一致	
活动一致	
评价一致	
练习一致	

7. 友好性（请填 1—10 数字打分）。［矩阵打分题］

项目	打分
功能完备	
安全保护	
交互流畅	
适切易用	
教育价值	
内容合理	

8. 所体验教育 APP 有无以下问题，若无直接勾选"无"即可。［多选题］
□ 广告泛滥
□ 赌博信息
□ 色情信息
□ 游戏
□ 诱导消费
□ 无

9. 对所体验的教育移动互联网应用程序使用感受（建议不超过 35 个字，优缺点均可）：［填空题］＿＿＿＿＿＿＿＿＿＿

附录 6　2022 年教育移动互联网应用程序个人隐私与数据安全测评问卷

1.本次测评的 APP 名称［填空题］

_____

一、条款状态

2.是否公开隐私条款？［单选题］

○是

○否

3. APP 首次运行时，是否通过弹窗等明显方式提示用户阅读隐私政策中的收集使用规则？［单选题］

○是

○否

4. 是否在注册、登录等位置显著、易于访问的界面呈现隐私政策链接？［单选题］

○是

○否

5.是否提供了产品或服务单独的隐私条款？［单选题］

○是

○否

6.隐私政策链接是否无效或文本不能正常显示？［单选题］

○是

○否

7. 隐私条款书写格式是否规范，表述是否准确无歧义，逻辑结构是否清晰？〔单选题〕

　　○是

　　○否

8. 进入 APP 主界面后，访问到隐私政策全文是否需要 4 次以上的点击、滑动等操作？〔单选题〕

　　○是

　　○否

9. 在用户使用产品或服务前向用户展示隐私条款并征得同意的实现情况：〔单选题〕

　　○在用户使用产品或服务前，主动引导用户阅读或了解隐私条款内容，并通过用户针对隐私条款主动勾选"同意"的形式征得用户同意。

　　○在用户使用产品或服务前向用户展示隐私条款，但存在以下情形：展示内容不完整、未引导用户仔细阅读、默认勾选"同意"、仅通过用户点击"下一步""注册"等形式获得用户同意。

　　○在用户使用产品或服务前向用户所展示的隐私条款内容非常有限，存在不合理的免责条款，且很容易被用户略过。

　　○未在用户使用产品或服务前向用户展示隐私条款并征得同意。

10. 在用户安装程序、注册账号、首次使用产品或服务时，是否通过弹窗等形式主动向用户展示隐私条款的核心内容？〔单选题〕

　　○是

　　○否

11. 关于增强式告知形式与所展示的隐私条款核心内容：（增强式告知指安装程序、注册账号或首次使用产品或服务时向用户展示的关于个人信息收集和使用规则的提示〔非隐私政策文本〕）。〔多选题〕

　　□所展示的隐私条款核心内容包括哪些个人敏感信息被收集、哪些设备的权限会被调用、哪些个人信息会被提供给谁等。

　　□所展示的隐私条款核心内容简洁、精练、易阅读。

　　□所展示的隐私条款核心内容下方提供了完整的隐私政策链接。

□未进行增强式告知。

12. 对于条款生效和变更后的通知，隐私条款中：［多选题］

□明确标注隐私条款的发布、生效或更新日期。

□承诺当隐私条款所声明的内容发生变更时，将及时对隐私条款进行相应的修订。

□告知用户隐私条款变更后的通知方式。

□无相关说明。

13. 隐私政策中是否对个人信息、个人敏感信息等专业术语进行界定？［单选题］

○是

○否

14. 隐私政策中是否包含运营者的基本情况（公司名称、注册地址、个人信息保护相关负责人联系方式等）？［单选题］

○是

○否

15. 隐私政策等文件是否存在免责等不合理条款？［单选题］

○是

○否

二、信息收集

16. 隐私政策中是否说明以直接获取方式收集个人信息？（直接获取方式包括用户主动提供和 APP 自动采集。）［单选题］

○是

○否（跳至第 18 题）

17. 对于以直接获取方式收集个人信息，在隐私政策中：［多选题］

□较为完整地说明了产品或服务所涵盖的各个业务功能。

□列出了各业务功能通过直接获取方式收集的个人信息。

□区分了用户主动提供与 APP 自动采集两种收集方式。

□说明了通过直接获取方式收集的个人信息与实现该业务功能的关联关系。

18. 隐私政策中是否未逐一完整说明 APP 所收集的个人信息，而是使用"等""例如"等表达？〔单选题〕

　　○是

　　○否

19. APP 启动后，是否要求用户必须提供个人信息或授予系统权限，否则无法正常进入？〔单选题〕

　　○是

　　○否（跳至第 21 题）

20. 对于用户可选提供的个人信息或授予系统权限，若用户不希望提供，以下情形符合实际的是：〔单选题〕

　　○每当用户拒绝后，立即再次向用户申请，或在用户勾选"禁用后不再提示"后强制退出，或反复弹窗提示用户缺少相关权限、个人信息。

　　○用户拒绝权限申请后，每当其（或间隔 48 小时内）重新打开 APP 或进入相应界面时，会再次向用户索要或以弹窗等形式提示用户缺少相关权限。

　　○用户拒绝后，除非再次主动使用相关功能，否则 APP 不会再次向用户申请或以任何形式提示用户缺少相关权限或个人信息。

　　○不存在上述情况。

21. 是否存在以间接获取方式收集个人信息的情形？（间接获取方式包括通过共享、转让获得等。）〔单选题〕

　　○是

　　○否（跳至第 23 题）

22. 对于以间接获取方式收集个人信息，在隐私政策中：〔多选题〕

□说明了以间接获取方式收集个人信息的类型。

□说明了以间接获取方式收集的个人信息与产品或服务的业务功能存在的关联性。

□承诺会对以间接获取方式收集的个人信息的来源合法性进行确认。

23. 对于使用 Cookie 等同类技术收集个人信息的情形，在隐私政策中

（Cookie 等同类技术包括脚本、Clickstream、Web 信标、Flash Cookie、内嵌 Web 链接等）：［单选题］

○详细说明 Cookie 等同类技术的机制，并说明用户可选择不被追踪的机制。

○简要说明上述内容或未说明用户可选择不被追踪的机制。

○未说明。

24. 对于所收集的个人敏感信息，在隐私政策中［个人敏感信息是指一旦泄露、非法提供或滥用可能危害人身和财产安全，极易导致个人名誉、身心健康受到损害或歧视性待遇等的个人信息。个人敏感信息范围参见《信息安全技术个人信息安全规范》（GB/T 35273）附录 B。］：［单选题］

○告知用户所提供产品或服务相应业务功能中收集的哪些信息属于个人敏感信息，并采取突出显示的方式（如字体加粗、特殊颜色标注等）标识收集的个人敏感信息。

○未充分告知用户所收集的个人敏感信息，或未对个人敏感信息进行显著标识。

○未提及所收集的个人敏感信息。

25. 收集、使用、对外提供个人敏感信息前，是否即时简要告知用户个人敏感信息的处理规则，并征求用户同意？（如在使用某项功能时需要收集用户指纹，在某个业务环节需要用户同意对外提供身份证号等。）［单选题］

○是

○否（跳至第 27 题）

○不涉及收集、使用、对外提供个人敏感信息（跳至第 27 题）

26. 关于个人敏感信息即时简要告知，以下描述正确的是：［单选题］

○在收集、使用、对外提供个人敏感信息前，以弹窗等方式再次提醒用户，并简要叙述个人敏感信息的处理规则，通过用户主动勾选"同意"的形式征得用户同意。

○部分场景实现该机制或实现部分机制，如存在以下情形：展示内容不清晰不完整、默认勾选"同意"、通过用户点击"下一步""继续"等形式获得用户同意。

○未实现相关机制。

27. 用户打开 APP 后，APP 是否向用户申请系统权限或要求用户填写个人信息？［单选题］

○是

○否（跳至第 29 题）

28. 用户是否已触发或使用到与所有这些系统权限或个人信息相关的业务功能？［单选题］

○是

○否

29. 用户使用某功能时，是否必须提供个人信息或授予系统权限，否则无法正常使用？［单选题］

○是

○否（跳至第 32 题）

30. 这些必须提供的个人信息或系统权限对于该功能而言，其必要性如何？［单选题］

○不提供则功能无法实现

○不必要

31. 对于用户可选提供的个人信息或系统权限，必要性如何？［单选题］

○不提供则无法实现特定功能

○不必要

32. 是否区分了基本业务功能和扩展业务功能（也称核心业务功能和附加业务功能）？［单选题］

○是

○否（跳至第 35 题）

33. 对于基本业务功能和应收集的必要信息，在隐私政策中：［多选题］

□明确说明了产品和服务的基本业务功能。

□说明了为实现基本业务功能所需收集的必要信息。

□明确告知拒绝提供基本业务功能所需收集的必要信息所带来的影响。

□明确告知拒绝提供扩展业务功能所需的个人信息将导致扩展业务功能

无法实现，但不影响基本业务功能的使用。

□上述相关内容均未说明。

34. 关于扩展业务功能选择同意的实现机制，以下符合的描述有：［多选题］

□扩展业务功能的开启或授权过程独立于基本业务功能，用户可自行选择开启。

□在用户首次使用或开启扩展业务功能时，以弹窗等方式再次向用户简要叙述扩展业务功能相关的隐私条款。

□允许用户根据不同扩展业务功能选择是否同意相应的个人信息被收集，且"同意"为用户主动勾选。

□上述情况均未实现。

35. 对于征得未成年人同意的要求，在隐私政策中：［单选题］

○收集未成年人个人信息时，会在合理技术条件下取得授权同意。

○仅说明对收集的未成年人个人信息会采取更严格的保护措施。

○存在收集未成年人个人信息情况但未说明或未征得其监护人同意。

○不存在未成年人信息收集情况。

三、信息保存

36. 对于个人信息的保存期限，在隐私政策中：［多选题］

□明确说明个人信息保存期限，且承诺该期限为实现目的所必需的最短时间。

□说明超出期限后会对个人信息进行删除或匿名化处理。

□均未说明。

37. 是否说明个人信息的保存地域（国家或地区）？［单选题］

○是

○否

38. 是否涉及向境外提供个人信息的情形？［单选题］

○是

○否（跳至第 40 题）

39. 对于向境外提供个人信息的场景，在隐私政策中说明了：［多选题］

□向境外提供个人信息的目的、类型。

□个人信息在境外的接收方及接收方保存时间。

40. 对于所采取的个人信息安全保护措施，在隐私政策中：［多选题］

□说明泄露个人信息可能存在的安全风险，并提醒用户如何在使用产品或服务时保护个人信息。

□承诺将采用充分的安全措施应对所述的个人信息安全风险，当发生安全事故导致用户合法权益受损时承担相应的责任。

□说明为应对所述个人信息安全风险而采取的技术措施和其他安全措施。

□均未说明。

41. 对于安全事故处置措施，在隐私政策中：［多选题］

□说明应对安全事故的处置措施与补救措施，如针对个人信息泄露、毁损、丢失将启动应急预案等。

□说明安全事故发生后通知受影响用户的方式，如邮件、信函、电话、推送通知等。

□均未说明。

42. 对于停止运营的情形，在隐私政策中：［单选题］

○说明如产品和服务停止运营，将及时停止收集个人信息的活动，并将停止运营的通知以逐一送达或公告的形式通知用户，同时对所持有的个人信息进行删除或匿名化处理等。

○说明部分上述内容。

○未说明。

四、信息使用

43. 对于使用个人信息的规则，在隐私政策中：［单选题］

○完整、清晰地说明了使用个人信息的场景及具体规则，包括是否形成用户画像及形成用户画像的目的、是否进行加工处理并产生新的个人信息、是否告知将个人信息做匿名化、去标识化处理的目的和使用场景、是否展示个人信息的限制措施等。

○简要或概括地说明了使用个人信息的场景及具体规则。

○未说明。

44. 是否未逐一完整说明 APP 所提供的业务功能或个人信息的使用场景，而是使用"等""例如"等表达？［单选题］

○是

○否

45. 是否涉及定向推送？（定向推送是指利用个人网络浏览历史、兴趣偏好等信息开展精准营销、个性化推送新闻、搜索结果排序等活动。）［单选题］

○是

○否（跳至第 47 题）

46. 对于定向推送的规则，在隐私政策中：［多选题］

□明确说明定向推送的业务场景和范围。

□告知定向推送的方式（生成定制页面、推送消息通知、推送短信、发送邮件、电话营销）。

□说明用户退出定向推送模式的方式。

□说明退出定向推送后用户可选择删除定向推送活动相关个人信息的机制。

47. 对于变更目的后征得同意的情形，在隐私政策中：［单选题］

○明确说明超出与收集个人信息时所声称的目的具有直接或合理关联的范围使用个人信息前，会再次向用户告知并提供用户自主选择同意的方式。

○简要或概括地说明，或仅承诺变更目的后会再次向用户征得同意。

○未说明。

48. 是否说明在何种特殊情形或例外情况下，将采取无须征得用户同意等方式使用或处理个人信息？［单选题］

○是

○否

五、对外提供

49. 对于共享、转让个人信息的规则，在隐私政策中：［多选题］

□告知共享、转让个人信息的数据接收方的类型。

□告知共享、转让的个人信息类型。

□告知共享、转让的目的和必要性。

□告知共享、转让前将采取的安全措施。

□均未说明。

50. 对于公开披露个人信息的规则，在隐私政策中：［多选题］

□告知用户公开披露个人信息的目的、类型。

□说明事先会征得个人信息主体明示同意，并告知哪些情形下的公开披露将不会征得用户同意。

□说明在公开披露前将采取相应的安全措施。

□均未说明。

51. 对于发生收购、兼并、重组、分立、破产等变更的情形，在隐私政策中：［单选题］

○承诺新的个人信息控制者将继续履行原有的责任和义务，当新的个人信息控制者变更个人信息的使用目的时，将重新征得用户的明示同意。

○未说明。

六、用户权利

52. 对于用户查询或访问个人信息：［多选题］

□隐私政策中说明用户查询或访问个人信息的操作方式。

□用户可在产品或服务提供的业务功能界面中在线查询或访问个人信息。

□ APP 不提供相关功能，用户无法进行操作。

53. 对于用户删除个人信息：［多选题］

□隐私政策中说明用户删除个人信息的操作方式。

□用户可在产品或服务提供的功能界面中在线删除个人信息。

□不提供相关功能 / 用户无法进行操作。

54. 对于用户更正个人信息：［多选题］

□隐私政策中说明用户更正个人信息的操作方式。

□用户可在产品或服务提供的业务功能界面中在线更正个人信息。

□ APP 不提供相关功能，用户无法进行操作。

55. 对于用户撤回同意（撤回同意是指退订商业广告、关闭收集拓展信息的权限等。）：［多选题］

□隐私政策中说明用户撤回同意的操作方式。

□承诺在用户撤回同意后，将不再处理相应的个人信息。

□用户可在产品或服务提供的业务功能界面中在线撤回同意。

□ APP 不提供相关功能，用户无法进行操作。

56. 对于用户注销账号：［多选题］

□隐私政策中说明用户注销账号的操作方式、注销条件。

□ APP 承诺在用户注销账号后，将删除用户个人信息或对其进行匿名化处理。

□用户可在产品或服务提供的功能界面中在线注销账号。

□ APP 不提供相关功能，用户无法进行操作。

57. 对于用户投诉、举报的渠道和处理机制，隐私政策中：［多选题］

□公布了用户投诉、举报的渠道。

□说明了不响应用户申诉的情形。

□说明会在验证用户身份后的十五天内或法律法规规定的期限内做出答复及合理解释。

□均未说明。

附录 7　术语表

互联网教育应用（Internet Education Applications）

互联网教育应用是指在依托互联网技术而开展的，符合技术促进教育和学习行为的各类互联网平台、工具的集合，目前多以平台、网站、移动应用、小程序等形式呈现，应用场景为教育和学习。

教育移动互联网应用程序（Educational Application）

教育移动互联网应用是随着智能移动终端的出现而发展起来的一种新型移动学习资源。

目前还没有一个学界公认的教育移动互联网应用程序定义。现在 APP 普遍被界定为移动智能终端的应用程序。为此，在本书中，教育移动互联网应用程序被定义为运行于智能移动终端的，能够帮助学习者学习的应用程序。

人工测评（Manual Assessment）

人工测评指选拔出有测评能力的测评人员，在测评主机上安装相关教育移动互联网应用程序，根据提供的测评体系及相关要求对教育移动互联网应用程序进行软件评价与综合评价，最终形成测评报告。

机器测评（Machine Evaluation）

机器测评是指测评人员编写代码或测试脚本并运行，全程序自动执行测试。测评人员使用适当的自动化工具来开发测试脚本并验证软件。目标是在更短的时间内完成测试。机器测试完全依赖预先编写的测试脚本，该测试脚本会自动运行并将实际结果与预期结果进行比较。这有助于测评人员确定应用程序是否按预期执行。机器测试允许执行重复性任务以及开展回归测试，且无须人工测评人员的干预。

移动应用行为（Mobile Application Behavior）

移动应用行为是指用户在使用移动智能终端所搭载的应用程序时进行的操作和留下的痕迹，是操作的集成与抽象，包括应用程序主要功能的使用、页面浏览、使用路径等。

互联网教育应用发展指数（Internet Education Product Development Index）

发展指数被用来衡量某一领域的发展程度。互联网教育应用发展指数是衡量一个国家或地区利用网络空间提供学习内容、学习工具和学习平台等产品及服务，来提升学习者的互联网学习体验和促进教育变革的一种数据标准，它通过测评一组典型互联网应用对教育的贡献度综合计算得出。

互联网教育应用贡献度（Contribution of Internet Education Products）

互联网教育应用贡献度指数是衡量一个教育产品或服务提供学习内容和学习支持，以提升学习体验和促进互联网教育发展的一种数据标准。

互联网教育应用贡献度反映了某一应用在整个行业中的贡献水平，可以为应用结构调整提供参考。